評伝

朝鮮総督府官吏・吉田正廣とその時代

坂根嘉弘 *Sakane Yoshihiro*

清文堂

はしがき――吉田拓郎氏の父親・「吉田正廣」との出会い――

平成二八年（二〇一六）一二月二三日、NHK総合「SONGSスペシャル」で吉田拓郎氏のライブが放映された。この番組の吉田拓郎氏には、かつての硬派「よしだたくろう」とは違い、かなり柔和な印象を受けた。本書の主人公になる吉田正廣氏は、吉田拓郎氏の父親である。吉田拓郎氏は、筆者（坂根嘉弘）が勤務する広島商科大学（現、広島修道大学）の卒業生で、広島修道大学のバスロータリーには、写真とともに広島商科大学在学中に作った「今日までそして明日から」が刻まれた「吉田拓郎歌碑」が立っている（写真参照）。

本書のきっかけとなったのは、この番組である。当時、広島修道大学図書館長として図書館広報誌に掲載する「教員エッセイ」の執筆を依頼されており、その題材を探しているところであった。この番組が契機となって、吉田拓郎氏の父親・吉田正廣氏のことを思い起こした。吉田拓郎氏は広島修道大学の卒業生だから、広島修道大学の図書館広報誌のエッセイとしていい題材かもしれない、と思い立ったのである。吉田正廣氏についての資料集めは、そこから始まった。

筆者は、昭和六二年（一九八七）から平成六年（一九九四）まで鹿児島大学法文学部に勤務していた。その折に研究の必要から鹿児島地域史の文献を読んでいたので、『鹿児島県史』『鹿児島県議会

広島修道大学バスロータリーに立つ「吉田拓郎歌碑」(写真中央)
撮影：坂根嘉弘（令和2年5月）
注：「吉田拓郎歌碑」は広島商科大学（広島修道大学）開設50周年記念事業の一つとして平成20年（2008）8月建立。8月2日（土）午前11時から吉田拓郎氏も出席して除幕式が行われた。黒いポロシャツとジーンズ姿の吉田拓郎氏は、「暑いのに申し訳ない、みなさん元気でいてください」と挨拶した（田家秀樹『吉田拓郎　終わりなき日々』44-46頁）。当初、除幕式に出席しない意向だったが、実姉の松尾宏子氏が出席するように慫慂したという（松尾宏子氏の教示）。

史』など多くの公的刊本の編集者・執筆者として登場する「吉田正廣」という人物は知っていた。ただ、鹿児島地域史研究において「吉田正廣」は戦後に突如登場する人物であり、どのような経歴の持ち主なのかは「謎」のままであった。鹿児島大学に勤務していたころ、どのような人物であるのか具体的に知りたいと思い、鹿児島県庁（旧庁舎）の資料室や鹿児島県立図書館を訪ねたが、手がかりは得られなかった。

その後、朝鮮総督府などが刊行した『朝鮮の小作慣行：時代と慣行』や『朝鮮ノ小作慣行』に目を通した際、それらを調査・編纂した「吉田正廣」という朝鮮総督府の官吏がいることに気が付いた。朝鮮総督府の「吉田正廣」と鹿児島郷土史家（鹿児島県庁勤務）の「吉田正廣」とは同一人物ではないかとは思ったが、朝鮮総督府と鹿児島県庁とは直接結びつくわけではなく、同姓同名の可能性もあるので確信が持てなかった。いわんや、この両「吉田正廣」が、「若者のカリスマ」と呼ばれた吉田拓郎氏の父親であるとは思いもよらないことであった（「若者のカリスマ」という表現は安西巧『広島はすごい』六三頁による）。

この三者を一本の糸で結びつけたのは、『すばる』（三二（三）、平成二二年）に掲載された吉田拓郎氏のインタビュー記事（重松清「ダイアローグ二〇一〇ロングインタビュー吉田拓郎：家族・時代・仕事をめぐる対話」。以下、本書では重松清「ロングインタビュー吉田拓郎」とする）である。京都大学附属図書館に文献資料収集に行っているときに、たまたま手に取ったのが開架の『すばる』（三二（三）、平成二二年）であった。吉田拓郎氏は、この中で、吉田家は朝鮮からの引揚げ者であり、父親は吉田正廣といい、朝鮮総督府官吏で、戦後は鹿児島県庁に勤め、鹿児島郷土史家として「地味な仕事」をしていたと明確に述べている。これで三者は確実に結びつき、長年の「謎」が氷解した。と同時に、「吉田正廣」があの「若者のカリスマ」・吉田拓郎氏の父親であることが分かり、大変に驚いた。

筆者は、日本の地主小作関係を朝鮮や中国・台湾のそれと比較するという研究課題を持っている（その一部は本書第6章・第7章を参照）。筆者にとって「吉田正廣」については、長い間、その研究課題のエピソード的な位置づけにすぎなかった。「教員エッセイ」の資料集めをしていた時もそうであった。しかし、そのような状況が大きく変わったのは、吉田正廣家の親戚筋に当たる針持和郎《はりもちかずろう》先生

（広島修道大学人文学部教授。英語学・言語学）の全面的な協力が得られるようになってからである。針持和郎先生から松尾宏子氏（吉田正廣氏・次女）をご紹介いただき、文献上では得られない多くの情報を得ることが可能になった。また、針持和郎先生から吉田正廣氏の実家にあたる堂前武門《たけと》家（吉田正廣氏・甥）も紹介いただだいた。これらのことは予期しえなかったことで、誠に幸運だった。以上のことから、当初のエピソード的な位置づけは大きく変化し、吉田正廣論として独立して論じることができるだけの資料・情報が得られるようになった。

このような状況の中で、ある程度資料が集まったころ、坂根嘉弘「朝鮮総督府官吏・吉田正廣の経歴と業績（上）」（『経済科学研究』二一（一・二）、平成三〇年二月）、坂根嘉弘「朝鮮総督府官吏・吉田正廣の経歴と業績（下）」（『経済科学研究』二二（一）、平成三〇年九月）を公表した。本書は、これをベースに、「第1章　生い立ち」、「第2章　鹿児島県立鹿屋農学校に学ぶ」、「第8章　高等官（奏任官）時代」を新たに書き下ろし、他の部分もその後に入手しえた資料を加えて、大幅に書き直したものである。

吉田拓郎氏は朝鮮での父親の仕事について「よく分からない」（重松清「ロングインタビュー吉田拓郎」一二七頁）と述べているが、吉田正廣氏は農村調査や資料収集に優れ、それらを総合的に咀嚼しまとめあげる卓越した能力を持つ官吏だった。特に、非常に膨大な資料を短期間にまとめあげた朝鮮総督府編纂『朝鮮ノ小作慣行』上巻・下巻（昭和七年）は見事であり、特筆すべき業績である。同書は、現在でも、朝鮮近代史研究において常に参照される引用頻度の非常に高い資料となっている。吉田正廣氏は朝鮮小作慣行調査を実施し、『朝鮮ノ小作慣行』上巻・下巻をまとめあげるとともに、朝鮮農地令を起案した重要人物でもあった。吉田正廣氏には『朝鮮に於ける小作に関する基本法規の解説』といった著作もあり、当時の朝鮮総督府内では、インテリ官吏として異色の存在とみられていたことは間違いない。当時の新聞記事に「朝鮮研究に没頭せる農務課の篤学者」として人物紹介されていることがそのことを示している（『朝鮮新聞』昭和五年一〇月二四日）。

本書では、「吉田正廣」を分析対象に、「第1章　生い立ち」から「終章　吉田正廣家について」まで、「吉田正廣」を取り囲んだ地域、時代や人々の動きを交えて、時代の展開にそって考察していきたい。

以下、あらかじめ本書の叙述について断っておきたい。

一、序章から終章まで、学術書の慣例に従い、すべての敬称を略している。ご寛恕を乞いたい。

二、本文では、昭和二〇年（一九四五）のように、元号を先に記している。〈文献〉はこの限りではない。

三、「吉田正廣」は、しばしば「吉田正広」と記されるが、戸籍上では「吉田正廣」であるため、引用文を除いて「吉田正廣」と表記する。当然ながら、『朝鮮総督府及所属官署職員録』など朝鮮総督府の記録はすべて「吉田正廣」である。他の人物名も同様である。

四、読みやすさを考慮し、注記をなくし本文に繰り込む形で執筆している。本文中における論文、著書の明示は、著者名と論文・著書タイトル、引用・参照頁のみとしている。他の書誌情報は、巻末の〈文　献〉を参照いただきたい。注記をなくした関係から、吉田正廣氏にかかわりがある主な人物については、別途〈人物注記〉を作成した。

五、堂前家・吉田家・針持家については、針持和郎氏、松尾宏子氏、堂前トヨ子氏よりの教示によるところが多い。以下、「針持和郎氏の教示」「松尾宏子氏の教示」「堂前トヨ子氏の教示」と記す。

六、「叙任及辞令」については、『官報』、『朝鮮総督府官報』、『京畿道報』によっている。

七、「内地」とは、大日本帝国憲法が施行された時点（明治二三年一一月）で日本の領土であった地域を指している。その後日本の領土に編入されていった領域が「外地」である（溝口敏行・梅村又次編『旧日本植民地経済統計』三頁）。本書における「内地」「外地」は、この用法に従っている。また、「満洲」（中国東北部）、「本府」（朝鮮総督府）など、当時の呼称を用いているところがある。了解を乞いたい。以下、いずれも括弧を付さない。

八、新聞記事については、神戸大学附属図書館デジタルアーカイブ新聞記事文庫、朝日新聞記事データベース「聞蔵Ⅱビジュアル」、読売新聞記事データベース「ヨミダス歴史館」、毎日新聞記事データベース「毎索」を利用した。『鹿児島新聞』は鹿児島県立図書館で、『南日本新聞』は鹿児島大学附属図書館と鹿児島県立図書館で閲覧した。『鹿児島新報』は現物を閲覧することができず、松尾宏子氏から新聞切り抜きの提供をいただいた。『朝鮮新聞』、『釜山日報』、『朝鮮民報』、『京城日報』、『毎日申報』は「韓国歴史情報統合システム」（http://www.koreanhistory.or.kr/）で閲覧し、『毎日新報』は復刻版を利用した。新聞記事からの引用については、本文中では紙名と年月日のみを記している。記事名は巻末の〈文　献〉（新聞記事）を参照いただきたい。

評伝　朝鮮総督府官吏・吉田正廣とその時代

目次

装幀／寺村隆史

序　章

吉田正廣
提供：堂前武門氏
注：朝鮮農地令が公布・施行されたころ（昭和9年ごろ）の写真と思われる。

（1）本書の課題と先行研究

本書の課題

吉田正廣は、朝鮮総督府の殖産局農務課や農林局農政課などに勤務していた農林官吏である。朝鮮総督府農林官吏として著名な実績は、小作慣行調査の責任者として実務を指揮し、その成果を朝鮮総督府編纂『朝鮮ノ小作慣行』上巻・下巻（昭和七年）にまとめ上げたことである。最初で最後となった朝鮮全土を対象にした小作慣行全般にわたる小作慣行調査を一人で切り盛りし、それを成し遂げた人物で、農村調査に卓越した能力を持つ、上官も認める優秀な官吏であった。また、朝鮮農地令の制定を実務面で支えた人物でもあった。朝鮮農地令は朝鮮土地制度史上、大きな画期となった法令であるが、吉田正廣は朝鮮農地令制定（起案と審議）を実質的に支え、のちに上官から朝鮮農地令の「産みの親ともいふべき人」と評され、新聞記事では「農地令創案者」「氏の手により起草されたもの」といわれることになる（後述）。このように、吉田正廣と小作慣行調査や朝鮮農地令制定とは切っても切れない関係にあった。

一方、自らのライフワークを「朝鮮の農村及農村生活」の実証的研究であると語っているように、研究者としての側面も併せ持っていた。それは、彼が書き残した幾つかの論稿に具体的に表れている。なかには『朝鮮に於ける小作に関する基本法規の解説』（昭和九年）といった著作もあり、インテリ官吏として極めて異色の存在だった。また、官歴としては、判任官から高等官（奏任官）へと昇っており、この官歴にも特徴があった。

以上のように、吉田正廣は朝鮮農地政策史上の重要人物であるが、現在までのところ、その経歴や業績は十分に明らかにされているわけではない。本書では、朝鮮総督府官吏・吉田正廣の経歴と業績を、その時代状況や朝鮮の社会経済状況を踏まえながら跡付けていきたい。

吉田正廣についての先行研究

吉田正廣に言及した先行研究は、管見の限り、坂本悠一「一九二〇年代後半における釜山府政」のみと思われる。同論文は、釜山府政を検討するために、釜山府広報誌『釜山』を分析資料としたユニークな論稿である。釜山府広報誌『釜山』を分析資料としているので、歴代の編集担当者の経歴を調べている。『釜山』の初代の編集担当（「発行人」）が吉田正廣だった。その関係で吉田正廣について言及している。坂本悠一は、吉田正廣について、「生没年など詳しい経歴は不明であるが」と前置きしつつ、吉田の官歴をいくつか紹介し、著作三冊と論稿一編をあげている（坂本悠一「一九二〇年代後半における釜山府政」六一―六二頁、八七頁）。坂本悠一の論稿は手堅く、その吉田正廣の紹介に間違いはない。

本書の目的は、吉田正廣の経歴と業績について、吉田正廣論として、その時代背景や朝鮮農業との関連も含め、分析的に論じることにある。吉田正廣の官歴でハイライトになる小作慣行調査と朝鮮農地令制定の両事業については、特に紙幅をさいて叙述した。そのなかで、従来の研究を修正した点、新たに付け加えた点がある。

さて、グローバルにみた場合の日本の植民地官僚（朝鮮）について、これまでの研究で、以下の特徴が指摘されている（李炯植『朝鮮総督府官僚の統治構想』四―五頁など）。本書で展開する議論と関連する点があるので、ここで紹介しておきたい。

第一は、日本の植民地官吏は、欧米のそれと比べると量的に多いという点である。同時に、植民地朝鮮は移住植民地としての性格が強かった。しかも、植民者の中で植民地官吏の占める比率が大きかったのである。実際の朝鮮総督府の官吏数とその変遷については、後述することになる。

第二は、日本では、欧州列強とは異なり、専門的な植民地官吏を育成することなく、本国の通常の官吏登用システムを通して、植民地に官吏を送り出していた点である。内地と外地を行き来できる日本の制度は、官僚制の内地延長主義といわれている。イギリスやフランスでは、専門の植民地官吏養成機関が存在し、植民地統治に必要な専門知識を身に着けて植民地に送り込まれていた。この植民地への日本の官吏登用システムについては、吉田正廣の朝鮮総督府任官ともかかわっている。

第三は、日本政府には、昭和四年（一九二九）の拓務省の設置まで、本格的な植民地統治機関がおかれず、本国政府による一元的・体系的な統治が必ずしも行われなかった点である。それもあり、朝鮮では、朝鮮総督に絶大な統治権限が付与されることになり、朝鮮総督府は日本帝国の中で、ある程度の相対的な自立性を発揮しえたのである。この特徴は、吉田正廣が深くかかわった朝鮮農地令の制令発布にも見られる。

第四は、欧州列強の場合より、朝鮮総督府官吏の定住性（非異動性）が強かった点である。多くの官吏が朝鮮で任官し、その後も朝鮮で勤務し、退官を朝鮮で迎える場合が多かった。そのため、本国と意見相違が生じた場合、地域としての朝鮮を代弁する立場に立つことが多かったといわれる。そのような「生え抜き官僚」は、朝鮮総督府における有力な政治勢力であった。

（2）研究史上の位置づけ

従来の植民地官僚論

朝鮮総督府官吏・吉田正廣を検討するという本書を、従来の研究史のなかに位置づけておきたい。

吉田正廣は植民地の朝鮮総督府の官吏であり、その研究史上の位置づけとしては、植民地における官吏論・官僚論の視点からが考えられる。多くの先行研究が指摘しているように（李炯植『朝鮮総督府官僚の統治構想』二頁など）、日本における植民地研究は長い間、日本帝国主義対民族独立運動という二項対立的な分析枠組みが支配的であった。したがって、日本政府や朝鮮総督府が一枚岩的に把握される傾向が強く、日本の政治諸勢力と朝鮮総督府の複数の官僚勢力との間の角逐と、それに伴う政策策定、その実施という点は視野に入りにくかった。しかし、近年は他の分析対象と同様に、植民地官僚論もそのような枠組みを離れ、総督府人事や政策立案、実施過程、統治構想に焦点を合わせる視点が主流になってきている。

植民地期朝鮮における官僚論としては、木村健二「朝鮮総督府経済官僚の人事と政策」が先駆的業績である。木村健二は、政務総監・局長・課長に着目して、それらの人事と彼らの政策の策定・実施過程を内地の政治情勢との関連で検討した。それを踏まえ、近年は植民地官僚論が長足の進展をみた。岡本真希子『植民地官僚の政治史』、松田利彦・やまだあつし編『日本の朝鮮・台湾支配と植民地官僚』、李炯植『朝鮮総督府官僚の統治構想』がその代表であろう。これらの研究は、植民地官僚制度、統治機構、人事、統治構想など多岐にわたる視点から分析を深めている。本書との関係でみると、植民地官僚制度や統治構想、守屋栄夫、鈴木穆《しずか》といった官僚個々の分析、逓信・土木・鉱業・電気など特定部署・分野に焦点を当てた研究が注目すべきところである。研究が深化してきていることを実感しうる成果である。

以上の研究は総括的にいうと、高等官、なかでも親任官・勅任官（総督、政務総監、局長）を対象とした植民地官僚論であった。高等官は官吏のなかではほんの一握りの存在であったが、彼らが実際の政治・政策を動かす権限を保持しており、高等官（特に親任官・勅任官）に研究の焦点が合わされるのは自然の流れであった。特に、朝鮮では朝鮮総督や朝鮮総督府高等官が絶大な権限を握っており、それを考えると朝鮮総督や政務総監、局長などの高等官に注目が集まるのは当然であった。

判任官への注目

しかし、多くの研究が高等官を対象とする一方で、高等官以外の官吏に目を向ける研究も存在する。朝鮮人判任官については、橋谷弘「一九三〇年代・一九四〇年代の朝鮮社会の性格をめぐって」が日中戦争以後における朝鮮人判任官の増加に言及し、伝統的支配層とは異なる新しいテクノクラートの登場として注目した。並木真人「植民地期朝鮮政治・社会史研究に関する試論」は、官庁・学校・企業の職員について、官庁などの日常業務のなかで遂行されたテクノクラート型対日協力という視点を提起している。松本武祝『朝鮮農村の〈植民地近代〉経験』第2章は、そのテクノクラート層の一部である朝鮮人下級職員（判任官、雇員、嘱託、農会職員）に着目し、雑誌『朝鮮地方行政』の投稿記事を題材に、朝鮮人下級職員の意識構造をとりあげた。

以上は朝鮮人下級職員に言及する論稿であるが、これらとは全く別に、官吏論として、数的に圧倒的に多数を占めた判任官の再評価を求める研究が登場している。

池田雅則は、一般的な官僚制度論の視点から、日本の近代化を担った不可欠な存在として判任官の重要性を指摘している。高等官の決定した政策・制度を正しく理解し忠実に実行し、場合によっては運用上の問題を高等官に伝え、政策・制度の修正を促す判任官の層の厚さと質の高さこそが、日本近代化を大きく左右したのではないのか、というのである（池田雅則「明治の判任文官層」二頁、池田雅則「判任文官たりえる資格」四三頁）。

もっとも、この池田雅則の論稿では、判任官の数量的把握や任用制度の変遷に重点が置かれるのみで、判任官の実際の機能が具体的に提示されているわけではない。本書で取り上げる吉田正廣の事例は、官吏としての力量の高さ、政策課題に対する対応能力の高さを示す好例となるであろう。ちなみに、台湾総督府の土地調査事業における中級技術官吏・技手（判任官）の不可欠な役割については、蔡龍保「台湾総督府の土地調査事業と技術者集団の形成」が注目している。

農学校と農業技手

植民地官吏論として、判任官に注目した先行研究として取り上げておきたいのが、農学校（中等教育機関）を卒業した農業技手（判任官）に注目する一連の研究である。

これまでから帝国大学（その前身を含む）の農学系技師（高等官）と植民地農政については、しばしば言及されてきた。札幌農学校出身者が台湾農政（「農業台湾」）において大きな役割を果たしたことについては、呉文星（「札幌農学校と台湾近代農学の展開」、「札幌農学校卒業生と台湾近代糖業研究の展開」）や山本美穂子（「台湾に渡った北大農学部卒業生たち」）の論稿が指摘している。また、個別の帝国大学出身の農業技師（高等官）については、本田幸介（玉井浩嗣「併合前後期の朝鮮における勧農体制の移植過程」）、高橋昇（高橋昇著『朝鮮半島の農法と農民』など）、山本小源太（飯塚一幸「明治の技師山本小源太の軌跡」）などいくつかの事例紹介がある。以上は、いずれも技師（高等官）に焦点をあわせたもので、技手（判任官）は注目されてこなかった。

これに対し、やまだあつしは、「農業台湾」について大きな役割を果たしたとされる札幌農学校出身者（農業技師）とは別に、その補助者として現場で実際に農業技術を指導しえたのは農業技手の熊本農学校や大分農学校の出身者（判任官）であることに注意を促している（やまだあつし「一九〇〇年代台湾農政への熊本農業学校の関与」、同「明治大正期における中等農業学校卒業者の台湾への就職」）。平井健介「日本植民地の産業化と技術者」は、植民地の産業化を支えた技術者の有力な供給源が農学校であったことを、民間の台湾製糖業を通して明らかにしている。ともに、植民地農業における農学校出身者（農業技手・判任官、上中層技術者）の役割の大きさを示唆するものである。吉田正廣は、鹿児島県立鹿屋農学校を卒業して朝鮮総督府官吏（農業技手、書記・属）となっており、この研究動向に沿う事例である。

判任官から高等官への昇叙

吉田正廣の官歴で特徴的なのは、判任官から奏任官（高等官）に昇叙された点である。現代風に言うと、ノンキャリアからキャリアに転じたのである。当時、朝鮮総督府内では無資格の判任官から高等官に昇ることを「特進」と称しており、「特進」は「中々容易ではない」とみられていた（下級判任官「判任官の進路を開き鬱積せる空気を一新せよ」一九〇―一九一頁）。

戦前の官吏制度については第3章で述べるが、奏任文官（高等官）は有資格者（高等試験合格者）からの任用が原則であった（文官任用令第五条）。それ以外の無資格者からの任用は、自由任用（内閣書記官長〈現在の内閣官房長官の前身〉など文官任用令を適用しない官）、銓衡任用（文官任用令第七条）、特別任用（奏任文官特別任用令）によっていた。この無資格者から奏任文官への任用には、事務に精通し功績のあった判任官や専門的な知識のある文官を奏任官に登用すること、有資格者で固められた官界の硬直性を打破すること、といった組織や時代の変化に柔軟に対応しうるという側面があったが、他方で、この文官任用の範囲をどうするかということは、官僚と政党とのせめぎあいの場でもあり（政党員の官界への進出、官僚の政党化）、文官任用令（特に自由任用）をめぐっては度々政治問題化していた（伊藤之雄『立憲国家と日露戦争』三九—四二頁。清水唯一朗『政党と官僚の近代』一〇六—一一三頁、一七五—二二六頁など）。

従来の官吏論・官僚論では、判任官から奏任官への「特進」については、特に取り上げられてこなかった。

武官になるが、陸海軍でも、下士官・准士官（判任官）から少尉（奏任官）に昇る制度があった。海軍では下士官出身の士官を特務士官とし、将校（海軍兵学校・海軍機関学校出身の兵科・機関科の士官）に比べ差別的な取り扱いを制度化していた（特務少尉、特務中尉、特務大尉の三階級であったこと、指揮権の順位を定めた軍令承行令で特務大尉が将校少尉の下位に置かれたこと、服制における将校との区別など）。これらの点は、当時から注目もされ、先行研究も存在し、すでによく知られている（山口宗之「海軍特務士官の思想・素描」、熊谷光久「海軍士官の穴を埋めた特務士官」など）。それに対し、文官の「特進」については実態すら明確ではなく、その検討は手付かずの状態である。

ただ、従来の個別官吏のライフヒストリーの事例紹介には、このような「特進」の事例が含まれていた。たとえば、やまだあつし「ノンキャリア技術官僚と植民地台湾」は、明治三三年（一九〇〇）に判任官から奏任官に昇った測量技師・野呂寧《やすし》を紹介している。大正九年（一九二〇）の奏任文官特別任用令以前の事例である。また、松本武祝「未公開資料朝鮮総督府関係者録音記録（九）解説　植民地朝鮮農村に生きた日本人」には、小幡義親という属・書記（判任官）から郡守・道理事官（奏任官）に昇った官吏についての解説がある。小幡義親の高等官への昇叙は、昭和一七年（一九四二）である。戦時中は、事務能力にすぐれた判任官を優遇する政策がとられていた。時期的には、その流れの中での事例かもしれない。ちなみに、やまだあつし、松本武祝ともに、判任官から奏任官に昇った事例を「たたき上げ」と称している。

本書では、吉田正廣の検討により、この「特進」「たたき上げ」の一事例を紹介することができる。官吏論・官僚論として、この制度を歴史的にどのように評価するのか、今後より多くの事例により検討していく必要がある。

(2)　研究史上の位置づけ

植民地期朝鮮における学術調査・異文化研究

吉田正廣については、学術調査・異文化研究の視点からする植民地期朝鮮における日本人研究者という位置づけが可能である。

従来、この視点からは、人類学・民俗学の研究者が取り上げられることが多かった。たとえば、今村鞆《ともえ》（朝鮮総督府嘱託。風俗研究）、赤松智城《ちじょう》（京城帝国大学教授。宗教の調査研究）、秋葉隆（京城帝国大学教授。巫俗《ふぞく》研究、民間信仰）、村山智順《ちじゅん》（朝鮮総督府嘱託。巫覡《ふげき》、風水研究）などである。これまで、彼らによる研究成果は、官憲（警察）による資料収集で日本の植民地政策のためのもの（植民地主義）であったという否定的批判がなされることが一般的であった。しかし、近年では政治批判・イデオロギー評価とは切り離して見直す研究が多くなってきている。少なくとも、彼らが残した多くの研究成果は、朝鮮近代社会の基礎資料として、その重要性が認識されてきている（崔吉城「日本植民地時代の民俗学・人類学」七―二九頁。朝倉敏夫「植民地期朝鮮の日本人研究者の評価」一二一―一四四頁。中生勝美『近代日本の人類学史』一〇五―一七〇頁など）。並行して、赤松智城や村山智順についての生涯や業績の発掘、再評価が進んでいる（川瀬貴也「近代朝鮮半島における「宗教研究」の流れに関するメモ」など）。

本書で取り上げる吉田正廣は、当時の朝鮮村落や朝鮮小作慣行についての資料を収集・記録・編纂した研究者としての側面を持っている。研究分野としては、後述する善生《ぜんしょう》永助（朝鮮総督府嘱託）や久間《ひさま》健一（朝鮮総督府小作官）と同じ社会経済分野となる。吉田正廣は、これまで研究者として取り上げられることはまったくなかった。もちろん、今村鞆、村山智順や善生永助ほど多くの成果を残しているわけではないが、植民地期朝鮮における日本人研究者という視点からも検討が可能ではなかろうか。

第1章　生い立ち

観音堂（上）、仁王像（右、左）
撮影：坂根嘉弘（令和2年2月）
注：左右の仁王像は参道の入り口になり、参道を上方に進むと観音堂に至る。明治初年の廃仏毀釈の折には、村人が仁王像をいち早く山中深く隠したため破却を免れたという（大口市郷土史誌編さん委員会『資料第十一集　羽月村郷土誌』102頁）。

（1）北薩の地・鹿児島県伊佐郡羽月村

鹿児島県羽月村に生まれる

吉田正廣は、明治二八年（一八九五）一二月八日、堂前正助・フデの三男として、鹿児島県北伊佐郡羽月《はつき》村鳥巣《とりす》で生まれた（針持和郎氏の教示）。現在の鹿児島県伊佐市である。伊佐市の沿革については、図1―1をご覧いただきたい。当時は北伊佐郡羽月村であった。北伊佐郡は、吉田正廣が生まれた翌年・明治二九年（一八九六）に菱刈郡と合併し伊佐郡となる。その後は、昭和二九年（一九五四）に大口町、羽月村、山野町、西太良《にしたら》村が合併して大口市になるまで、半世紀以上にわたり伊佐郡羽月村の時代が続いた。

伊佐地域は、鹿児島県の北端で、薩摩藩の国境にあり、江戸時代には「薩藩に於ける最緊要の地」「薩藩北門ノ重鎮ナリシ地」として、戦略上重要視されていた（松下重資『新納忠元を中心とせる伊佐郡史』一頁。『大口市郷土誌』下巻、三八八頁）。この地域は内陸の盆地であり、冬の寒さが厳しいため「鹿児島の北海道」と称される。良質な伊佐米の産地としても名高い米作中心の農村地帯であった。また、江戸時代から牛尾金山の金鉱山で有名である。牛尾金山は、最盛期には従業員九〇〇人を有したが、現在は閉山している（鹿児島県伊佐郡役所編『郡勢を中心とせる伊佐郡史』五頁。力武昭「大口鉱山」四六頁。平凡社地方資料センター編『日本歴史地名大系四七　鹿児島県の地名』五〇六頁、五一一頁）。

(1)　北薩の地・鹿児島県伊佐郡羽月村

写真1-1　名勝・曽木の滝（伊佐市大口宮人）
撮影：坂根嘉弘（令和2年2月）
注：川内川にある瀑布で、すぐ下流に曽木発電所遺構がある。鹿児島県における観光スポットの一つ。

堂前家がある地域は、地元では園田と呼ばれている。「天保郷帳《てんぽうごうちょう》」には村高六七石余の園田村の記載があるが、小村であったため、その後（時期不明）、鳥巣村に合併している（『角川日本地名大辞典』編纂委員会編『角川日本地名大辞典四六　鹿児島県』四六〇頁）。明治二二年（一八八九）の町村制施行によって、江戸時代の藩政村は地籍表示の大字となったが、町村制施行までに町村合併があった場合には、その合併町村が大字となる（坂根嘉弘『分割相続と農村社会』一六三頁）。したがって、堂前家がある地域は、公式には羽月村鳥巣となる。

　戸数の推移をみると、昭和八年（一九三三）現在、大字鳥巣は一一五戸で、園田二八戸、鳥巣上二五戸、鳥巣下二五戸、狐岩三七戸からなっていた（伊佐郡羽月村編『経済更生計画』七〇―七一頁）。鳥巣は明治一五年（一八八二）には七九戸であったから（表1―1）、戸数はこの五〇年の間に一・五倍ほど増加している。明治以降の日本では、進学・就職による向都離村（農村部より都市部への人口流出）が生じ、農村部（郡部）の人口は減少するのが通常であったが、鳥巣を含む伊佐地方は逆に

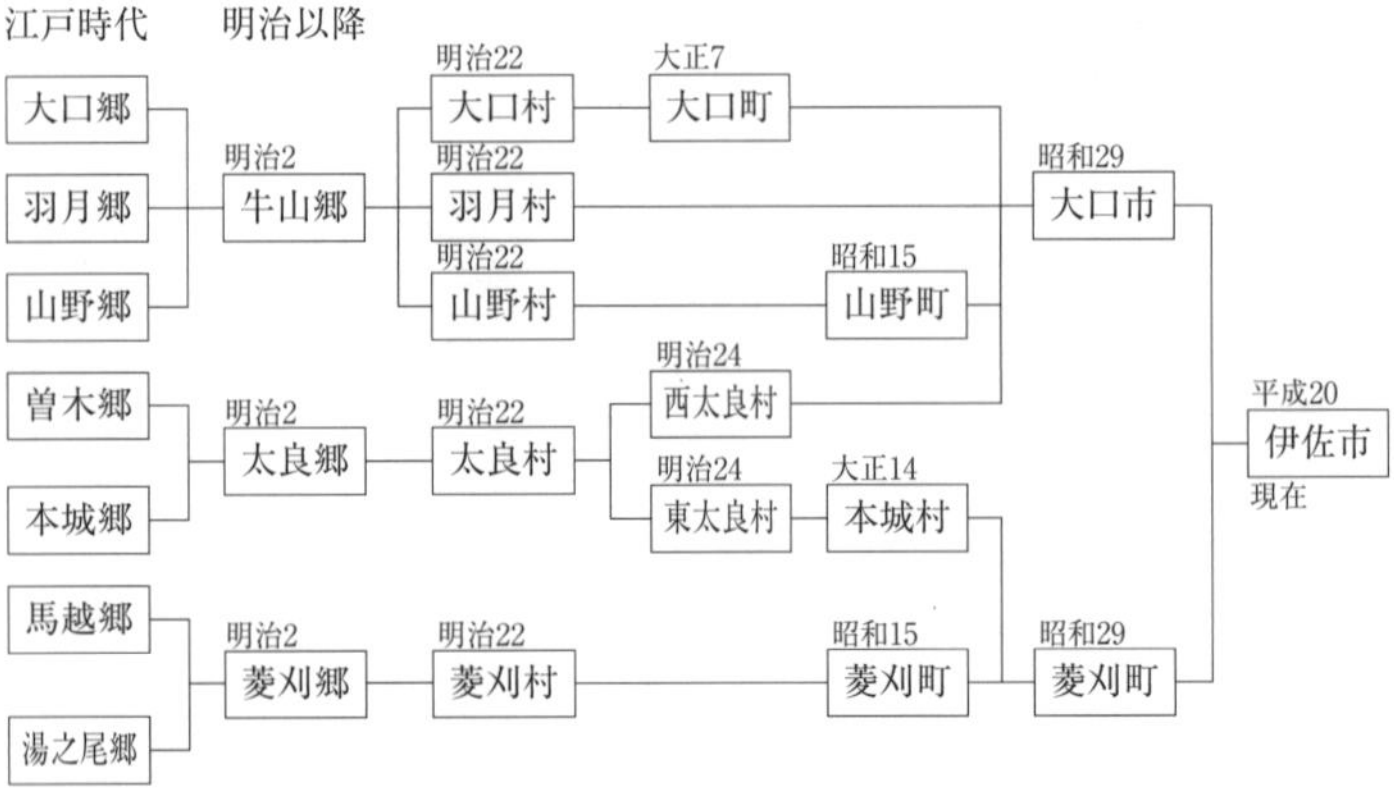

図1-1　伊佐市の沿革

出典：「角川日本地名大辞典」編纂委員会編『角川日本地名大辞典46　鹿児島県』。
注1）大区小区制、郡区町村編制法、連合戸長役場制の時期は略している。
2）郡の沿革は以下である。
明治20年（1887）伊佐郡を分割し、南伊佐郡と北伊佐郡が成立。北伊佐郡の区域は牛山郷の区域と同じ。
明治29年（1896）北伊佐郡と菱刈郡が合併し伊佐郡となる。その管轄は、大口村、羽月村、山野村、西太良村、東太良村、菱刈村の6か村。この伊佐郡の区域が、現在の伊佐市となる。

かなり戸数・人口が増加していた。これは後述するように、当地方が江戸時代から人口が少ない地域であったことと関係していると思われる。

ちなみに、日本窒素肥料株式会社（現、チッソ）の創業者で著名な実業家・野口遵《したがう》が最初に手掛けた発電所として曽木発電所（曽木電気）が有名である。この曽木第一発電所、曽木第二発電所は羽月村南部、西太良村との村境を流れる川内《せんだい》川にあった。ただし、曽木発電所跡は、昭和四一年（一九六六）の鶴田ダム建設に伴い水没している（ダムの水位が下がると遺構が顔を出す）。曽木発電所遺構のすぐ上流部に、名勝・曽木の滝があり（写真1—1）、その周辺は、曽木の滝公園として整備されている。

(1)　北薩の地・鹿児島県伊佐郡羽月村

薩摩藩独特の支配制度

江戸時代の薩摩藩は、外城《とじょう》制度と門割《かどわり》制度という独特の支配制度に特徴がある。薩摩藩は、領国であった薩摩・大隅両国と日向諸県《もろかた》郡を一一三の外城（郷《ごう》とも呼ばれた）に分けて支配していた（図1―2）。郷は数村ないし十数村から構成されていた。羽月郷は九つの藩政村から構成されていたが、鳥巣村はそのうちの一つである（以下の薩摩藩政については坂根嘉弘『分割相続と農村社会』、坂根嘉弘「日本の「家」と鹿児島地域における分割相続」によっている。鹿児島地域の関連文献については、この著書・論稿を参照いただければ幸甚である）。

表1-1　羽月村の戸数・人口（明治4年、明治15年）

	戸数	人口	内、士族	士族比率
牛山郷	2,059	8,880	2,939	33%
羽月村	599	2,602	825	32%
羽月村下殿	111	432	241	56%
羽月村鳥巣	79	371	17	5%

出典：鹿児島県私立教育会編纂『薩隅日地理纂考』。鹿児島県史料刊行委員会編『鹿児島県史料集第一七輯　鹿児島県地誌　下』。

注1）牛山郷は『薩隅日地理纂考』（明治4年）、他は『鹿児島県地誌』（明治15年）による。

2）羽月村は9大字からなる。麓の下殿と吉田正廣の出身地・鳥巣を示した。

薩摩藩では、郷の中心地・交通の要地は、麓《ふもと》と呼ばれた。麓には郷の行政役場である地頭仮屋がおかれ、地頭仮屋には藩から地頭が派遣され、配下の所三役（郷士年寄、組頭、横目）とともに勧業・土木などの行政事務を執った。麓は郷の支配拠点であり、政治・経済・文化の中心地であった。羽月郷の麓は下殿《しもとの》村にあった。下殿は羽月郷（後の羽月村）の中心であり、明治に入ると、下殿には、羽月村役場や羽月郵便局、村産業組合、羽月尋常小学校（吉田正廣の母校）がおかれることになる。

麓には半農半士の郷士が集住し、その外側に百姓の住む在《ざい》（農

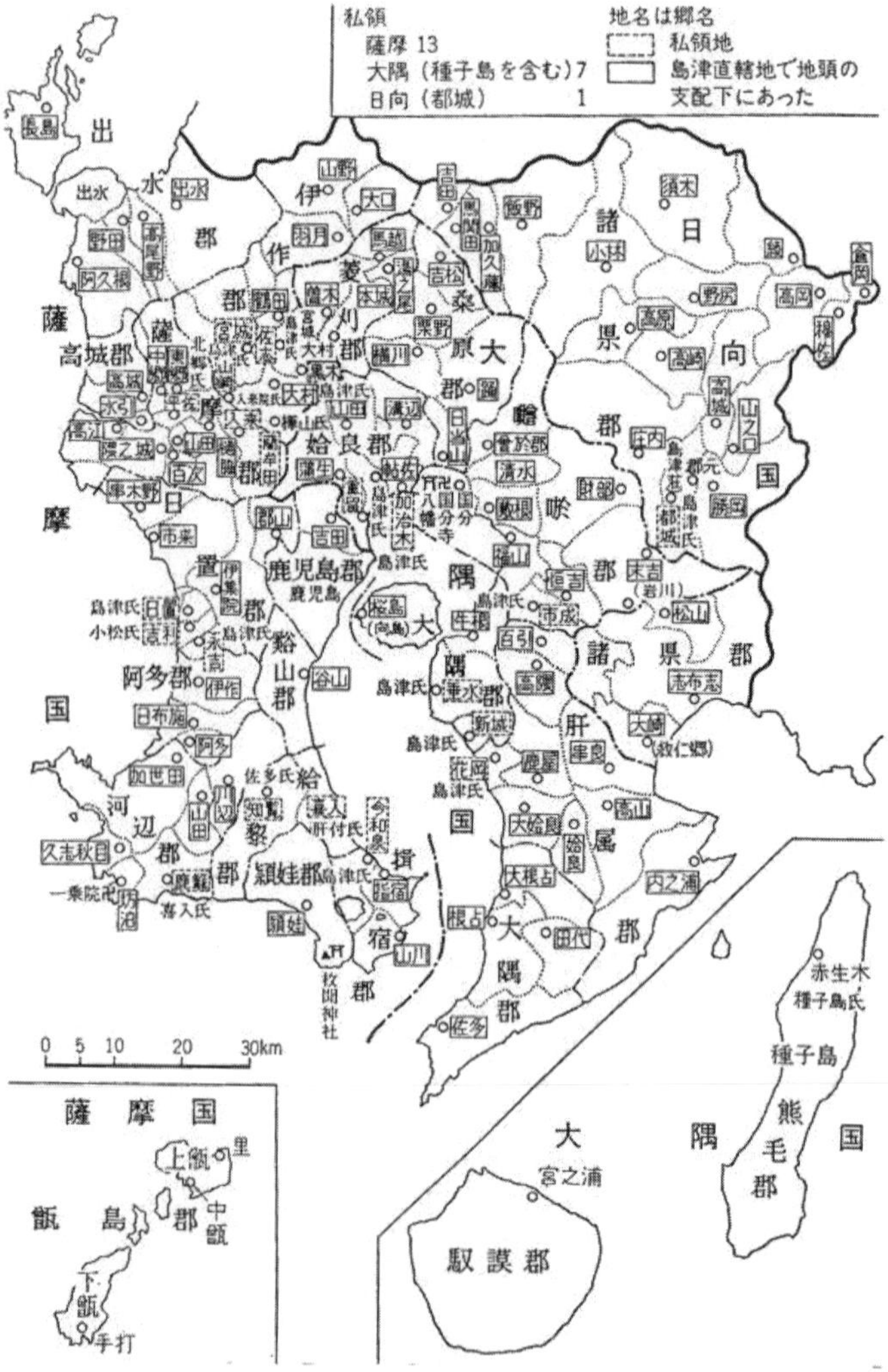

図1-2　薩摩藩郡郷図
出典：原口虎雄『鹿児島県の歴史』山川出版社、1973年，162頁。

村）がひろがっていた。在にも郷士が住み、百姓と混住していた。明治初年の薩摩藩の士族人口割合は二六・四％で、全国平均は五・七％であったから、他地域の五倍ほどの高さであった（原口虎雄『鹿児島県の歴史』一六〇頁）。これは半農半士の郷士が麓や在に多数住んでいたことによる。農業生産力が低い薩摩藩では、多くの武士を農業に従事させることにより（武士自身で半ば自給させることにより）、藩（年貢）負担による武士扶養コストの引き下げをはかっていたのである。

羽月村の士族人口比率を示したのが、表1—1である。羽月郷は明治二年（一八六九）に大口郷、山野郷とともに牛山郷に統合されたが、その牛山郷の士族人口比率は三三％であった。羽月村の士族人口比率は三二％で、牛山郷と同じぐらいである。ちなみに、鳥巣村は、戸数七九戸（士族四戸）、人口三七一人（士族一七人）で、士族人口比率は五％と低い。下殿は麓だったので、士族人口比率は五六％と高かった。

人口稀薄な大口地方

明治二二年（一八八九）の市制・町村制の施行に際し、鹿児島県では、基本的に江戸時代の郷を新生の行政町村にそのまま移行させた（坂根嘉弘『分割相続と農村社会』一三九頁）。郷を分割し複数の行政町村として独立させても、独自の資力が乏しく、国政委任事務や教育・殖産その他の行政町村の事業遂行が困難とみられていたためである。要するに、江戸時代までの藩政村の経済力が弱かったということである。

このように、江戸時代の郷がそのまま明治の行政町村となったため、その規模は異常に大きなものとなった。明治二二年（一八八九）における鹿児島県の一行政村の平均戸数は一四四五戸であった。内務省は新しい行政町村の規模として三〇〇戸から五〇〇戸を標準としていたから、それの三倍から五倍の大きさである。特に、谿山郡（のち鹿児島郡）谷山村は、戸数四〇八九戸、人口二万二七二二人と、鹿児島県随一の大規模行政村となった（児玉幸多「鹿児島県の町村制度」一九頁）。この谷山（鹿児島郡谷山町）には、戦後、吉田正廣家が住むことになる。

もっとも、行政村の人口規模が大きいといっても、人口集住・人口過密を意味しているわけではない。行政区域が広いため、戸数や人口が大きくなったにすぎない。試みに人口密度（人／㎢）をみてみよう。鹿児島県私立教育会編纂『薩隅日地理纂考』（復刻版。原本は明治四年編集）によると、旧薩摩藩領の人口密度は七四・四であった（押野昭生「「麓」集落に関する二・三の検討」六七頁）。日本全体の平均は、慶長五年（一六〇〇）四二、享保六年（一七二一）一〇七、明治三年（一八七〇）一二一と推計されているから（鬼頭宏「近代日本の社会変動」二二一頁）、明治初期の鹿児島の人口密度は、江戸時代の前期あるいは一七世紀後半ぐらいに相当することになる。

では、伊佐郡羽月村はどうであったろうか。鹿児島県私立教育会編纂『薩隅日地理纂考』による人口密度の計算では、旧羽月郷が属する牛山郷は三七・二と、薩摩半島（薩摩国）では最も低かった。薩摩国の平均が一一五・九であったから、その三分の一ほどである（押野昭生「「麓」集落に関する二・三の検討」六七頁）。北薩地方は人口が少ない地域として知られていたが、その中でも伊佐地域は特に人口が稀薄な地域だったのである。この特徴はこの後も続いていく。

(2)　江戸時代の門割制度と堂之前門

門割制度とその研究

薩摩藩の農村知行の特徴は、門割制度にある。薩摩藩の農村知行のルートは、郷（郷士年寄）→村（庄屋）→門（名頭）→門百姓で行われた。門《かど》が農村支配の最終単位であった。門を統括するのが名頭《みょうとう》《みょうず》であり、門は名頭、名子《なご》、名子ではない百姓戸から構成されていた。門は日常的な生産・生活の単位で、主に血縁関係にある世帯から成っていた。庄屋は郷士役で、村を統括する庄屋が武士であったため、村の自治的機能は弱く、他藩でみられた年貢の村請制も存在しなかった。あくまでも門が、門地の配給や貢租、夫役、雑税の賦課・徴収単位となっていたのである。

薩摩藩では、生産力が高く農業経営の中核となる熟田畑を門地《かどち》とし、それを藩の公有（所有）としていた。門割とは、藩所有の門地の割り替えのことである。割り替えの際に基準となったのが用夫《いぶ》（一五歳から六〇歳の男子）で、用夫の人数をもとに庄屋から各門に門地が配給され、それを名頭が門内の世帯に割り振ったのである。つまり、藩所有の耕地を門百姓に貸し出すのであるが、貸出耕地（門地）が百姓間で出来るだけ均等になるように、用夫数を基準に一定年限ごとに割り替えるという操作を行っていたのである。実際の門割は、享保期までの検地で全藩一斉に行われたが、その後は、郷内、村内、門内というより狭い範囲で実施された。

薩摩藩の土地種目とその貢租は複雑で、ここでは表1—2を掲げるにとどめるが、門地の租率が八二・九%だったように、門百姓に対する収奪はきわめて厳しいものであった。門百姓には、門地配給に付随して、年貢以外にも夫役や雑税が課されていた。藩による厳しい収奪のもと、門百姓の生活は苦しかった。門百姓は、税率の低い仕明地（永作などの開墾地）をできるだけ拡大し、木挽などの副業に従事することで生計を立てていた。

仕明地の鍬下年季	耕作者の所持	備　　考
		本田畑
	○	本田畑、郷士自作高、売買可
○（3年間）	○	自費開墾田畑、郷士自作高
○（3年間）	○	自費開墾田畑
○（10年間）	○	古荒地の再開墾
○	○	開墾地・切替畑（不安定耕地）

育研究会高等学校歴史部会編『鹿児島県の歴史』。原口虎雄
と外城』。黒田安雄「薩摩藩の土地政策と土地問題」。宮崎県

分（5分摺・0.48石）として計算している。
下見掛・大山野が仕明地（開墾地）である。門地と浮免が村
の期間である。
姓は租率が高い門地耕作だけでは生活できないため、開墾地

象地から除外していた。未墾地が広大に存在した薩摩藩で

ついては改正時にそれを所持していた士庶に地券を交付し

分割相続」を参照いただきたい。

門割制度をはじめとした薩摩藩の農村知行の学術的な解明は、戦後になって、それも一九七〇年代までの三〇年余りで一気に進んだ（近年は下火になっている）。その先鞭をつけたのが、吉田正廣である。後述するように、吉田正廣は、鹿児島県農地改革史編纂の事務局を担当していたが、その傍ら、門に関する地方《じかた》文書の発掘に努め、戦後の門割制度研究の新しい局面を切り開くことになる。戦前までの門割制度研究の到達点は、小野武夫『旧鹿児島藩の門割制

(2)　江戸時代の門割制度と堂之前門

表1-2　薩摩藩土地種目と貢租

土地種目（呼称）	貢租（石）（高1石に付）	籾高に対する租率（%）	耕作者		夫役
			郷士	百姓	
門地（かどち）	0.398	82.9%		○	○
浮免（うきめん）	0.092	19.2%	○		
抱地（かけち）	0.082	17.1%	○		
永作（えいさく）	0.398	82.9%	○	○	
溝下見掛（みぞしたみかけ）	見掛（低）	20%	○	○	
大山野（おおさんや）	見掛（低）	20%	○	○	

出典：小野武夫『旧鹿児島藩の門割制度』。鹿児島県『鹿児島県史』第2巻。鹿児島県社会科教
　　『鹿児島県の歴史』。鹿児島県歴史資料センター黎明館編集『薩摩七十七万石：鹿児島城
　　編『宮崎県史　通史編　近世下』。秀村選三『幕末期薩摩藩の農業と社会』。

注1）高1石は籾高（0.96石）であり貢租米は玄米であるので、租率の分母は慣例にしたがい半
　2）門地が藩財政と知行の基礎で、浮免と抱地は士族給養の自作高となる。抱地・永作・溝
　　高で、抱地・永作・溝下見掛・大山野は村高として把握されない。鍬下年季は年貢免除
　3）門百姓は用夫数を基準に門地の配給を受けた。門地の租率は82.9%と異常に高い。門百
　　（永作など）を拡大し、他方で木挽などの副業に従事し生計を立てた。
　4）薩摩藩は、開墾地の租率を低くし、夫役をつけず、耕作者の所持を認め、割り替えの対
　　は、開墾地の拡大にこのような誘因を付与し、耕地の拡大を図っていた。
　5）地租改正時には、門地は改正時の耕作農民に、浮免・抱地・永作・溝下見掛・大山野に
　　た。
　6）先行研究による見解の相違については、坂根嘉弘「日本の「家」と鹿児島地域における

度』（大正一一年）であった。この論考は薩摩藩の旧記をもとにしたものであったが、吉田正廣はこれに門に関する地方文書を加え、その後の研究の飛躍的発展の礎石を敷いたのである。その功績は大きい。上記の門割制度の概要は、吉田正廣自身が『鹿児島県農民組織史』（昭和三五年）の「前編　藩政時代の農民組織門と与（組）」で論じているところでもある。

江戸時代の堂之前門

　門に関する在地の残存資料は少ない。したがって、藩政村にどのような門が存在したのかは十分にわからない。吉田正廣の出身地・羽月郷鳥巣村でも同様である。ただ、『大口市郷土誌』上巻（三八五頁）は、聞き取り調査などで判明した鳥巣村の門と

して、清水門、堂之前門、鳥巣門、一ノ宮門の四門を掲げている。結論をあらかじめ示すと、このうち堂之前門が、吉田正廣の生家・堂前家の所属する門だったのである。

さて、堂前家には、仁王像二体（第1章扉写真）と地蔵菩薩一体（写真1―2）が現存する。この地蔵菩薩と仁王像、それに関する堂之前門については、吉田正廣自身が記述している（吉田正廣『鹿児島県農民組織史』一五―一六頁）。以下がその要旨である。

堂之前門の門名の由来は、門屋敷の裏山の一隅に建っていた観音堂にあやかったものである（観音堂の前ということで堂之前という門名を名乗ったという意味）。観音堂の供養碑によると、堂之前門は少なくとも延宝年間（一六七三―一六八一）には成立していた。当地は一七世紀中葉に開発され始め、堂前家の始祖もそのころに来住・定着したと思われる。堂前家は堂之前門の名頭で、名頭・善左衛門の名は享保一八年（一七三三）の墓碑が初見である。その善左衛門の子・次郎八は、延享元年（一七四四）武家工人・海老原源左衛門に依頼し、観音堂前に背丈を超える（二・六メートル）石材の仁王像二体を寄進し、かつ四年後の寛延元年（一七四八）には同じく海老原源左衛門の手になる等身大（一・五メートル）の石材彫刻・地蔵菩薩一体を製作、門屋敷の一隅に内神として祀った。

吉田正廣にとって、これらの石像は幼いころからなじみのある石像であった。物心ついてから幾度となく石像の背面刻字をなぞったに違いない。ただし、吉田正廣が上記の記述をする際に、自身の生家であることを明かしているわけではない。まったく客観的に記している。吉田正廣の旧姓が堂前であることを知らなければ、だれもこのことに気が付くことはない。筆者（坂根）も、この記述が吉田正廣の生家のことであるのに気が付くのに時間がかかった。

吉田正廣が自著『鹿児島県農民組織史』で堂之前門を取り上げたのは、次の文脈からである。江戸時代の門百姓は経済的に裕福でないとみられていた。にもかかわらず、名頭が武家工人の手をかりて仁王像と地蔵菩薩を製作しているのである。このことは、「他に類例をみないもので、封建的隷農時代の異色」と考えざるをえない事例である。その意味で門割制度下の名頭を考証する際の一素材としたい、ということであった（吉田正廣『鹿児島県農民組織史』一六頁）。

名頭が名子や他の門百姓よりも経済的に裕福であったことは確かであったろうが、ただそれは門百姓間の相対差の問題で、吉田正廣も記しているように、名頭も含めて門割制度下の百姓は生存ぎりぎりの再生産を繰り返したとみられている。その視点から吉田正廣は堂之前門の事例を、「他に類例をみないもの」「異色」とみなしていたのである。地域によって、門によって、名頭の資力には格差があったと思われるが、確かに堂之前門

写真1-2　地蔵菩薩
撮影：坂根嘉弘（令和2年2月）
注：地蔵菩薩は西南戦争までは「平岩の河畔近くの岩石の上に安置されてあった」という（大口市郷土史誌編さん委員会『資料第十一集 羽月村郷土誌』137頁）。現在は堂前家の宅地内に安置されている。

の事例は、門割制度を考察する際に、門名頭の「異色」な一事例として心にとどめておくべき事例であるといえよう。

堂之前門の内神祭り

上記の吉田正廣の記述に登場する内神（うっがんと称される）とは、門で祀った勧請神である。同族的な祖先崇拝・祖霊祭祀ではない（下野敏見「内神・氏神考」、下野敏見「かたちからみたウッガンサア」）。堂之前門では旧暦の霜月（一一月）に地蔵菩薩の前に門の構成員が集まり、共同で内神の祭りを行っていた。一般に内神の神体は石、御幣、立木など簡素なものが多いようであり、堂之前門のように立派な石像を内神としていたのは異例のことであった。

ちなみに、吉田正廣が仁王像・地蔵菩薩の作者であるとした武家（郷士）の工人・海老原源左衛門であるが、彼は享保二〇年（一七三五）頃から明和四年（一七六七）にかけて北薩一帯で活動した馬越郷（羽月郷の東に隣接する郷。図1―2参照）の石工であった。石の彫刻や面の作製を手がけ、現在も伊佐市を中心にその作品が数多く現存している。ただし、堂前家の仁王像・地蔵菩薩のうち、地蔵菩薩は海老原源左衛門の作であるが、仁王像は海老原源左衛門の師匠にあたる後迫の作とみられている（松崎正治「石工海老原源左衛門」四五頁。菱刈町郷土誌編纂委員会編『菱刈町郷土誌改訂版』一一八九―一一九〇頁。片牧静江『大口市の仁王さま』二四―二六頁）。

以上のように、鳥巣村の堂之前門の名頭が堂前家であったのである。明治初年、堂前家は門名を苗字とした。鹿児島では、門名を苗字とする例がよく見られる。吉田正廣自身が述べているところを引用しよう。「やがて藩政が崩かいした明治三年になると、そのかつての庶民層にも戸別に姓がゆるされたが、その際この門名をそのまま姓としたものが少くなかった。即ち名頭であった一家は殆んど原則的にその門名を襲称し、名子は門名その他にあやかって適当に別姓を名乗ったようであるが、中には名頭名子家をあげて、同一門名を名乗ったものもあった」（吉田正廣『鹿児島県農民組織史』八頁）。昭和四六年（一九七一）四月三〇日現在の『鹿児島県五十音別電話帳』（三九六頁）をみると、大口市で堂前姓は堂前家のみである。つまり、堂之前門では、名頭のみが堂前姓を名乗ったということになる。吉田正廣が自著で、「名頭であった一家は殆んど原則的にその門名を襲称し」と記したとき、生家の堂前家が有力事例として念頭にあったことは間違いない。

（3）　小学校時代

勧業知事・加納久宜

吉田正廣が生まれた明治二八年（一八九五）は、日本が日清戦争に勝利し、四月に下関条約が結ばれた年である。日本中が戦勝に沸いていた。鹿児島県下でも市町村ごとに祝捷《しゅくしょう》会が開催された。明治二八年（一八九五）五月二九日（水）、堂前家の居村・羽月村でも、羽月高等小学校にて皇軍祝捷宴会が開催されている（資料1―1参照）。

○羽月村の祝捷會
北伊佐郡《きたいさぐん》羽月村《はつきむら》に於《おい》ては去月《きよげつ》廿九日皇軍《くわうぐん》祝捷《しゆくせう》の宴會《えんくわい》を同村高等小學校庭内《どうそんかうとうせうがくかうていない》に開《ひら》きたり入口《いりくち》には緑門《あーち》を設《まう》け國旗《こくき》を交叉《かうさ》し場《ぢやう》の中央《ちうわう》には机上花瓶《きじやうくわびん》に青松《せいせう》を挿《さしはさ》み數多《あまた》の國旗《こくき》を飜《ひるが》へし東西南北《とうざいなんぼく》に無數《むすう》の球燈《きうとう》を連吊《れんてう》し義勇奉公《ぎゆうほうこう》陸海軍《りくかいぐん》萬歳《ばんざい》など書《しよ》したる大吹流《だいふきながし》は空《そら》に閃々《せんせん》とし場内《ぢやうない》最と奇麗《きれい》に飾立《かざりた》て午後《ごご》二時開會《かいくわい》となれば會員《くわいいん》一同着席《ちやくせき》し會主《くわいしゆ》より開會《かいくわい》の主意《しゆい》を述《の》べ次《つい》で日清媾和條約《にちしんかうわでうやく》に關《くわん》する勅語《ちよくご》の奉讀數番《ほうどくすうばん》の演説《えんぜつ》等あり一同《どう》天皇陛下《てんわうへいか》萬歳大日本帝國萬歳《ばんざいだいにつぽんていこくばんざい》陸海軍萬歳《りくかいぐんばんざい》を三唱《せう》し式了《しきをわつ》て直《たゞ》ちに宴《えん》に移《うつ》り余興《よきやう》には太皷踊棒踊手踊等《たいこをどりぼうをどりてをどりとう》あり見物人《けんぶつにん》も非常《ひじやう》に多《おほ》く牛飲馬食《ぎういんばしよく》各々十二分《じふにぶん》の歡《くわん》を尽《つく》して散《さん》せしは殆《ほと》んど黄昏《くわうこん》の頃《ころ》なりしと云《い》ふ

資料1-1　羽月村祝捷会（日清戦争）
出典：『鹿児島新聞』明治28年（1895）6月2日。
注：入口にはアーチを設け国旗を交叉、場内には多数の国旗、球燈を連吊、陸海軍万歳と記した大吹流が飾られていた。式終了後には棒踊などの余興、宴会があり、村民は十分に歓を尽くした、とある。

鹿児島県では、その前年（明治二七年）一月に知事が交代していた。新しい知事は、のちに「勧業知事」「教育知事」として名を馳せることになる加納久宜《ひさよし》（写真1―3）である。加納知事は手始めに県内の巡検を始める。当時の巡村の移動手段は、徒歩、人力車、馬車、乗馬であり、幻灯機を携え知事自ら説明にあたった（吉田正廣『鹿児島県農民組織史』六八頁）。

羽月村にやってきたのは、明治二九年（一八九六）六月二二日（月）である。この日、午前八時に隣村・西太良村を巡視したのち羽月村に向かった。途中、曽木の滝を見学し、下殿の羽月村役場に到着したのは正午前後であった。羽月村役場を巡視したのち、昼食をとっている。羽月村については、基本財産が「本郡第一の巨額に属す」がその証書類が「極めて不完全」であること、その他の帳簿類は概ね整備されていることを指摘している。昼食後、羽月小学校を一覧し、大口村に向け出発した（「巡村私記」小松謙堂編『加納久宜全集』一五六頁）。

(3)　小学校時代

加納知事は明治三三年（一九〇〇）九月まで鹿児島県知事を務めた（在任六年七か月）。加納知事の時代は、農会法、産業組合法、耕地整理法、府県農事試験場国庫補助法など、ちょうど農商務省の農業政策が積極化した時期であった。農法では塩水選、正条植、多収性品種、牛馬耕、耕地整理など、いわゆる明治農法の普及がはかられた時代である。このように政府の農業政策が積極化した時期でもあり、加納知事の事績は鹿児島県歴代知事のなかでも際立っている。後述する鹿児島県尋常師範学校附属農業専科講習所・鹿児島簡易農学校（吉田正廣が進学することになる鹿児島県立鹿屋農学校の前身）も加納知事の時代に開校した（『鹿児島県議会史』第一巻、二〇一頁、二〇七頁）。

加納久宜は県政に情熱を持って熱心に取り組んだ。知事在任中に県政のために私財を投じ、借財を負ったといわれている。それだけに加納知事の人気はすこぶる高く、離任直前の明治三三年（一九〇〇）九月二二日には官民挙げての盛大なる送別会（会費一円、参会者八〇〇余人）がもたれている（『鹿児島新聞』明治三三年九月二三日。南日本新聞百年志編集委員会編『南日本新聞百年志』四一頁）。

ちなみに、昭和三三年（一九五八）ごろ、加納知事の「巡村私記」がおさめられた小松謙堂編『加のち、鹿児島県庁前に加納知事頌徳碑《しょうとくひ》が建立されることになる（写真1―3）。

写真1-3　加納知事頌徳碑（右）、加納知事写真（左）
加納知事頌徳碑　撮影：坂根嘉弘（令和2年1月）
加納知事写真　　提供：鹿児島県歴史・美術センター黎明館
注：頌徳碑は昭和17年（1942）11月に建立された石碑。現在、かごしま県民交流センター（旧鹿児島県庁跡地）の前庭にある。

納久宜全集』を所蔵する機関が鹿児島県内になかった。当時、西山武一（鹿児島大学農学部教授。『齊民要術』の訳書で著名）は、鹿児島経済同友会での講演のなかで、『加納久宜全集』について次のように述べている。「私は加納知事の『巡村私記』を探して、昨春（昭和三三年）漸く（東京の）上野図書館に『加納久宜全集』を見つけました。その直後県庁の吉田さんは千葉県一の宮市（一宮町）の加納文庫から借覧されました。県政上屈指の功労者たる加納さんの資料ぐらいは県内で見られるように有りたいものだと思ったことです」（西山武一「鹿児島農業の今昔」六頁。カッコ内は坂根が補足）。

このなかの「県庁の吉田さん」は、鹿児島県農政部農政課主事補であった吉田正廣のことで、当時、『鹿児島県農民組織史』執筆のため『加納久宜全集』を探していた。ようやく千葉県長生《ちょうせい》郡一宮町でみつけたのである。一宮町は、もともと加納が最後の藩主をつとめたところで、晩年に町長として迎え入れられた地であった。

吉田家の養子に

明治三四年（一九〇一）九月一九日、吉田正廣は、羽月村鳥巣（園田）の吉田戸七家の養子となった。五歳になっていた。その後すぐに吉田家家督を相続している（指定家督相続。針持和郎氏の教示）。家督相続を急がねばならない何らかの事情があったと思われるが、吉田家の事情や養子入りした経緯は不明で、詳しいことはわからない。吉田家は堂前家のすぐ近所であった。

ところで、鹿児島は養子が多い地域である。一例として、旧薩摩国伊佐郡山崎郷二渡《ふたわたり》村の事例を紹介しておこう。羽月郷に近い山村である。二渡村の折小野門《おいおのかど》には、宝永三年（一七〇六）以降の宗門手札改帳《てふだあらため》が残っており、これまでの研究で宝永三年（一七〇六）以降二六〇年間の門百姓の系図が復元されている。そのなかで、幕末（一八六〇年ごろ）から昭和四〇年（一九六五）ごろまで一〇〇年間の相続をみると、婿養子九例（養家の実子である娘と結婚する形で養子に入る場合）を含む実子相続が五九例で、残りの二七例が他人養子となる。他人養子は、跡を継ぐ夫婦両人とも他家の場合である。折小野門では、他人養子が相続の三一％を占めている。折小野集落内外で区分すると、婿養子九例と他人養子二七例の三六例の内、集落内からの養子が二一例、集落外からの養子が一五例となる（小野重朗「薩摩の山村にみる養子慣行」二七頁、三〇頁）。吉田正廣の養子縁組は、集落内の他人養子に分類される。鹿児島以外における従来の事例研究では、養子戸主の出現頻度は一〇％から二五％程度であった（黒須里美・落合恵美子「人口学的制約と養子」一三五頁）。折小野門では四二％となる（八六事例のうち三六事例が養子戸主）。鹿児島は養子戸主が多いのではなかろうか。

小学校入学

吉田正廣は、明治三五年（一九〇二）四月、伊佐郡羽月村の羽月尋常高等小学校（現、伊佐市立羽月小学校）に入学した（以下、吉田正廣の学歴については表１―３を参照）。伊佐郡で、彼と同じ明治三五年（一九〇二）四月に小学校に入学したのは男二五七人、女二三七人と、他郡と比べてかなり少ない（『鹿児島県統計書』明治三五年）。

当時の初等教育は、尋常小学校四年間（義務教育。六歳で入学、一〇歳で卒業）と高等小学校四年間（一〇歳で入学、一四歳で卒業）という二段階の制度であった（以下、当時の学校制度については図１―３参照）。尋常小学校の授業料は明治三三年（一九〇〇）に廃止されており、吉田正廣の尋常小学校時代はすでに授業料無料であった（高等小学校は授業料必要）。当時、羽月小学校には、三歳上の次兄・堂前美義《みよし》も在学していた。吉田正廣には、次兄とともに五歳上の長兄・堂前武行《たけゆき》がいたが、長兄は吉田正廣が尋常科二年の秋に一二歳で亡くなっている（「附卒業者名簿」羽月小学校創立百周年記念事業実行委員会編『［羽月小学校］創立一〇〇周年記念誌』。針持和郎氏・堂前トヨ子氏の教示）。

明治日本の命運を決した日露戦争は、吉田正廣がちょうど尋常科に在学していた時の出来事である。羽月村より九〇名が出征した（うち、五名が戦病死）。小学校児童はその見送り出迎えにたびたび参加した。戦勝祝賀会では旗行列を行い、戦勝の雰囲気を盛り上げたという（有川国千賀編『北伊佐史』二二〇—二二一頁。羽月小学校創立百周年記念事業実行委員会編『［羽月小学校］創立一〇〇周年記念誌』一六頁。大口市郷土史誌編さん委員会『資料第十一集　羽月村郷土誌』一二四頁）。吉田正廣もこれらの行事に参加したはずである。

(3)　小学校時代

表1-3　吉田正廣の学歴

明治28年12月	堂前正助三男として生まれる	
明治34年9月	吉田戸七家へ養子	5歳
明治35年4月	羽月尋常高等小学校尋常科に入学	6歳
明治39年3月	羽月尋常高等小学校尋常科を卒業	10歳
明治39年4月	羽月尋常高等小学校高等科に入学	10歳
明治43年3月	羽月尋常高等小学校高等科を卒業	14歳
明治45年4月	鹿児島県立鹿屋農学校農科に入学	16歳
大正4年3月	鹿児島県立鹿屋農学校農科を卒業	19歳
大正6年10月	朝鮮総督府京畿道技手に奉職	21歳

出典：羽月小学校創立百周年記念事業実行委員会編『［羽月小学校］創立100周年記念誌』。白石房吉編『大正9年11月調査［鹿屋農学校］会員名簿』。朝鮮総督府『職員略歴』。針持和郎氏の教示。

羽月小学校は、羽月郷の麓・下殿（上の馬場）にあった仮屋教場を起源とする。仮屋教場は明治六年（一八七三）に鹿児島県第八十二郷校となり、明治八年（一八七五）に羽月小学校となった。『文部省年報』（明治十年）は、羽月小学校について、教場三、教員男二、生徒男四四、授業料無料と記録している。西南戦争の混乱（羽月村が戦場となったため）を経て、明治一六年（一八八三）に羽月尋常小学校となった。明治二三年（一八九〇）には山之口（下殿）に移転し、明治二七年（一八九四）には高等小学校を併設する（図1—4）。

そのころ羽月村役場を巡視した加納知事は、役場に隣接していた羽月小学校を訪れ、次の一文を残している。「学校々舎を一覧す、校舎は二階造りにして階下三室、階上は四室にして、高等尋常の二科を併置せり」（小松謙堂編『加納久宜全集』

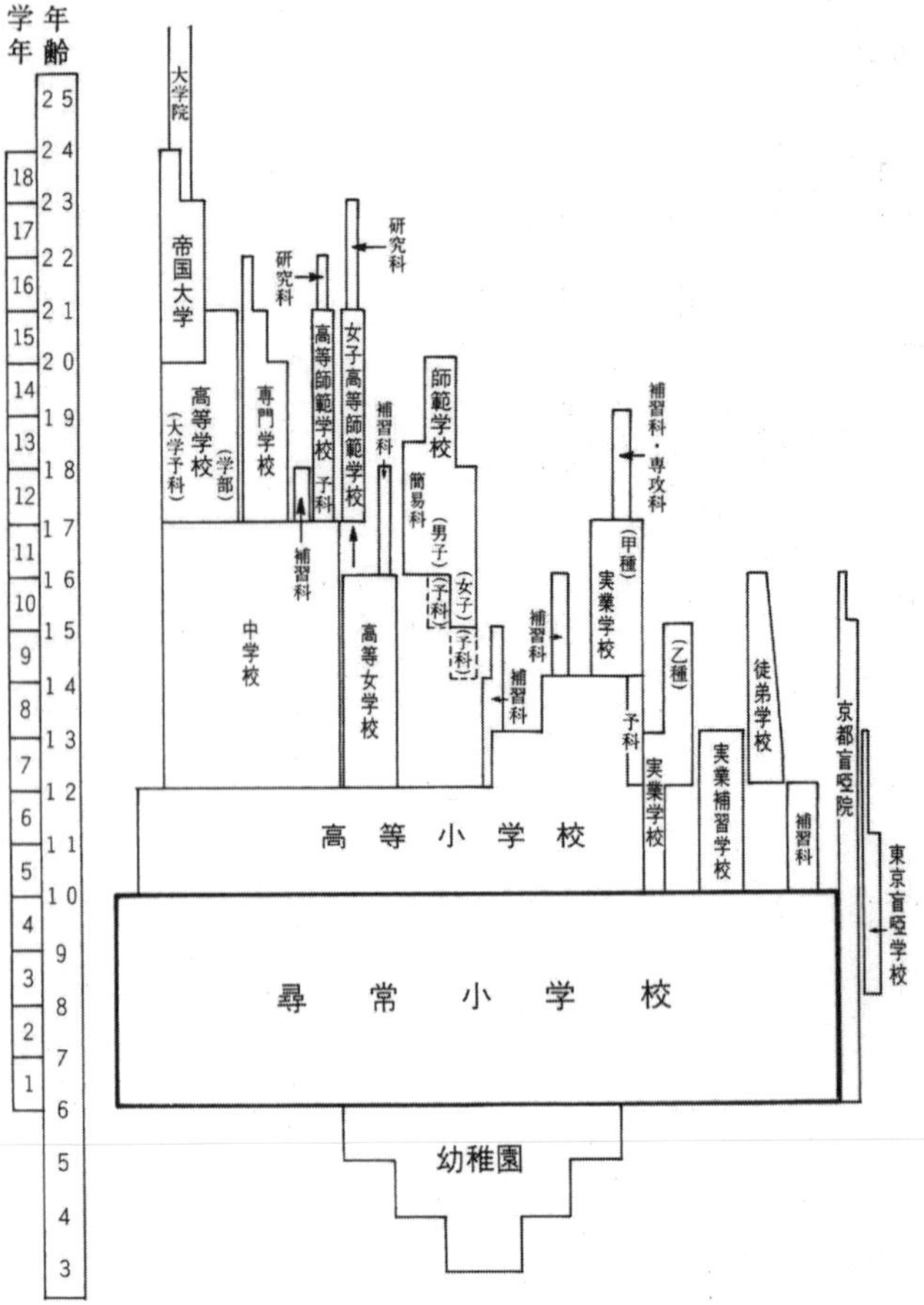

図1-3　明治33年（1900）学校系統図
出典：文部省編『学制百二十年史』765頁

(3) 小学校時代

図1-4 吉田正廣が通学していたころの羽月小学校
出典：羽月小学校創立百周年記念事業実行委員会編『[羽月小学校] 創立100周年記念誌』14頁。
注：正面2階建てが校舎、左手前が村役場。

一五六頁)。明治三四年(一九〇一)五月には、尋常・高等小学校が合併し、羽月尋常高等小学校として認可された。吉田正廣が尋常科に入学したのはその翌年である。当時の小学生は、膝の上まである着物を着て、教科書を風呂敷で包み、草履か裸足で小学校に通った(羽月小学校創立百周年記念事業実行委員会編『[羽月小学校]創立一〇〇周年記念誌』一五頁、五七頁)。

小学校就学率の急上昇

明治前期の鹿児島県は、識字率の低い県として特筆されてきた。たとえば、『文部省年報』に掲載された明治二〇年の「自己ノ姓名ヲ記シ得サル者」の割合は男六二%、女九四%であり、鹿児島県の非識字率はかなり高かった。同年の滋賀県は男一三%、女四六％であったから、男女ともにその格差は大きかった（清川郁子「「壮丁教育調査」にみる義務制就学の普及」一二五頁）。この結果は、江戸期における薩摩藩の庶民教育の欠陥を示唆している。

明治に入り、初等教育の充実によってこの格差は急速に狭められていく。表1―4が小学校就学率の推移を示している。明治二一年（一八八八）の鹿児島県の就学率をみると、全国が四七％に対し三一％とかなり低い。北伊佐郡は県平均よりも少し高いが、それでも全国平均との格差は大きかった。特に女子の就学率の極端な低さが目につく。明治二〇年（一八八七）ごろまでは「僅ニ士族ノ富裕ナル子弟ノミ就学シ其他ノ者ニ至リテハ就学スル者極メテ稀ナリ」という状況であった（鹿児島県伊佐郡役所編『郡勢を中心とせる伊佐郡史』八九頁）。鹿児島県独特の江戸時代以来の士風の強さ（士族の社会的地位の高さ）、男尊女卑的な風潮により、大きく遅れをとっていたのである。

羽月村の就学率（明治二〇年）は、男子四七％、女子二％であった。特に、女子の就学者は学齢女児二四五人中五人にすぎず、女子就学率は北伊佐郡平均よりもさらに低かった（鹿児島県伊佐郡役所編『郡勢を中心とせる伊佐郡史』九〇頁）。鹿児島県も就学率向上には女子就学率の向上がカギとなることは認識しており、たとえば明治三一年（一八九八）一一月一八日には校舎増築や民屋仮用などによる児童収容スペースの確保と女子就学の勧誘策として裁縫科を加えることを求めた訓令を出している（鹿児島県知事加納久宜「訓令第九十七号」）。鹿児島県の施策の効果もあり、この就学率の低さは、明治二一年（一八八八）から一五年ほどで一挙に改善されていく。言うまでもなく、就学率上昇に大きく寄与したのが、女子就学率の上昇であった。明治二一年（一八八八）の八％から明治三五年

(3) 小学校時代

表1-4 鹿児島県の小学校就学率

単位：%

	鹿児島県			北伊佐郡/伊佐郡			全国		
	男	女	計	男	女	計	男	女	計
明治21年	51	8	31	60	6	34	63	30	47
明治27年	72	29	52	81	33	62	77	44	62
明治33年	95	82	88	94	89	92	90	72	81
明治35年	97	91	93	96	90	93	96	87	92

出典：鹿児島県編『鹿児島県統計書』（各年)。文部大臣官房『文部省年報』（各年)。
注1）全国は『文部省年報』、他は『鹿児島県統計書』による。
2）明治21年（1888)、27年（1894）は北伊佐郡、明治33年（1900)、35年（1902）は伊佐郡。

（一九〇二）には九一％と驚くべき急増を示している。この就学率改善に尽力したのが前述の加納知事であった。

加納久宜が知事に就いた明治二七年（一八九四）の鹿児島県就学率は五二％、加納が知事を辞した明治三三年（一九〇〇）は八八％である。加納は、校舎増築、器具整備、準教員養成、子守り女児対策など教育環境の整備を進め、特に学齢児童の就学については、集落ごとに教育組合を設置しその督励を強化、学校ごと集落ごとに就学率や出席率を公表させ、それらを競わせることで就学率の向上に努めた。同時に、全国に先駆けて授業料の無料化を進めている（玉利喜造「加納子爵の鹿児島県に於ける功績」四八頁)。鹿児島県の就学率は、明治三三年（一九〇〇）には八八％と全国平均八一％を大きく超えており、府県別順位は、明治二一年（一八八八）の第四六位から明治三三年（一九〇〇）の第一〇位にジャンプアップした。鹿児島県教育委員会編『鹿児島県教育史』下巻（三頁）は加納知事の功績について、「就学率の向上を図るため異常な努力を払い、大きな成果を収め」たと特筆している。ちょうどこの時期に学齢期にあったのが、吉田正廣の長兄、次兄であった。長兄が小学校に入学したのは明治三〇年（一八九七)、次兄は明治三二年（一八九九）である（針持和郎氏の教示）。

当時の小学校教育の様子は、現在のそれとは大きく違っていた。羽月小学校の様子を羽月小学校創立百周年記念事業実行委員会編『［羽月小学校］創立一〇〇周年記念誌』（一五頁）から紹介しておきたい。曰く、「中には女の子で子守りかたがた通学した者もあり、各教室の後の隅に畳を二枚位敷き、子供の遊び場が設けられていた。この頃の入学者は満十歳にも達した者があり、同学年生でも年齢に三、四歳の差があった。また進級の為の試験が学期毎に行われ、合格した者だけに進級が許され、不合格者は何時までも同一学年にとどまり、後には子も親もいやけがさして退学する者もあった。また一方には成績優秀な者は学年を飛び越して二級上の学年に進む制度も取られていた」。試験による厳格な進級制度とそれによる留年児童の多さ、成績良好者の飛び級、それらによる同学年児童間の年齢差の発生、中途退学者の多さ、女児の子守りへの対策など、当時他地域でも一般に見られた小学校風景である。特に現在との大きな違いは、厳格な進級制度にあった。そのため、当時は留年児童や中途退学者が多かったのである。

（4）中等学校への進学

高等科卒業の状況

吉田正廣は、明治三九年（一九〇六）三月に羽月尋常高等小学校尋常科を卒業した後、つづいて同年四月高等科に進んだ。伊佐郡で明治三九年（一九〇六）三月に尋常科を卒業したのは、男二二九人、女二〇八人である。四年前の明治三五年（一九〇二）四月に尋常科に入学した者のうち卒業した者の割合は、男八九％、女八八％である。入学者に対して卒業者は一割強減じているが、主な原因は前述した中途退学（当時は半途退学と称した）と思われる。その後続いて吉田正廣と同様に高等科に進学した者は、男一八六人、女七六人で、尋常科卒業者の男八一％、女三七％であった。男子の高等科への進学者は多くなってきていたが、女子はまだ三分の一ほどにとどまっている（『鹿児島県統計書』明治三五年、明治三八年、明治三九年）。

さらに、吉田正廣と同時に高等科に進学した者のうち高等科を卒業した者は、男八五人、女一三人で、その卒業者割合は男四六％、女一七％であった（『鹿児島県統計書』明治四二年）。高等科二年修了で中学校、高等女学校に進んだ者もいたと思われるが、この人数はごく少数であったはずであり、高等科を卒業するまでにかなりの中途退学者がいたことになる。ちなみに、吉田正廣と同学年の尋常小学校入学者は男二五七人、女二三七人であったが、そのうち、高等科まで卒業した者の割合は男三三％、女五％となる。当時、高等科まで修了する者はまだ少なかったのである。いわんや、より上級の中等学校（中学校、高等女学校、甲種実業学校）に進学する者は、ほんの一握りの子供たちであった。吉田正廣はそのうちの一人である。

中等学校進学の状況

当時の学校制度では、中学校、高等女学校へは高等科二年修了後に進学した（図1―3）。中等学校に進学する男子の場合、高等科二年修了時点で、中学校に進むか甲種実業学校に進むかを選択することになる。乙種実業学校は尋常科四年修了後に進学した。文部省は明治四〇年（一九〇七）三月に尋常科（義務教育）修業年限を四か年から六か年に延長したが（鹿児島県では明治四一年四月から義務教育六年制を実施）、この新制度では尋常科六年卒業時点で、そのまま高等小学校に進むか（甲種実業学校進学の場合を含む）、中学校・高等女学校に進むか、乙種実業学校・実業補習学校などに進むかを決めることになる（したがって、高等小学校は中学校・高等女学校に連絡しなくなった）。甲種実業学校へは高等小学校二年修了後に進学した。吉田正廣が学齢期を迎えたのは、義務教育が六年制に延長される直前で、まだそれ以前の尋常科四年・高等科四年の時代であった。

さて、上級の中等学校に進学する者はほんの一握りに過ぎないと前述したが、次にこの点を確認しておこう。後述する徴兵検査において、徴兵検査場では、明治三二年（一八九九）以降、身体検査とともに壮丁教育調査が実施されていた。鹿児島県における大正五年（一九一六）の郡別調査結果が表1―5である。大正五年（一九一六）は吉田正廣が徴兵検査を受けた年である。

伊佐郡では、吉田正廣とともに二五二人が徴兵検査を受けたが、そのうち中学校卒業程度が一六人、高等小学校卒業程度が六四人で、やや読書算術を解する者が四二人、読書算術を解せざる者が一六人となっている。郡市間で比較すると、鹿児島市は中学校卒業程度の者が飛びぬけて多く特別な

(4)　中等学校への進学

表1-5　壮丁教育程度（鹿児島県、大正5年）　単位：人

	中学校卒業程度の者	高等小学校卒業程度の者	高等小学校第二学年修了程度の者	尋常小学校卒業程度の者	やや読書算術を解する者	読書算術を解せざる者	合計
鹿児島市	128	193	21	142	37	12	533
伊佐郡	16	64	27	87	42	16	252
郡市総計	739	2,941	692	5,577	1,965	485	12,399

出典：鹿児島県編『大正5年鹿児島県統計書』。
注：高等学校卒業以上は「中学校卒業程度の者」に含む。

存在であった。上級学校への進学者の族籍区分をみると、一般に明治期までは士族比率が高い。鹿児島市で中学校卒業程度の者が多いのは、城下士を中心に士族在住者が多かったことが一因であろう。

『陸軍省統計年報』に掲載されているもともとの調査票では「中学校卒業者」と「同上ニ均シキ学力ト認ムル者」とが分けられていたが、『鹿児島県統計書』では両者が中学校卒業程度に合算されている。吉田正廣は、後述のように中学校と同格の鹿屋農学校の卒業なので、中学校卒業程度の一六人に入っていた。この人数は全体の六％である。当時、中等学校卒の学歴は、高学歴（いわゆる「エリート」）だったのである。

第2章
鹿児島県立鹿屋農学校に学ぶ

鹿児島県立鹿屋農学校校舎（上）、圃場実習風景（右）、獣医科畜養動物手入（左）

出典：鹿屋町教育会編『鹿屋郷土史』588頁（写真上、昭和初期）。肥薩鉄道開通式協賛会『鹿児島県案内』口絵写真（写真右、明治42年ごろ）。九州聯合第二回馬匹第一回畜産共進会協賛会編『鹿児島県畜産史』下巻、口絵写真（写真左、大正2年ごろ）。

（1）　鹿屋農学校への進学

鹿屋農学校に入学

吉田正廣は、高等科を卒業した後、明治四五年（一九一二）四月に、鹿児島県肝属《きもつき》郡鹿屋《かのや》町祓川《はらいがわ》字藤塚の鹿児島県立鹿屋農学校（現、鹿児島県立鹿屋農業高等学校）に入学した。一六歳になっていた。高等科を卒業したのが明治四三年（一九一〇）三月なので、鹿屋農学校入学まで二年間のブランクがある。この間の動向はつかみがたい。

吉田正廣が鹿屋農学校に入学した明治四五年（一九一二）当時、鹿児島県には、鹿児島市の第一鹿児島中学校（現、県立鶴丸高等学校）、第二鹿児島中学校（現、県立甲南高等学校）のほか川内《せんだい》、加治木、川辺、志布志各中学校の六つの県立中学校があり、県立甲種農学校として鹿屋農学校、大島農学校（鹿児島県大島郡。現、県立大島高等学校）があった。このうち、吉田正廣は県立鹿屋農学校に進んだのである。

鹿屋農学校を選んだ理由は、当時の中等学校に対する農村側の一般的な雰囲気があったと思われる（天野郁夫『学歴の社会史』一六三頁）。中等学校による実業教育の制度化は、後述するように明治三二年（一八九九）の実業学校令を契機とする。農業分野における中等教育機関（農学校・農業学校）の制度的確立である。明治中期になると、全国的に中学校など中等学校への進学熱が次第に高まりをみせてきていた。とはいえ、農家にとって、息子たちを将来就職（官庁・会社勤め）で農村を離れていく可能性がある中学校へ進学させることについては、二の足を踏む思いが強かったに違いない。吉田正廣のように、農家の跡継ぎと目されている男子については、特にそうであったろう。であれば、上級学校に進学させるにしても、家業である農業に関係ある実業教育を施してくれる中等学校が好ましいということになる。これが農学校の制度化をささえた農村側の一般的な雰囲気であったろうし、吉田戸七が家督相続をさせた養嗣子・吉田正廣を中学校ではなく農学校に進学させた理由と思われる。

とはいえ、北薩の伊佐郡羽月村から大隅の肝属郡鹿屋村（大正元年より鹿屋町）はかなり遠い。県立中学校であれば、羽月村から川内《せんだい》川を下った川内中学校（薩摩郡東水引村、昭和四年より川内町）が近い。かつ、鹿屋と比べれば、加治木《かじき》中学校（姶良《あいら》郡加治木村、明治四五年より加治木町）の方がはるかに近い。にもかかわらず鹿屋を選んだのは、県立甲種農学校に対する上記の期待や思いがあったためであろう。

厳しい県内交通事情

当時、北薩・伊佐地方や大隅の交通事情は悪かった（図2—1）。明治三八年（一九〇五）に加治木—栗野間（当時は鹿児島本線と呼んでいた。のちの肥薩線）が開通したので、栗野まで行けば鹿児島本線（肥薩線）で加治木方面へ出られるようになった。しかし、山野—栗野間（山野線）が開通し、栗野で肥薩線に乗り継いで加治木に出られるようになるのは大正一〇年（一九二一）まで待たねばなら

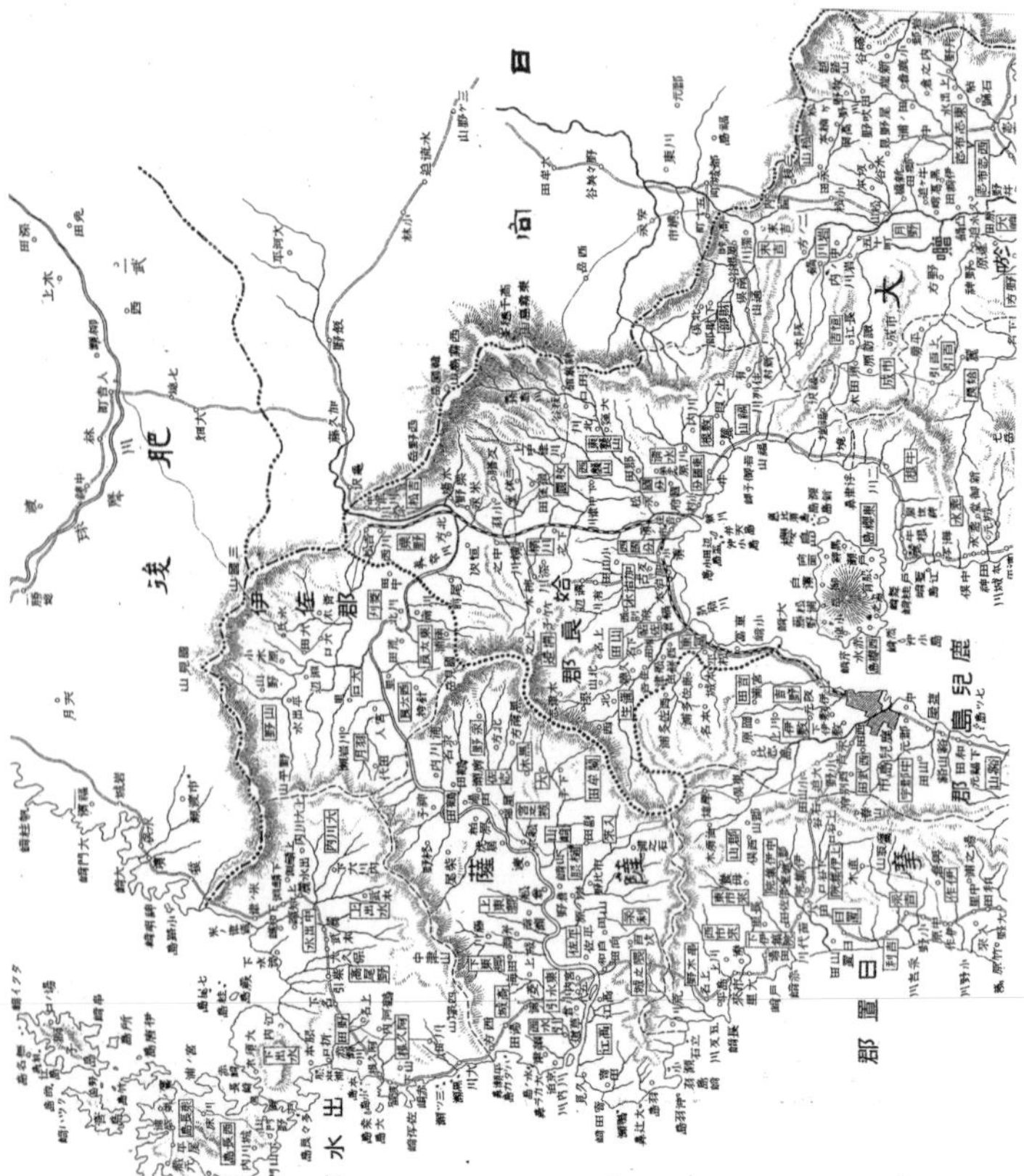

図2-1　鹿児島県北部地域の地図（明治40年）
出典：坂田長愛・加藤雄吉共編『鹿児島県案内』
注：吉田正廣が鹿屋農学校に通学していたころの地図。鉄道は、鹿児島－吉松間（鹿児島本線。のちの肥薩線）しか通じていない。

なかった。また、大口―川内間の宮之城線が全通するのは昭和一二年（一九三七）であった（その折に羽月駅、西太良駅、針持駅が新設された）。それまでは郡外への進学者は、羽月村から栗野、加治木や川内まで徒歩や客馬車で行き来していた。自転車は明治後期から普及が始まったが、伊佐郡における大正元年（一九一二）の自転車普及率は全戸数の一・八％に過ぎなかった（大口市郷土史誌編さん委員会『資料第十一集　羽月村郷土誌』一二八頁。羽月小学校創立百周年記念事業実行委員会編『［羽月小学校］創立一〇〇周年記念誌』一五頁。鹿児島県伊佐郡役所編『郡勢を中心とせる伊佐郡史』一四六頁）。

「陸の孤島」といわれた大隅半島は、さらに交通事情が悪い。鹿屋に通じる大隅線（志布志―国分間）は、大正四年（一九一五）に鹿屋近辺五㎞余りが開通するが、国分まで全通するのはずっと後の昭和四七年（一九七二）のことである。

吉田正廣が鹿屋農学校に在学していたのは大正初期であるが、吉田正廣はどのようなルート、交通手段で伊佐と鹿屋を行き来していたのであろうか。加治木町あるいは鹿児島市に出て、そこから海路で錦江湾をわたるのが簡便であったろうか。鹿屋市史編集委員会『鹿屋市史』下巻（七四八頁）によると、鹿児島港から古江港（のち鹿屋港）へ船で渡り、古江から鹿屋まで歩くのが一つのルートだったようである。いずれにしても、鹿屋に行くのも一苦労だった。なお、山野線、宮之城線、大隅線はいずれも昭和六二年（一九八七）から昭和六三年（一九八八）にかけて廃線となり、現存していない（以上、大口市郷土誌編さん委員会編『大口市郷土誌』下巻。鹿屋市史編集委員会『鹿屋市史』下巻。「角川日本地名大辞典」編纂委員会編『角川日本地名大辞典四六　鹿児島県』。平凡社地方資料センター編『日本歴

(1)　鹿屋農学校への進学

史地名大系四七　鹿児島県の地名』)。

農学校制度の成立

吉田正廣は明治四五年(一九一二)四月に鹿児島県立鹿屋農学校農科に入学し、三年後の大正四年(一九一五)三月、一九歳で卒業している(白石房吉編『大正九年一一月調査〔鹿屋農学校〕会員名簿』。朝鮮総督府殖産局『職員略歴』)。吉田正廣が学んだ鹿児島県立鹿屋農学校とは、どのような学校だったのであろうか。

さて、農学校制度が成立するまでには、若干の前史がある。もともと文部省が明治一六年(一八八三)に農学校通則を制定し、いくつかの地域ではそれに準拠した農学校が設立された。鹿児島県では、それに先立つ明治一四年(一八八一)に県立鹿児島農学校を設立することになり、生徒募集に着手した。しかし、生徒が一向に集まらず、開校を中止している(鹿児島県議会編『鹿児島県議会史』第一巻、七六―七七頁)。

政府の施策としては、明治一九年(一八八六)の農学校通則廃止後は、実業教育は冬の時代に入り、見るべき施策がない。ようやく明治二〇年代後半から実業教育振興策が登場する。明治二七年(一八九四)の実業教育費国庫補助法と簡易農学校規程、明治三二年(一八九九)の実業学校令である。これらの諸施策により、農学校制度が成立した。

吉田正廣が鹿屋農学校に入学した当時、農学校は、教育レベルによって甲種と乙種の二つに分けられていた。明治三二年（一八九九）に実業学校令が出され、それに基づく農業学校規程（明治三二）で、中学校と同格のコースとして高度の中等実業教育を施す甲種と、低度の乙種とに分けられた。甲種農学校へは高等小学校四年を修了した者が、乙種農学校へは尋常小学校を卒業した者が進学した。甲種農学校の入学資格は一四歳以上で、修業年限は三年であった（国立教育研究所編『日本近代教育百年史四』一一三四頁など）。なお、甲種乙種が廃止されるのは、大正一〇年（一九二一）農業学校規程改正による（文部省教育調査部編『調査資料第六輯　実業教育関係法令の沿革』二二四―二二七頁。安田潔己「農業学校の発達に関する研究」五八頁）。

注意しておきたいのは、簡易農学校規程までと実業学校令以後とでは、農学校の教育内容において大きな違いがある点である。簡易農学校規程までは、もっぱら農業専門科目と実習が中心の教育であったが、実業学校令（農業学校規程）では、農業に直接関係のない一般普通科目を大幅に導入したのである。甲種農学校の教育は、簡易農学校までの即戦力的な実務的技術教育から、それに加え、豊富な教養を身につけ人格を陶冶する教育へと大きく転換したのである。甲種農学校が中学校と同格の中等教育機関と位置付けられた所以である。乙種農学校は簡易農学校の延長上に位置づけられた。農業学校規程により簡易農学校規程は廃止され、各地の簡易農学校（初等教育機関）は甲種農学校（中等教育機関）へと昇格していった（国立教育研究所編『日本近代教育百年史四』一一三六頁。亀井忠文「我が国において明治期に創設された旧制農業学校の起源とその類型化」二一―二三頁など）。

鹿児島県立鹿屋農学校の設立

鹿屋農学校の起源は、明治二八年（一八九五）四月に設立された鹿児島県尋常師範学校付属農業専科講習所である（以下、表2—2を参照）。ただ、尋常師範学校付属であったため、小学校農業教員養成の目的をもっていた（九州聯合第二回馬匹第一回畜産共進会協賛会編『鹿児島県畜産史』下巻、二七二頁）。翌明治二九年（一八九六）三月に国庫補助金を得てこれを改組し、鹿児島簡易農学校とした。ここで、教員養成教育から農業技術教育へと転換する。

その後、明治三一年（一八九八）四月には鹿児島県農学校と改称、明治三二年（一八九九）五月には農業学校規程による甲種農学校となった。簡易農学校は乙種農学校と同格（初等教育）であったので、この改組で甲種農学校（中等教育）となり教育機関としての格付けはランクアップした。さらに、明治三三年（一九〇〇）四月に鹿児島市荒田（現、鹿児島大学）から肝属郡鹿屋村祓川字藤塚に移転、明治三四年（一九〇一）九月鹿児島県立鹿屋農学校と改称した（鹿児島県『鹿児島県史』四巻、六七八頁）。

県立鹿屋農学校は明治四二年（一九〇九）の肥薩鉄道開通式協賛会編『鹿児島県案内』に写真入りで紹介されているように（第2章扉写真）、鹿児島県が誇りうる中等教育機関であり、明治四二年（一九〇九）県立志布志中学校ができるまで、大隅地方唯一の中等学校としての意義を担った。その後は、制度変更なく、鹿児島県立鹿屋農学校として、戦後を迎えることになる。

「鹿児島県農学校学則」（明治三三年）によると、本校の目的は「農業又ハ獣医ニ従事スル者ニ須要

(1)　鹿屋農学校への進学

資料2-1　鹿屋農学校明治45年入学試験問題

＊国語科（抄録）
2、次の文字を解釈せよ。　網羅、饒舌、聲言、敬慕、渉猟
3、次の文字に誤りあらば正せ。　復雑、細蜜、蔬水、無虜、栽可
4、次の文字に読方をつけよ。　白檜、黄楊、熨斗、牡蠣、搾粕
＊理科
1、葉の同化作用を説明せよ。2、雷鳴の理を説明せよ。3、石鹸は何より製するか。4、白蟻の形態を図示し其害を問ふ。
＊算術科（抄録）
1、0.0000152587890625×65536ヲ精算セヨ。
4、職工90人毎日8時間宛働キ60日ヲ要スル仕事ヲ32日ナシタル後職工20人ヲ減シ日々ノ労働時間ヲ1時間宛増セバ残業ヲ幾日ニテナシ得ルカ。
出典：吉田幸兵衛編『明治四十五年度鹿児島県宮崎県熊本県各学校入学試験問題並ニ解答』65頁、154-155頁。

ナル学理ト技能トヲ授クル」（第一条）であった。そのために本科として農科と獣医科を設置した。両学科とも一学年四〇名ずつで、三学年で農科一二〇名、獣医科一二〇名、合計二四〇名の総定員である。吉田正廣は農科に入学した。学期は四月から九月と一〇月から三月の二学期制で、夏季休業、冬季休業、学年試験後五日間の休業があった。ただし、農科の生徒には夏季休業中も数組に分かれて輪番で毎日三時間の実習が課されていた。

鹿屋農学校設立当初は、授業料を徴収していなかった。当時、農学校では授業料を補助・免除するところが多かった。これは県立中学校との生徒募集競争で優位に立つためであった（全国農業学校長協会編『日本農業教育史』七二八頁）。ただし、鹿屋農学校は、明治四〇年（一九〇七）からは一か月七〇銭の授業料を徴収するようになった（鹿児島県知事「県令第三十六号」明治四〇年五月一日）。

入学試験と倍率

入学資格は、一四歳以上で、入学するには鹿屋農学校予科を修了するか、他の学校で本校予科修了と同等以上の課程を修了するか、本校

表2-1　鹿屋農学校入学志願者・入学者（本科）

	志願者	入学者	入学倍率		志願者	入学者	入学倍率
明治34年	94	56	1.7	明治44年	225	70	3.2
明治35年	65	29	2.2	明治45年	214	70	3.1
明治36年	106	101	1.0	大正2年	209	76	2.8
明治37年	224	67	3.3	大正3年	209	69	3.0
明治38年	215	70	3.1	大正4年	249	108	2.3
明治39年	303	60	5.1	大正5年	211	107	2.0
明治40年	246	68	3.6	大正6年	260	130	2.0
明治41年	217	66	3.3	大正8年	222	169	1.3
明治42年	239	71	3.4	大正9年	196	161	1.2
明治43年	328	68	4.8	大正10年	239	153	1.6

出典：鹿児島県編『鹿児島県統計書』（各年）。文部省専門学務局『全国実業学校ニ関スル諸調査』（各年）。

の入学試験に合格するか、であった。『全国実業学校ニ関スル諸調査』を見る限り、予科在籍の生徒はみられないので、ほとんどは入学試験を経て入学したと思われる。

吉田正廣が鹿屋農学校に入学したのは、明治四五年（一九一二）四月である。この年七月に改元があり、大正となった。吉田正廣が受験した試験問題が資料2―1である。当時、鹿屋農学校では、国語科、作文科、理科、算術科の四科目の試験を課していた。国語科は主に漢字の読みと意味理解を確かめる問題で、算術科は四則計算の確実な理解と論理的思考を問う問題である。高等小学校四年（現在の中学校二年）修了で受験することになるが、入試問題を見る限り、国語科や理科は難しいと思われる。

表2―1が鹿屋農学校本科の志願者・入学者・倍率を示している。吉田正廣が入学した明治四五年は三・一倍の高倍率である。この時期の甲種農学校全国平均倍率は一・五倍程度であり、最も高い明治三九年（一九〇六）でも一・八倍であった（文部省専門学務局『全国実業学校ニ関スル諸調査』各

年）。この時期、鹿屋農学校は三倍から五倍（明治三七年から大正三年）と、高い倍率が続いていた。加納知事は県下巡村（前述）の折に農学校は農事改良に役立つということを説いて回ったが、それが功を奏したのかもしれない。その後は、一学年の定員が大正四年（一九一五）一二〇人、大正六年（一九一七）一四〇人、大正八年（一九一九）一八〇人と急速に増加していったため（文部省専門学務局『実業学校一覧』各年）、倍率は急下降している。

なお、大正二年（一九一三）刊行の九州聯合第二回馬匹第一回畜産共進会協賛会編『鹿児島県畜産史』下巻（二七四頁）は、鹿児島県の自慢であった県立鹿屋農学校について、次のように記している。「其の位置は南隅鹿屋の一角、閑静高燥なる邊にして、実習田頗る多く、実験動物にも乏しからず、思ふに這個自然の幽境裡、温かなる校風に浴しつゝ、斯業に研鑽を積む幾多有望の青年学生は必ずや後年其の蓄へし、新知識を以て、我県の産業界に貢献する事甚だ大ならんか」。

（2）　鹿屋農学校での勉学

在学中の学校長

鹿屋農学校では、どのような教員が吉田正廣らを教えたのであろうか。吉田正廣が在学していたころの教員は有資格者一四人、無資格者六人の計二〇人であった（文部省専門学務局『全国実業学校ニ関スル諸調査　大正元年十月一日現在』二〇六頁）。教員一人当たりの生徒数は、一学年当たり四人である。

創立から吉田正廣が学んだころまでの学校長が表2—2である。初代の片田豊太郎から江間定治郎、山田登代太郎、河野生長と続く。学歴をみると、学校長事務取扱も含め、すべて東京帝国大学（その前身である駒場農学校、東京農林学校を含む）の出身者である。当時の日本社会で最高の学歴の持ち主たちであった。同時期に設立された県立大島農学校、鹿児島高等農林学校を含めて、鹿児島県における高等・中等農業教育機関の学校長は、東京帝国大学出身者が独占し

学校所在地	備考
鹿児島市山下町	鹿児島県尋常師範学校附属
鹿児島市荒田村	明治29年3月27日鹿児島簡易農学校に改組
鹿児島市荒田村	明治31年4月鹿児島県農学校に改称
肝属郡鹿屋村祓川	明治33年4月鹿屋に移転
肝属郡鹿屋村祓川	明治34年9月鹿屋農学校に改称
肝属郡鹿屋村祓川	江間校長は島根県へ転出
肝属郡鹿屋村祓川	明治37年12月宮城県農学校長山田が来任
肝属郡鹿屋村祓川	注4)参照。河野は大正12年5月依願免官。
大島郡伊津部村	大正5年4月大島中学校に変更
鹿児島市荒田村	玉利の前任は盛岡高等農林学校長

「叙位裁可書」（国立公文書館）。鹿児島県編『鹿児島県統計書』（各
京帝国大学編『東京帝国大学一覧』（各年）。教育文化出版教育科学
編『鹿児島県畜産史』下巻。全国農業学校長協会編纂『日本農業教育

校長を掲げている。

農林学校の学科を修め農科大学において卒業となる。当時の卒業は7
学であるが、それ以前も東京帝国大学と表示している。
(1912) 4月京都府技師、京都府立農林学校長で転出。

(2)　鹿屋農学校での勉学

表2-2　鹿児島県立鹿屋農学校の変遷

年月	学校名称	学校長	学校長の学歴・出身地
明治28年4月	農業専科講習所	＊片田豊太郎	明治19年東京農林学校農学科卒業・広島県
明治29年3月	鹿児島簡易農学校	＊片田豊太郎	明治19年東京農林学校農学科卒業・広島県
明治31年4月	鹿児島県農学校	片田豊太郎	明治19年東京農林学校農学科卒業・広島県
明治33年4月	鹿児島県農学校	江間定治郎	明治25年東京帝国大学農学科卒業・静岡県
明治34年9月	鹿児島県立鹿屋農学校	江間定治郎	明治25年東京帝国大学農学科卒業・静岡県
明治37年5月	鹿児島県立鹿屋農学校	＊澤田重遠	明治28年東京帝国大学政治学科卒業・京都府
明治37年12月	鹿児島県立鹿屋農学校	山田登代太郎	明治23年東京農林学校農学科卒業・新潟県
明治42年3月	鹿児島県立鹿屋農学校	河野生長	明治32年東京帝国大学農芸化学科卒業・鹿児島県
明治34年4月	鹿児島県立大島農学校	伊藤隆吾	明治29年東京帝国大学農学科卒業・新潟県
明治41年3月	鹿児島高等農林学校	玉利喜造	明治13年駒場農学校農学科卒業・鹿児島県

出典：内閣印刷局『職員録』（各年）。印刷局『官報』（各年）。内閣印刷局『官報』（各年）。年）。鹿児島県『鹿児島県史』第4巻。鹿児島県知事官房『鹿児島県職員録』（各年）。東研究所編『鹿児島大学農学部七十年史』。九州聯合第二回馬匹第一回畜産共進会協賛会史』。

注1）＊は学校長事務取扱。参考のため、鹿児島県立大島農学校、鹿児島高等農林学校の初代
　2）片田、江間、山田、河野は鹿児島県技師。澤田は鹿児島県視学官。
　3）東京農林学校は明治23年（1890）東京帝国大学に合併され農科大学となる。山田は東京月（ただし玉利は明治13年3月卒業）。明治30年（1897）京都帝国大学開設までは帝国大
　4）山田校長は鹿児島県農業技師・鹿児島県農事試験場長に転じ（教諭を兼任）、明治45年

た。札幌農学校出身者が赴任することはなかった。

表2―2の学校長のうち、吉田正廣が在学中の学校長は、河野生長（写真2―1）であった。河野は、鹿屋村の南方・鹿児島県南大隅郡（のち肝属《きもつき》郡）小《こ》根占《ねじめ》村の生まれで、いわば地元出身者であった。明治三二年（一八九九）に東京帝国大学農芸化学科を卒業後、鹿児島県

写真2-1　第4代学校長河野生長
出典：創立百周年記念誌編集委員会編『[鹿児島県立鹿屋農業高等学校]創立百周年記念誌』口絵写真

技師・農学校教諭（奏任待遇）となった。東京帝大卒の技師・奏任待遇教諭のエリート（高等官）で、地元の誇りであった。二代・江間《えま》定治郎《ていじろう》、三代・山田登代太郎《とよたろう》と学者肌の強い学校長の後をうけ、明治四二年（一九〇九）に三十歳代で第四代学校長に就任した。その後、大正一二年（一九二三）まで一四年という長期にわたり学校長職を全うした。地元出身者であったためであろうが、一四年間というのは異例であった。退官後は出身地・肝属郡の郡農会長に就任している（大正一二年四月―昭和一〇年六月）。それまでの郡農会長は郡長が兼任していたが、初めての郡長以外の郡農会長であった。肝属郡農会長退任後は、鹿児島県農会長に就任した（花田吉次編『創立第三十周年記念：農村振興号』二一頁。鹿屋町教育会編『鹿屋郷土史』五五三―五五五頁）。

在学中の教諭

吉田正廣が教えを受けた教員のうち、奏任待遇教諭（高等官）を紹介しておきたい。吉田正廣在学中には、上木竹太、田口春吉、重信虎之進の三人の奏任待遇教諭がいた。いずれも東京帝国大学卒業である。上木竹太は明治四一年（一九〇八）東京帝国大学獣医学科卒業（大分県出身）で、当初勤めていた陸軍省馬政局を病気で辞職、病気回復後、鹿屋農学校教諭となった。のちに東京府技師となり、『相牛の理論と実際』（長隆舎、大正一三年）など多くの著作を残している著名な学者であった（内閣印刷局『官報』。内閣印刷局『職員録』。東京帝国大学編『東京帝国大学一覧』など）。田口春吉は明治四四年（一九一一）東京帝国大学農学科卒業（埼玉県出身）である。満蒙開拓移民の推進者として有名な那須皓、加藤完治は、田口と同期だった（東京帝国大学編『東京帝国大学一覧』）。田口については、これ以上のことはわからない。

重信虎之進は鹿児島県川辺郡川辺村の出身で、明治二三年（一八九〇）帝国大学農科大学農学科乙科（のちの実科）を卒業した。宮崎県の養蚕教師及農業教師などを経て、鹿児島簡易農学校、鹿児島県農学校の教諭となる。その後、岡山県農学校教諭、鹿児島県熊毛郡立種子島農林学校長（乙種農学校長）を経て、明治四二年（一九〇九）四月から鹿屋農学校教諭となった。農科大学乙科の卒業だったため、斯界のエリートコースを歩めたわけではなかった。帝大本科卒業の河野は重信よりも年少でありながら早々と甲種・鹿屋農学校の校長職についたが、重信は河野学校長のもと、長年、教諭に甘んじた。甲種農学校長の地位につくことなく、そのまま退官となっている（重信虎之進「特別会員重信虎之進君通信」。講農会「講農会々則及会員一覧」。内閣印刷局『官報』。内閣印刷局『職員録』など）。

鹿屋農学校での勉学

農学校の教育課程は、文部省から標準が示されていたが、各農学校の裁量幅が大きかった（安田潔

表2-3　鹿児島県農学校農科の週授業時数（明治39年）

普通科目	第1学年	第2学年	第3学年	実業科目	第1学年	第2学年	第3学年
修身	1	1	1	土壌肥料		4	
国語漢文	3	3	3	農業土木			2
数学	4	3	2	作物	4	2	2
物理気象	3			畜産		2	2
化学	3	2		養蚕	2	2	
博物	4	2		作物病虫害		3	
経済法規			4	農産製造			2
英語	4	4	4	林学大意			4
体操	2	2	2	獣医学大意			2
計	24	17	16	計	6	13	14

出典：鹿児島県知事「鹿児島県立鹿屋農学校規則」。
注：表示の他に、実習（無定時）がある。

己「農業学校の発達に関する研究」六九頁）。毎週の時間数は農業学校規程では三〇時間以内と決められたが（実習はそれ以外で無定時）、国庫補助金を得るには毎週二七時間以上を開講する必要があった（「実業教育国庫補助法施行規則」鈴木重持編著『教育法規便覧』五〇六頁）。

鹿屋農学校農科では毎週三〇時間を開講している（表２―３）。三年間で、普通科目五七時間、実業科目三三時間となる。普通科目の割合を算出すると、六三％である。全国的には五〇～六〇％程度が一般的だったので（堀内孝「青森県農学校獣医学科の教科課程」九一頁）、鹿屋農学校はやや普通科目の割合が高い、一般教養を重視した農学校であった。なお、国立教育研究所編『日本近代教育百年史九　産業教育一』（七一八頁）は、明治三三年（一九〇〇）以降、普通科目が七五％となり普通科目が圧倒的に多くなることを強調しているが、安田潔己「農業学校の発達に関する研究」（五〇―一四七頁）、堀内孝「青森県農学校獣医学科の教科課程」（九一頁）が示すように、この七五％は高すぎる。

自宅外の生徒が多かったため、明治三五年（一九〇二）に寄宿舎二棟を建設し、自宅外生を収容した。吉田正廣も寄宿舎生活を送った。寄宿舎は生徒たちの切磋琢磨の場であり、重要な勉学の場であった。明治・大正期のことであり、寄宿舎生活の規律は厳しく、舎監のもと上級生が一か月ごとに輪番で室長となり、学年の上下関係による管理がなされた。門限・消灯の管理はもちろんのこと、洗面、食事、読書、外出、面会など寮生活全般にわたり厳しい指導がなされた。たとえば、生徒は毎朝起床後直ちに服装を正し寄宿舎廊下に整列し舎監の検査を受け、夜も就寝前同所にて舎監の検査を受けるという、軍隊式管理が行われていた（鹿児島県知事「鹿児島県農学校学則」。松元十丸編著『写真集明治大正昭和鹿屋』一〇二―一〇七頁）。

(2) 鹿屋農学校での勉学

農学校であるため、座学とは別に実習が重要な位置を占めた（第2章扉写真）。農学校の外側に広大な実習用地が広がっていた。鹿屋農学校の具体的な実習内容は明らかではないが、他の農学校と大差はないであろう。作物栽培、肥料製造、家畜・蚕児飼育、農産物製造などがあったはずである（高山昭夫『日本農業教育史』一二五頁）。鹿屋農学校では、主に、午前が教室での座学、午後が圃場実習にあてられていた。現業部（実習担当教員の職員室）の外壁に掛けられた黒板で、その日の実習割当が掲示された。生徒は、その日の実習内容を和紙に毛筆で記した実習日誌を毎回提出した。熊本県立球磨農業学校（甲種農業学校）の実習日誌が球磨農業学校農場日誌編集委員会編『明治三十九年の農場日誌』として復刻されているが、おそらくこれと類似した内容であったに違いない。また、鹿屋農学校の玄関前は一面花壇になっており、洋種・和種の美しい花が一面に咲き誇っていたという（松

写真2-2
桜島大噴火（大正3年1月12日）
提供：鹿児島県歴史・美術センター黎明館

元十丸編著『写真集明治大正昭和鹿屋』一〇二―一〇七頁）。

　大正三年（一九一四）一月一二日午前九時、桜島の大噴火が起こった（写真2―2）。吉田正廣が第二学年の冬の出来事である。鹿屋には避難民が数百から千名を超えて押し寄せ、炊出など救助が行われた。鹿屋でも、一二日以後の数日は「降灰の為昼も電気を明さねば役所では事務の処理が出来ず、連日空震強く小地震引き切りなく来る」状況であった。鹿屋農学校があった祓川は「二寸の積灰あり」と記録されている（鹿屋町教育会編『鹿屋郷土史』一九八―二〇〇頁）。農作物への被害も甚大であった。

　吉田正廣在学時の修学旅行は、第三学年時に近畿・九州地方か東京地方に行っていた（鹿児島県編『大正三年鹿児島県統計書』第三編、七頁）。アジア歴史資料センター（陸軍省―壹大日記―M四三―九―一七。所蔵館：防衛省防衛研究所）に、明治四三年（一九一〇）鹿屋農学校生徒二八名が修学旅行で東京砲兵工廠を参観するので十分便宜を与えてほしいという文部大臣から陸軍大臣あての依頼文書（「砲兵工廠等参観の件」明治四三年八月）が残っている。明治四三年（一九一〇）一〇月の第三学年在学生は五九人であったから（表2―4）、東京に修学旅行に行ったのは、希望者だけだったことになる。

(3)　鹿屋農学校卒業後の進路

吉田正廣と同期の在学生

吉田正廣は明治四五年(一九一二)四月から大正四年(一九一五)三月まで在学した。その間の在学生数を示したのが表2―4である。それぞれ一〇月現在数である。一学年二学級(農科・獣医科各一学級)で、吉田正廣と同級生は、一年七二人、二年六九人、三年五四人である。同学年の人数が減じているのは、中途退学者が出ているためである。吉田正廣と同級生の中途退学者は一年次四人、二年次一一人、三年次一人である(留年生がいるため、在籍生徒数との差し引きは一致しない)。吉田正廣在学中(明治四五年度から大正三年度)の中途退学者総数(全学年)は四一人で、実業につくためが二七人、退学処分三人、死亡者二人、その他九人となっている(文部省専門学務局『全国実業学校ニ関スル諸調査』各年)。この時期、農学校に限らず、中途退学者、留年者は多かった。厳しい成績評価・進級評価が一因である。

表2―4で興味深いのは、平均年齢である。吉田正廣と同学年の平均年齢は、それぞれ一〇月現在で、第一学年一七・二歳、第二学年一八・五歳、第三学年一九・二歳であった。吉田正廣の第一学年一〇月時点の年齢は一六・八歳であったから、平均年齢よりやや若いが、ほぼ平均的な年齢であったといえる。吉田正廣が在学のころは、高等小学校四年修了の一四歳で入学してくる者が五割強で、

表2-4　鹿児島県立鹿屋農学校本科在学生

	生徒数				平均年齢		
	1学年	2学年	3学年	計	1学年	2学年	3学年
明治43年10月	76	59	59	194	17.3	18.1	19.5
明治44年10月	73	68	51	192	17.7	18.0	19.0
大正元年10月	**72**	81	57	210	**17.2**	18.7	18.8
大正2年10月	75	**69**	65	209	16.9	**18.5**	19.6
大正3年10月	69	72	**54**	195	16.5	18.5	**19.2**
大正4年10月	109	62	72	243	16.4	17.8	18.8
大正5年10月	108	100	56	264	16.2	17.6	18.8
大正6年10月	135	102	87	324	15.1	17.0	18.1

出典：文部省専門学務局『全国実業学校ニ関スル諸調査』（各年）。文部省専門学務局『実業学校一覧』（各年）。
注：ゴシックは、吉田正廣の所属学年を示す。

それ以外が半数近くいた（文部省専門学務局『全国実業学校ニ関スル諸調査』各年）。同級生とはいえ、年齢はばらついており、様々な前歴・背景・事情を抱えた生徒の集合であった。平均年齢は表示した期間しか分からないが、時系列でみると、明治四三年（一九一〇）以降、徐々に下がってきているのが分かる。一四歳入学者が増えているのであり、それだけ生徒の均質化が進んでいるといえる。

鹿屋農学校には、県下から多くの生徒が集まった。大正九年（一九二〇）までの鹿屋農学校卒業者を出身郡別に集計したのが表２―５である。これによると、地元の肝属郡が最多二六％で、近隣の始良《あいら》郡九％、曽於《そお》郡八％が続いている。大島郡には県立大島農学校があったが、大島郡からも四五人、四％の生徒が集まっている。このように鹿児島県下各地から生徒を集めているが、やはり所在地・肝属郡とその近隣からが多くなっている。吉田正廣の出身地である伊佐郡は四七人、四％と少ない。

他府県出身者は一六人、一％と僅少である。鹿屋農学校に

(3) 鹿屋農学校卒業後の進路

表2-5 鹿児島県立鹿屋農学校本科の郡別卒業生数（大正9年まで）

鹿児島市	鹿児島郡	揖宿郡	川辺郡	日置郡	薩摩郡	出水郡	伊佐郡
23 2%	44 4%	65 6%	84 7%	97 8%	85 7%	48 4%	47 4%
始良郡	曽於郡	肝属郡	熊毛郡	大島郡	他府県	死亡/不明	合計
103 9%	93 8%	299 26%	32 3%	45 4%	16 1%	61 5%	1,142 100%

出典：白石房吉編『大正九年十一月調査　[鹿屋農学校]会員名簿』。
注1）鹿屋農学校の前身学校を含む。
2）鹿屋農学校農科は明治35年（1902）3月卒業が第1回、獣医科は明治37年（1904）3月が第1回の卒業生となる。
3）死亡は大正9年（1920）までに死亡したもので、出身地は不明。

は県外や台湾・朝鮮からも生徒が集まったと流布されているが（松元十丸編著『写真集明治大正昭和鹿屋』一〇四頁など）、少なくとも大正期まではそうではない。研究上でも、鹿屋農学校には台湾からの留学生が多かったようにいわれるが（三好信浩『日本農業教育発達史の研究』四七三頁など）、これは昭和十年代のことであって、少なくとも大正九年（一九二〇）までの卒業生と大正九年（一九二〇）時点での在学生では皆無であった。

台湾・朝鮮への就業

吉田正廣は大正四年（一九一五）三月に卒業したが、同期の卒業は農科三八人、獣医科二四名であった。表2―6が、吉田正廣が卒業した前後の卒業生の進路である。「実業ニ就キタル者」が圧倒的に多くなっている。吉田正廣は大正六年（一九一七）一〇月に朝鮮総督府に奉職するが、卒業後一時教員生活を送っていた（『朝鮮新聞』昭和五年一〇月二四日）。卒業後「教員トナリシ者」三人に入っていたことになる。ただ、どこでどのような教員生活を送っていたのかは分からない。

表2-6　鹿児島県立鹿屋農学校卒業生の進路

	実業ニ就キタル者	他ノ学校ニ入学ノ者	教員トナリシ者	官庁へ奉職ノ者	その他	計	創立以来ノ卒業者
明治43年3月	46	1	15		1	63	414
明治44年3月	24		24	1	7	56	470
明治45年3月	27		8		11	46	516
大正2年3月	33		8	7	1	49	565
大正3年3月	38	2	5	17		62	627
大正4年3月	**43**	**7**	**3**		**9**	**62**	**689**
大正5年3月	61	2	4		22	89	778
大正6年3月	27	10	6	10	3	56	834

出典：文部省専門学務局『全国実業学校ニ関スル諸調査』（各年）。
注：ゴシックは、吉田正廣の卒業年を示す。

表2-7　鹿児島県立鹿屋農学校本科卒業生の地域別進路（大正9年現在）

鹿児島県	九州他県	内地（除九州）	台湾	朝鮮	関東州/満州	樺太	その他	死亡	不明	合計
607	57	76	78	94	17	2	20	58	133	1,142
53%	5%	7%	7%	8%	1%	0%	2%	5%	12%	100%

出典：白石房吉編『大正九年十一月調査　[鹿屋農学校]会員名簿』。
注1）農科と獣医科の合計。農科は明治29年（1896）～大正9年（1920）の卒業生で、前身の鹿児島県尋常師範学校付属農業専科講習所以後を含む。獣医科は明治37年（1904）～大正9年（1920）の卒業生。九州他県には沖縄県を含む。年次は卒業年。
2）地域区分は、比較できるように、やまだあつし「明治大正期における中等農業学校卒業者の台湾への就職」の表1に従っている。ただし、「その他」から分離して「樺太」を付加した。

白石房吉編『大正九年一一月調査［鹿屋農学校］会員名簿』が残されているので、大正九年（一九二〇）一一月現在での、大正九年（一九二〇）三月卒業生までの地域別進路は明確に把握できる（表2―7）。鹿児島県内で仕事をしている卒業生が六〇七人と卒業生の半分強（五三％）で圧倒的に多い。鹿児島県内では主に自営（農業、獣医）や官衙、農会・組合関係、教員、会社への就業である。次に目に付くのは、台湾、朝鮮である。九州他県や内地よりも多くなっている。卒業生に占める割合は、台湾七%、朝鮮八%で、合わせて一五%になる。かなり多い。

吉田正廣は朝鮮総督府の官吏になるので、ここでは九州の農学校卒業者の台湾・朝鮮への就業状況をみておきたい。鹿児島県（鹿屋、大島）、大分県、熊本県の農学校の卒業者のうち、台湾・朝鮮への就業者を示したのが表2—8である。鹿屋、大分県、熊本県の農学校は同じような傾向を示しているが、大島農学校は台湾への就業者が圧倒的に多くなっている。製糖業のつながりがあったのであろう（高嶋朋子「大島農学校をめぐる人的移動についての試考」）。やまだあつしは、人的ネットワークによる渡台者が多いことを大分県や熊本県の特徴として強調しているが（やまだあつし「明治大正期における中等農業学校卒業者の台湾への就職」。同「一九〇〇年代台湾農政への熊本農業学校の関与」）、鹿屋農学校の渡台者はそれと同等か、割合ではそれよりも多くなっている。鹿屋や大分県では、朝鮮への就業者もかなり多い。

　では、台湾や朝鮮への就業者はどのような職についていたのであろうか。表2—9が鹿屋農学校卒業生の台湾・朝鮮における就業先を示している。台湾・朝鮮ともに総督府

表2-8　九州農学校卒業者の台湾・朝鮮への就業状況

学校名	期間	台湾	朝鮮	卒業生総数
鹿児島県立 鹿屋農学校	明治29年～ 大正9年	78 7%	94 8%	1,142 100%
鹿児島県立 大島農学校	明治39年～ 大正3年	54 23%	10 4%	235 100%
大分県立 農学校	明治28年～ 大正14年	81 5%	91 6%	1,527 100%
熊本県立 熊本農業学校	明治36年～ 大正14年	99 7%		1,332 100%

出典：白石房吉編『大正九年十一月調査　[鹿屋農学校]会員名簿』。鹿児島県大島々庁編『大正3年鹿児島県大島郡統計書』。やまだあつし「明治大正期における中等農業学校卒業者の台湾への就職」。やまだあつし「一九〇〇年代台湾農政への熊本農業学校の関与」。

注1）いずれも本科卒業生。

　2）熊本農業学校は朝鮮のデータを欠いている。

表2-9　鹿児島県立鹿屋農学校卒業生の台湾・朝鮮における就業先（大正9年現在）

	総督府	農会・組合	会社		分類不能	計
			製糖・東拓	その他		
台湾	42	7	25		4	78
朝鮮	46	3	12	8	25	94

出典：白石房吉編『大正九年十一月調査　[鹿屋農学校]会員名簿』。
注1）農科は明治31年（1898）～大正9年（1920）、獣医科は明治37年（1904）～大正9年（1920）。
2）総督府には本府・地方官庁のほか、警察、試験研究所、教育機関を含む。
3）会社のうち、製糖会社は台湾25人、東洋拓殖会社は朝鮮12人。朝鮮の会社・その他には朝鮮殖産銀行5人を含む。

（本府と地方官庁）が多い。台湾で特徴的なのは、製糖会社が二五人と総督府以外では最多となっている点である。朝鮮では、東洋拓殖会社の一二人、朝鮮殖産銀行の五人が目立っている。いうまでもなく、吉田正廣は朝鮮総督府四六人のうちの一人である。大正九年（一九二〇）までの約二〇年間で四六人なので、かなり多いように思われる。

のちに、東京農業大学教授（農学博士）・スギ研究家になる右田一雄は、昭和一七年（一九四二）一二月に鹿屋農学校林科を卒業し（戦時中の繰り上げ卒業）、就職のため台湾に渡った。後年、次のように語っている。卒業後の「就職は台湾の営林署を希望し、他に友人二人と一緒に渡台しました。…辞令は台中勤務で、クスノキの養苗、植林の監督が主でした。台湾のどこの州（県）に行っても先輩がいて励まされ、子供心にも鹿農校の偉大さを感じたものです」（創立百周年記念誌編集委員会編『[鹿児島県立鹿屋農業高等学校］創立百周年記念誌』九一頁）。おそらく吉田正廣も、朝鮮総督府官衙で同窓生と会うことが多かったに違いない。

吉田正廣はどのような思いを胸に朝鮮へ渡ったのであろうか。吉田正廣の妹・スマの長男・針持健一郎（大正一三年生）は、吉田正廣が針持健一郎に次のように語ったことを記憶している。「内地の日本人は、視野が狭くて窮屈でたまらない。朝鮮は大陸的でのんびりしている。物資も豊かでお前も朝鮮に来い。教師になりたいなら、平壌師範学校がよい。平壌は京城に次ぐ文化都市だ」（針持和郎氏の教示）。針持健一郎は、伯父・吉田正廣の勧めに従い、伊佐農林学校卒業後、教師をめざして平壌師範学校（平壌府）に進学することになる（後述）。

（4）　針持俊熊家について

さて、ここで、針持家について述べておこう。吉田正廣家と親しく接することになるのが針持家だからである。

吉田正廣家と針持俊熊

この両家をつなぐことになるのは、吉田正廣の妹・スマ（明治三九年生）である。スマは小園有右衛門・スギ（伊佐郡山野村平出水《ひらいずみ》）の次女で、明治四五年（一九一二）二月、六歳で堂前家の養女となった。山野村平出水は羽月村鳥巣のすぐ西方である。小園スギは堂前家から小園家に嫁いでおり、堂前美義・吉田正廣兄弟とスマとは従兄妹になる。堂前正助・フデ夫婦は子供が男児ばかりで女児がいなかったので、小園家からの養女を懇請していたという。スマが堂前家の養女となった明治四五年（一九一二）二月は、吉田正廣が県立鹿屋農学校に入学する直前にあたる。

その後、スマは餅田優《まさる》（明治三四年生）と結婚し、長男・健一郎をもうける。さらに、昭和一三年

（一九三八）、餅田優・スマは針持俊熊・シナと養子縁組をむすび、針持家に夫婦養子の形で入籍している。針持俊熊家は、羽月村に南接する西太良村針持にあった。もともと針持家と餅田家は親戚関係にあり、植え込みがあるだけの隣り合わせの世帯であった。針持健一郎の次男が針持和郎（広島修道大学教授）である。スマは、生家の小園から堂前、餅田、針持と、姓を三回変えたことになる（以上、堂前トヨ子氏・針持和郎氏の教示）。

産業組合行政を担った針持俊熊

針持俊熊（明治一五年生）の学歴は不詳であるが、どこかの中等教育機関を卒業していたと思われる。職歴が確認できるのは、大正一三年（一九二四）七月に福井県産業主事（八等待遇）として登場する時からである（印刷局編『大正一三年七月一日現在職員録』）。地方待遇職員令（大正九年）によると、高等官待遇事務職員の待遇相当官は高等官四等から八等であった。針持俊熊は八等待遇なので、ここから高等官としての官歴が始まったのであろう。すでに四一歳になっていた。待遇官吏とは国庫ではなく地方費から俸給を受ける地方官吏のことである。地方待遇職員制度が設けられたのは、国庫予算を節約するためと、地方庁における国政事務執行のうえで地方官吏のままでは不便が多いので、行政執行を円滑にするためと説明されている（広岡喜勇「朝鮮地方待遇職員の本官化に就て」一〇頁）。

針持俊熊は大正一五年（一九二六）に福井県地方農林主事となり、その後、昭和四年（一九二九）まで福井県地方農林主事をつとめた（内閣印刷局『職員録』各年）。福井県の産業組合（戦後の農業協同組合。現、ＪＡ）に関する行政事務を担当していた高等官であった（福井県知事官房『大正十五年九月一日現在福井県職員録』四七頁）。

その後、昭和四年（一九二九）か昭和五年（一九三〇）に鹿児島県庁に移り、同じく地方農林主事として産業組合行政を担当した。ちょうど昭和恐慌期で産業組合を中心に恐慌への経済対策が強化されようとしていた時期である。

昭和恐慌では、工産物と比べ農産物の価格下落が激しく、とりわけ農業部門への打撃が大きかった。農業恐慌といわれた所以である。政府・農林省は、恐慌による農村疲弊への対策として、昭和七年（一九三二）から農山漁村経済更生運動を展開し、その中軸に産業組合をすえた。産業組合事業に農村更生を託したのである。この時期の鹿児島県産業組合政策の責任者が、鹿児島県農林技師（高等官）・針持俊熊であった。針持俊熊は福井県高等官時代から産業組合を担当しており、いわば産業組合行政のプロであった。

(4) 針持俊熊家について

針持俊熊には、講演録「本県産業組合及農業倉庫の現状並に改善振興すべき主要点」という論考が『鹿児島教育』（昭和七年一〇月号）に残されている。鹿児島県教育会が開催した郷土教育講習会で、その講演者の一人として登壇した時のものである。この講演では、鹿児島県産業組合の現状を、数値をあげて説明している。ちょうど、農業恐慌を背景に、血盟団事件や五・一五事件など政財界要人の暗殺事件が起き社会不安がピークに達し、経済恐慌がもっとも深刻な時期であった。

吉田正廣の遺品

針持俊熊の名は、『鹿児島県職員録　昭和十年六月一日現在』を最後に、『鹿児島県職員録』から消える。『鹿児島県職員録　昭和十年六月一日現在』には、四等待遇の地方農林主事、経済部経済更生課産業組合係と記されている。これを最後に、五三歳で官途を退いたと思われる。四等待遇なので、待遇官吏として最高位まで昇り詰めていた。針持俊熊は昭和四〇年（一九六五）に八二歳で亡くなるが、戦前戦後にわたり、同じ官途についた吉田正廣のよき理解者であった（針持和郎氏の教示）。

吉田正廣が昭和四七年（一九七二）に亡くなった後（後述）、針持健一郎から吉田正廣の次女・松尾宏子のもとに、吉田正廣の著書をはじめ関連資料が送付されてきた。添え書きには、「同封の本はお父様が生前子孫に残すべく、そして「記念保存」と銘打って赤い字で書いてあります。…それで針持家に保存すべきではなくて吉田家に保存すべき本と思いますのでお送りしました。お納めください」と認められていた（針持健一郎から松尾宏子宛書簡）。吉田正廣は生前、自らの関連資料類（後述する吉田正廣『朝鮮に於ける小作に関する基本法規の解説』など）を遺品として針持健一郎家に託していたのである。吉田正廣の針持家に対する強い信頼をうかがうことができる。

第3章
官吏制度と吉田正廣官歴の概観

吉田正廣の故郷である園田の現風景
撮影：針持和郎（令和2年4月）
注：羽月川河畔から西側（園田方面）を望んだ写真。

（1）官吏制度の概要

戦前の官吏制度

後に詳しく述べるように、吉田正廣は大正六年（一九一七）一〇月、朝鮮総督府技手（判任官）に奉職した。配属先は、京畿道第一部勧業課であった。その後昇進し、昭和一一年（一九三六）一二月には高等官七等（奏任官）に叙せられた。判任官から高等官（奏任官）への仲間入りである。現代風に言うと、高等官（勅任官と奏任官）がキャリアであり、それ以外がノンキャリアということになる。戦前の官吏制度では、判任官（ノンキャリア）から高等官（キャリア）への昇叙《しょうじょ》（陞叙。上級の官職などに任ぜられること）の道が開かれていた。この章では、吉田正廣の官歴を概観しておきたいのであるが、その前に、当時の官吏制度がどのようなものであったかをみておきたい。

戦前の官公庁職員は、大きく官吏と官吏でないもの（非官吏職員）とに分けられる。官吏が高等官と判任官であり、官吏でないものが嘱託、雇員、傭人となる。したがって、戦前の官公庁職員は、高等官、判任官、非官吏職員の三層からなっていた（図3—1参照）。

高等官は有資格者（高等試験合格者）から任用される。高等試験とは、奏任文官任用の試験で、合格すると奏任文官採用の有資格者となる。一般に高文と称されている。高等試験（本試験）の受験資格は高等学校・専門学校卒業又は予備試験合格者（中学校卒業資格で受験）であった。高等試験（大正

(1)　官吏制度の概要

<table>
<tr><th colspan="5">官等</th><th>陸軍階級</th><th>文官職例示</th><th>初叙位階</th><th>初叙勲等</th></tr>
<tr><td rowspan="15">職員</td><td rowspan="14">官吏</td><td rowspan="10">高等官</td><td rowspan="3">勅任官</td><td>親任官</td><td>大将（65）</td><td>大臣</td><td>正4位</td><td>2等</td></tr>
<tr><td>高等官1等</td><td>中将（62）</td><td>次官/知事</td><td>正5位</td><td>3等</td></tr>
<tr><td>高等官2等</td><td>少将（58）</td><td>知事/局長</td><td>正5位</td><td>4等</td></tr>
<tr><td rowspan="7">奏任官</td><td>高等官3等</td><td>大佐（55）</td><td>帝大教授</td><td>従5位</td><td>6等</td></tr>
<tr><td>高等官4等</td><td>中佐（53）</td><td rowspan="2">中学・師範校長</td><td>正6位</td><td>6等</td></tr>
<tr><td>高等官5等</td><td>少佐（50）</td><td>従6位</td><td>6等</td></tr>
<tr><td>高等官6等</td><td>大尉（48）</td><td rowspan="2">警視</td><td>正7位</td><td>6等</td></tr>
<tr><td>高等官7等</td><td>中尉（45）</td><td>従7位</td><td>6等</td></tr>
<tr><td>高等官8等</td><td>少尉（45）</td><td rowspan="2">中程度郵便局長</td><td>正8位</td><td>6等</td></tr>
<tr><td>高等官9等</td><td></td><td></td><td>6等</td></tr>
<tr><td colspan="2" rowspan="4">判任官</td><td>1等</td><td>准尉</td><td rowspan="2">警部</td><td>正7位</td><td>8等</td></tr>
<tr><td>2等</td><td>曹長</td><td>従7位</td><td>8等</td></tr>
<tr><td>3等</td><td>軍曹</td><td rowspan="2">警部補</td><td>正8位</td><td>8等</td></tr>
<tr><td>4等</td><td>伍長</td><td>従8位</td><td>8等</td></tr>
<tr><td colspan="4">嘱託/雇員/傭人（非官吏）</td><td>上等兵/一等兵/二等兵</td><td>守衛/看護婦/運転手/タイピスト</td><td></td><td></td></tr>
</table>

図3-1　戦前の官吏制度

出典：百瀬孝『事典昭和戦前期の日本』124頁、317-330頁。熊谷直『日本の軍隊　ものしり物語二』32-33頁。

注：陸軍階級の（　）内は陸軍（兵科）の現役定限年齢。他部や海軍はやや異なる。

七年にそれまでの文官高等試験、外交官及領事官試験、判事検事登用試験を高等試験に一本化）には、本試験を受けるに相当な学識があるかどうかを考試する予備試験と、学理上の原理原則及び現行法令に通暁し、これを実務に応用する能力があるかどうかを考試する本試験とがあった（人事院『国家公務員法沿革史（記述編）』二〇頁。百瀬孝『事典昭和戦前期の日本』九七—九九頁など）。

大日本帝国憲法は、天皇の官制大権と任官大権を定めていた。大日本帝国憲法第一〇条は、「天皇ハ行政各部ノ官制及文武官ノ俸給ヲ定メ及文武官ヲ任免ス……」としている。官吏は「天皇の官吏」として、天皇および天皇の政府に対する忠実無定量の勤務に服すべきという公法上の義務が課せられるとともに、宮中席次、位階勲等、民間より高い本俸、恩給などの特権を有する特別な階層であった（渡辺保男「日本の公務員制」一一五頁）。

高等官

官吏は高等官と判任官とからなるが、高等官は任命の方式により勅任官と奏任官に分けられ、勅任官はさらに親任官とそれ以外の勅任官（高等官一等・二等）に区分された。親任官以外の高等官を一等から九等に分け、一等・二等を勅任官、三等から九等を奏任官とした。任免の方式は天皇からの距離で序列付けられていた（百瀬孝『事典昭和戦前期の日本』九三頁など）。

朝鮮総督府でいえば、朝鮮総督や政務総監は親任官（自由任用）で、局長や道知事、京城帝国大学総長は勅任官であった。朝鮮総督府官制によれば、総督は「朝鮮ヲ管轄ス」、政務総監は「総督ヲ補佐シ府務ヲ統理シ各部局ノ事務ヲ監督ス」る存在であった（朝鮮総督府編纂『大正十五年五月一日現在朝鮮総督府及所属官署職員録』一頁）。政務総監は朝鮮総督に次ぐナンバーツーで、総督の側近であり、総督が信頼できる内地の大物官僚（内務省が多い）が就任した。朝鮮総督は行政権のみならず立法権も握っており、絶大な権力を持っていた。

戦前の官僚の世界では、一般に「官吏を志した者の一応の到達目標は勅任官（高等官一等・二等、次官および局長級）だった……本省（庁）局長のポストは今より少なく平均五〜六ポスト程度だったから、勅任官一歩前の高等官三等一級（これを三丁目一番地と称した）どまりで涙を呑んだ人も少なくない」という状況であった（秦郁彦『官僚の研究』二四頁）。朝鮮でも同様で、勅任官の道知事・局長にまで昇進できれば、官僚人生として最上であった。この点について、朝鮮人高等官・任文桓は次のように述べている。

朝鮮総督府の役人なら、まず道知事まで行けば悔いのない人生を送ったと言ってよかった。ここから上は、総督府の局長になるのだが、これはよほどの幸運でもなれるものではなかった。数が少ないからである。総督と政務総監の両親任官は東京から送り込まれるので、植民地の行政官どもには、手の届かない雲の上にあった。（任文桓『日本帝国と大韓民国に仕えた官僚の回想』二二六頁）

判任官と嘱託・雇員・傭人

判任官は大権の委任にもとづき、行政官庁において任ずるもので、俸給の等級によって官等に区分された。月俸の特俸、一級、二級が判任官一等、三～五級が判任官二等、六～八級が判任官三等、九～一一級が判任官四等であった。判任官の官名には、属（事務系）、技手（技術系）などがあった。朝鮮総督府では、判任官の任用は俸給予算額内で朝鮮総督が専行した。官吏には、武官と文官があったが、武官は下士官以上をさし、武官以外が文官と呼ばれた（渡辺保男「日本の公務員制」一一一―一三三頁。百瀬孝『事典昭和戦前期の日本』九二―九九頁など）。判任官の任用資格については第4章で述べる。

(1) 官吏制度の概要

吉田正廣が最初についたのは京畿道の技手である。技師・技手ともに技術系官吏であるが、官制では、技師は上官の命を承け技術を掌る官吏、技手は上官の指揮を承け技術に従事する官吏と区別されていた（内閣総理大臣他「朝鮮総督府官制」）。技師は高等官、技手は判任官であり、その待遇の差は大きかった。

嘱託《しょくたく》、雇員《こいん》、傭人《ようにん》は非官吏の扱いで、職員ではあるが官吏ではなく（行政権の執行を認められておらず）、官吏の補助的業務に従事する存在であった。私法上の雇用関係にあると解釈され、任用資格は定められておらず、職務の内容も明確ではなかった。各官庁の裁量で予算の範囲内で任意に採用された。雇員は属を補助し、機械的・反復的業務に従事する者であり、傭人は小使、使丁、給仕、人夫など主に肉体的労働に従事するものであった。ただし、雇員は判任文官任用の前段階の意味を持っていた。嘱託は、一時的臨時的な職務、個別特殊な職務、専門的な調査研究に従事する者で、なかには奏任官あるいはそれを超える高給取りも存在した。嘱託は、しばしば退職官吏の再雇用であった（渡辺保男「日本の公務員制」一一三―一一四頁。池田雅則「明治の判任文官層」五頁など）。

俸給の格差

朝鮮総督府にこれらの職員がどれぐらい所属していたかを確認しておこう。表３―１が国費支弁の朝鮮総督府及所属官署職員俸給である。職員数をみると、たとえば昭和五年（一九三〇）で、総数四万八八〇八人、うち勅任官（親任官を含む）・同待遇一〇三人、奏任官・同待遇一四〇〇人、判任官・同待遇三万二一七人、雇員一万六六〇一人となる。この間、職員数は、急速に増加している。たとえば、一九一五年（大正四）二万五九三五人が一九二〇年（大正九）には三万六四五一人、一九三五年（昭和一〇）には五万五九六五人となる。これには判任官と雇員の増加が寄与している。職員の増加には、二つの画期があったとされている。第一は三・一運動後の一九二〇年代における日本人職員の増加（いわゆる「文化政治」のもと地方庁を中心にした日本人官吏の急増）、第二は日中戦争後の朝鮮人の判任官と雇員の増加、である（橋谷弘「解説『朝鮮行政』と総督府官僚」三五八頁）。

階層別職員数割合をみると、年次により相違があるが、判任官・同待遇が五割から七割ほど、雇員が三割から四割五分ほどで、この両者で九割五分ほどをしめていた。勅任官（親任官を含む）は一％に満たず、奏任官でようやく三、四％であった。総督府の職員は、判任官と雇員でほとんどを占めていたと言える。しかし、俸給面では勅任官・奏任官が大きな位置をしめ、それらと判任官、雇員との間には大きな格差があった。表3―1の1人当俸給（年額）をみると（奏任官など階層で区切った単純平均）、勅任官は六〇〇〇～七〇〇〇円ほど、奏任官三〇〇〇円前後、判任官一〇〇〇円ほど、雇員五〇〇円ほどである。俸給面でみても、高等官（奏任官以上）は特別な待遇を受けていた。

（2）　吉田正廣の官歴

吉田正廣の官歴概観

官吏の官歴を概観するには、本人の履歴書があれば言うことはないのであるが、多くの場合、そう

（単位：人、円）

判任官	判任官待遇	合計	嘱託	雇員	合計
8,828	4,086	13,993	199	11,743	25,935
4,758,540	1,414,750	8,364,119	147,116	2,767,707	11,278,942
539	346	598	739	236	435
8,157	18,956	28,253	262	7,936	36,451
9,089,402	12,595,292	25,380,993	346,651	3,810,161	29,537,805
1,114	664	898	1,323	480	810
9,905	18,058	29,194	295	11,974	41,463
12,522,263	11,905,872	28,366,139	372,034	6,631,427	35,369,600
1,264	659	972	1,261	554	853
11,400	18,817	31,720	487	16,601	48,808
13,652,005	12,961,410	31,581,742	611,093	9,397,313	41,590,148
1,198	689	996	1,255	566	852
13,131	19,761	34,457	813	20,695	55,965
15,292,486	13,350,081	33,361,008	793,717	11,039,349	45,194,074
1,165	676	968	976	533	808
20,111	23,097	45,361	1,221	39,336	85,918
24,027,554	16,865,214	47,198,901	1,261,385	23,546,668	72,006,954
1,195	730	1,041	1,033	599	838

府統計年報』。朝鮮総督府編纂『昭和十五年朝鮮総督府統計年報』。

（4,612人）、学校費支弁（10,907人）、学校組合支弁（1,817人）、李王職（182人）の職員（合計

割合は、高等官及び同待遇23%、判任官及同待遇34%、嘱託及雇員41%である。朝鮮人官吏割

都合よく事は運ばない。吉田正廣の場合も履歴書をみることはできなかった。そのような場合、まず拠るべき基礎資料となるのは『職員録』である。『職員録』で官職を跡付け、それを『官報』に掲載された昇叙のデータで補足するという方法をとるしかない。

朝鮮総督府官吏の場合は、『朝鮮総督府及所属官署職員録』と『朝鮮総督府官報』がその基礎資料となる。ここでは、『朝鮮総督府及所属官署職員録』と『朝鮮総督府官報』によって、吉田正廣の官歴を概観しておきたい。

(2)　吉田正廣の官歴

表3-1　国費支弁朝鮮総督府及所属官署職員俸給

		勅任官	勅任官待遇	奏任官	奏任官待遇
大正4年	人員	50	32	938	59
	俸給年額	270,951	40,200	1,827,518	52,160
	1人当俸給	5,419	1,256	1,948	884
大正9年	人員	59	28	982	71
	俸給年額	402,630	43,530	3,163,086	87,053
	1人当俸給	6,824	1,555	3,221	1,226
大正14年	人員	60	25	1,070	76
	俸給年額	418,532	47,500	3,380,848	91,124
	1人当俸給	6,976	1,900	3,160	1,199
昭和5年	人員	78	25	1,313	87
	俸給年額	536,200	49,500	4,215,887	166,740
	1人当俸給	6,874	1,980	3,211	1,917
昭和10年	人員	93	25	1,354	93
	俸給年額	571,719	49,200	3,951,770	145,752
	1人当俸給	6,148	1,968	2,919	1,567
昭和15年	人員	121	25	1,862	145
	俸給年額	731,389	48,300	5,295,429	231,015
	1人当俸給	6,045	1,932	2,844	1,593

出典：朝鮮総督府編纂『昭和五年朝鮮総督府統計年報』。朝鮮総督府編纂『昭和十年朝鮮総督
注1）親任官は勅任官に含む。休職官吏は含まない。
2）表示したのは、国費支弁職員であるが、このほかに、道費支弁（8,461人）、府費支弁
25,979人）、邑面職員（50,598人）が存在した（カッコ内は昭和10年の実数）。
3）原本では、日本人、朝鮮人の区別がある。たとえば、昭和10年（1935）の朝鮮人官吏の
合の推移については岡本真希子『植民地官僚の政治史』（59-69頁）を参照いただきたい。

表3―2が『朝鮮総督府及所属官署職員録』による吉田正廣の官歴である。『朝鮮総督府及所属官署職員録』には、毎年の朝鮮総督府及所属官署の職員の氏名が、所属官職、官等、位勲功爵、俸給などとともに登載されている。ただし、『朝鮮総督府及所属官署職員録』では、各年の四月一日、七月一日等現在の官職、官等を知ることができるが、何時そのポストに異動したかは分からない。それを補足するために作成したのが、表3―3の『朝鮮総督府官報』をもとに作成した吉田正

表3-2　吉田正廣の官歴（1）

大正６年（1917）10月	京畿道第一部勧業課技手*
大正10年（1921）7月1日	京畿道内務部農務課技手（月一）産業技手9**
大正11年（1922）1月1日	京畿道内務部農務課技手（月一）産業技手9
大正11年（1922）7月1日	京畿道内務部農務課技手（月一）産業技手8**
大正12年（1923）4月1日	京畿道内務部農務課技手（月一）産業技手8（兼）本府庶務部調査課属
大正13年（1924）4月1日	京畿道内務部農務課技手（月一）産業技手（月60）（兼）本府庶務部調査課属
大正14年（1925）4月1日	（登載がなく不明）
大正15年（1926）5月1日	釜山府書記　月70
昭和２年（1927）4月1日	釜山府書記　月70
昭和２年（1927）9月	殖産局農務課属に配置換え*
昭和３年（1928）4月1日	殖産局農務課属　月70
昭和４年（1929）4月1日	殖産局農務課属6
昭和５年（1930）7月1日	殖産局農務課属5
昭和６年（1931）7月1日	殖産局農務課属5
昭和７年（1932）4月1日	殖産局農務課属5
昭和８年（1933）4月1日	農林局農務課属4（兼）京畿道小作官補
昭和９年（1934）7月1日	農林局農政課属4（兼）京畿道小作官補
昭和10年（1935）7月1日	農林局農政課属4（兼）京畿道小作官補
昭和11年（1936）7月1日	農林局農政課属3（兼）京畿道小作官補
昭和12年（1937）8月1日	黄海道小作官7等7級　従7
昭和13年（1938）8月1日	黄海道小作官7等7級　従7
昭和14年（1939）7月1日	慶尚南道産業部農村振興課長6等6級　正7
昭和15年（1940）7月1日	農村振興課理事官6等6級　正7
昭和16年（1941）7月1日	外事部拓務課嘱託　月手当260円　従6
昭和17年（1942）7月1日	司政局拓務課嘱託　月手当260円

出典：朝鮮総督府編纂『朝鮮総督府及所属官署職員録』各年。

注1)「*」は朝鮮総督府殖産局『職員略歴』、白石房吉編『大正九年十一月調査　[鹿屋農学校]会員名簿』。「**」は内閣印刷局編『職員録』。

2) たとえば、「月70」は月俸70円、属6は判任官6級俸、（兼）は兼務、7等7級は高等官7等7級俸、従7は従7位、正7は正7位。

3)「月70」や9級俸と両様あるのは、判任文官の俸給については、月俸75円未満の者に限り、級俸にかかわらず適宜の金額を支給することができたためである（『判任官俸給令』第5条）。ちなみに、大正9年（1920）の本俸増加後、昭和6年（1931）5月（昭和6年6月1日の井上準之助財政による官吏減俸の実施）までは、1級160円、2級135円、3級115円、4級100円、5級85円、6級75円、7級65円、8級55円、9級50円であった（表3-4-1参照）。

(2)　吉田正廣の官歴

表3-3　吉田正廣の官歴（2）

大正８年（1919）	9月30日	京畿道勧業技手（安城）　八級俸ヲ給ス*
大正10年（1921）	1月19日	京畿道産業技手ニ任ス　十級俸ヲ給ス　但加俸24円　第一部勧業課勤務ヲ命ス*
大正10年（1921）	4月30日	京畿道産業技手（農務課）　四級朝鮮語手当ヲ給ス*
大正10年（1921）	6月15日	任朝鮮総督府道技手　給月俸一円　内務部農務課勤務ヲ命ス*
大正10年（1921）	8月16日	京畿道産業技手（農務）　自今朝鮮語手当ヲ給セス*
大正12年（1923）	6月30日	京畿道産業技手（農務）　月俸60円ヲ給ス*
昭和11年（1936）	12月21日	任朝鮮総督府道小作官　敍高等官七等　朝鮮総督府属兼京畿道小作官補 吉田正廣
昭和11年（1936）	12月28日	七級俸下賜　黄海道在勤ヲ命ス 朝鮮総督府道小作官 吉田正廣
昭和11年（1936）	12月21日	内務部農務課勤務ヲ命ス（黄海道）　朝鮮総督府道小作官吉田正廣
昭和12年（1937）	1月15日	敍従七位　吉田正廣
昭和13年（1938）	9月20日	産業部農村振興課勤務ヲ命ス　朝鮮総督府道小作官 吉田正廣
昭和13年（1938）	12月28日	六級俸下賜　朝鮮総督府道小作官 吉田正廣
昭和14年（1939）	1月25日	慶尚南道在勤ヲ命ス 朝鮮総督府道小作官 吉田正廣
昭和14年（1939）	1月25日	産業部農村振興課勤務ヲ命ス 朝鮮総督府道小作官 吉田正廣
昭和14年（1939）	1月27日	内務部社會課兼務ヲ命ス 朝鮮総督府道小作官 吉田正廣
昭和14年（1939）	3月7日	産業部農村振興課長ヲ命ス 朝鮮総督府道小作官 吉田正廣
昭和14年（1939）	3月31日	陞敍高等官六等　朝鮮総督府道小作官 吉田正廣
昭和14年（1939）	5月15日	敍正七位　従七位 吉田正廣
昭和15年（1940）	2月13日	任朝鮮総督府理事官　敍高等官六等 朝鮮総督府道小作官正七位 吉田正廣
昭和15年（1940）	2月13日	六級俸下賜　農林局勤務ヲ命ス 朝鮮総督府理事官 吉田正廣
昭和15年（1940）	12月28日	五級俸下賜　朝鮮総督府理事官 吉田正廣
昭和16年（1941）	6月28日	陞敍高等官五等　朝鮮総督府理事官 吉田正廣
昭和16年（1941）	6月30日	依願免本官　朝鮮総督府理事官 吉田正廣
昭和16年（1941）	6月28日	敍従六位　正七位 吉田正廣

出典：京畿道『京畿道報』各号。朝鮮総督府『朝鮮総督府官報』各号。
注1）「*」は京畿道『京畿道報』による。『京畿道報』は大正8年（1919）から大正12年（1923）を閲覧しえたが、大正13年（1924）以降閲覧しえていない。ただし、大正12年（1923）以前も欠号があり不完全である。
　2）『朝鮮総督府官報』では、奏任官に任官しないと登載されない。他方、印刷局編『官報』でも昇叙・分限については確認可能である。

廣の官歴である。『朝鮮総督府官報』では、昇叙などの年月日を知ることができ、上記『朝鮮総督府及所属官署職員録』の資料上の欠陥を補うことができる。ただし、『朝鮮総督府官報』では奏任官以上でないと登載されない。なお、表３―３では、京畿道技手時代については『京畿道報』によって補足してある。

以上を前提に吉田正廣の官歴（表３―２、表３―３）をみてみよう。吉田正廣の官歴は、大きくは判任官時代と高等官（奏任官）時代に分けることができる。吉田正廣は、昭和一一年（一九三六）一二月二一日に、高等官七等（奏任官）に叙せられ、朝鮮総督府道小作官に補職された。判任官から高等官への仲間入りである。この日は、本人やその家族には記念すべき日であったに違いない。それ以前は、技手、書記、属という官名の判任官であった。

高等官と判任官で俸給において大きな格差があったのはすでに確認したが、本俸や旅費などはもちろん、あらゆる部面で格差が設けられていた。たとえば、庁舎には、高等官とその見習い（後述）専用の高等官食堂があり、判任官と区別していた（坪井幸生『ある朝鮮総督府警察官僚の回想』。任文桓『日本帝国と大韓民国に仕えた官僚の回想』など）。出勤退庁時間・通勤手段・トイレ・机椅子にも相違があった（水谷三公『シリーズ日本の近代　官僚の風貌』四六―七六頁）。高等官と判任官には、あらゆる部面で格差が設けられていたのである。

ちなみに、通常、有資格者（高等試験合格者）は、合格後も一、二年の見習い期間がある（ここで用いている「見習い」は俗にいう言い方で、官制用語ではない）。見習いには判任官六級俸（判任官ポストがない場合は判任官六級俸相当の嘱託）で任官し、一、二年後、高等官七等に進んだ。最初の俸給は奏任官第一号表の一一級か一〇級が普通であった（和田善一「文官銓衡制度の変遷（Ⅳ）」一一九頁。任文桓『日本帝国と大韓民国に仕えた官僚の回想』二一三―二一九四頁など）。

吉田正廣の判任官時代は、京畿道技手、釜山府書記、本府（朝鮮総督府）属と三つの時期に分けることができる。特に、昭和二年（一九二七）九月の、釜山府書記という地方官吏から京城府（現、ソウル特別市）にあった本府への転任は画期となった。昭和一一年（一九三六）一二月の奏任文官任用後は、小作官、道農村振興課長に補職され、朝鮮総督府理事官を最後に、昭和一六年（一九四一）六月三〇日、四五歳で官を辞している。慣例により、退官直前の昇叙で、高等官五等・従六位に叙されている。その後、朝鮮総督府外事部・司政局の嘱託となった。

恩給は在職年数に退官時の俸給をかけた額を基準にした年額で決まるので、退官直前の昇叙で有利になる。文官の最短恩給年限は一七年であるが、朝鮮在勤文官は在職年数の〇・五倍の加算がなされた（岡本真希子「未公開資料朝鮮総督府関係者録音記録（三）解説　朝鮮総督府・組織と人」一六四頁など）。吉田正廣の官歴は十分にその最短恩給年限を超えていた。

(2)　吉田正廣の官歴

朝鮮総督府官吏の俸給

官吏の給料は、本俸、加俸、手当、賞与からなる。高等官は年俸、判任官は月給、雇員・傭人は日給というのが一般的であった。俸給については、『朝鮮総督府及所属官署職員録』の「奏任文官年俸表」「道地方費吏員ノ職名並俸給一覧」「文武判任官等級令」に基準額が示されている。朝鮮総督府官吏は、本俸に加え、加俸（朝鮮在勤文官加俸など）や諸手当（宿舎料など）を受けていた。日本人の朝鮮在勤文官加俸は、月俸で本俸の六割、年俸の場合は四割（朝鮮総督・政務総監は五割）と大きな在勤加俸を受けていた（岡本真希子「未公開資料朝鮮総督府関係者録音記録（三）解説　朝鮮総督府・組織と人」一五六―一六四頁など）。ただし、官吏ではない嘱託や雇員には加俸はつかない。高等官であっても朝鮮人官吏にはこの加俸はなく、任用や昇級・昇格の遅れ、宿舎料の未支給など差別的待遇がなされていた（宮田節子「穂積真六郎先生と「録音記録」」一七〇頁。岡本真希子『植民地官僚の政治史』一五五―一二五頁など）。在勤加俸が付かないことも含め朝鮮人高等官からみた給与・待遇の理不尽さについては、任文桓『日本帝国と大韓民国に仕えた官僚の回想』（二一三―二九四頁）が実体験をもとに記している。

吉田正廣の本俸についてであるが、最も遡ることができるのは、大正一〇年（一九二一）一月の京畿道第一部勧業課産業技手の判任官十級（判任官四等、月俸四〇円）、次いで同年七月の京畿道内務部農務課技手の判任官九級俸（判任官四等、月俸五〇円）である。六年後の本府任用直前には月俸七〇円（判任官三等）にまで昇給していた。その後、奏任文官昇叙直前には判任官二級俸（判任官二等。月俸一一〇円）にまで昇っている。小作官時代は奏任官七級俸であるが、道小作官は第二号表適用なので年俸一六五〇円であった。免官時は本府理事官・奏任官五級俸（第二号表適用）の年俸二一五〇円で退官したことになる。

(2)　吉田正廣の官歴

表3-4-1　官吏俸給表（大正9年8月17日）

(1) 高等官官等俸給表（年俸、単位：円）

勅任官	内閣総理大臣	12000		
	各省大臣	8000		
	各省次官	6500		
	各省局長	5200		
奏任官		第1号	第2号	第3号
	1級	4500	3800	3100
	2級	4100	3400	2700
	3級	3800	3100	2400
	4級	3400	2700	2000
	5級	3100	2400	1800
	6級	2700	2000	1600
	7級	2400	1800	1400
	8級	2000	1600	1200
	9級	1800	1400	1100
	10級	1600	1200	1000
	11級	1400	1100	900
	12級	1200		

(2) 判任官俸給表（月俸、単位：円）

1級	160
2級	135
3級	115
4級	100
5級	85
6級	75
7級	65
8級	55
9級	50
10級	45
11級	40

表3-4-2　官吏俸給表（昭和6年5月27日）

(1) 高等官官等俸給表（年俸、単位：円）

勅任官	内閣総理大臣	9600		
	各省大臣	6800		
	各省次官	5800		
	各省局長	4650		
奏任官		第1号	第2号	第3号
	1級	4050	3400	2770
	2級	3660	3050	2420
	3級	3400	2770	2150
	4級	3050	2420	1820
	5級	2770	2150	1650
	6級	2420	1820	1470
	7級	2150	1650	1300
	8級	1820	1470	1130
	9級	1650	1300	1050
	10級	1470	1130	970
	11級	1300	1050	900
	12級	1130		

(2) 判任官俸給表（月俸、単位：円）

1級	145
2級	125
3級	110
4級	95
5級	85
6級	75
7級	65
8級	55
9級	50
10級	45
11級	40

出典：内閣印刷局編『昭和六年一月一日現在職員録』1-50頁。和田善一「文官銓衡制度の変遷（V）」42頁。渡辺保男「日本の公務員制」128-129頁。

注：奏任官第1号表は有資格者（高等試験合格者）の適用表で、それ以外の特別任用（銓衡任用）者が適用されるのが第2号表か第3号表であった。第2号表適用の諸官には、朝鮮総督府では、道小作官、本府・道・府理事官、府尹（京城・大邱・釜山・平壌を除く）、郡守、島司、道視学官、道警視などが該当する（和田善一「文官銓衡制度の変遷（V）」39頁。和田善一「文官銓衡制度の変遷（完）」56頁。朝鮮総督府編纂『昭和十年七月一日現在朝鮮総督府及所属官署職員録』4-5頁）。

退官後の嘱託時代は月手当二六〇円であった。嘱託は朝鮮在勤文官加俸が付かないので、年換算すると三一二〇円となる。退官時は奏任官五級俸（年俸二一五〇円）であったが、朝鮮在勤文官加俸（年俸の四割）が付くので、それを加えると三〇一〇円となり、嘱託時代も賞与・手当を除くと退官時とほぼ同額の年俸であったことになる。

俸給の比較

吉田正廣の俸給は、他と比較してどの程度のものであったろうか。吉田正廣の俸給は、大正一〇年（一九二一）当時月五〇円であった。同時期の第一銀行の大卒初任給は月五〇円であり（週刊朝日編『値段史年表』五一頁）、同額であった。ただ、吉田正廣の場合は朝鮮在勤加俸六割が付くので月八〇円となり、同世代の大卒エリート行員よりもはるかに多くなる。次に昭和一五年（一九四〇）の退官時をみると、吉田正廣の年俸は朝鮮在勤加俸を加えて三〇一〇円であった。内閣統計局による家計調査報告によると、同時期の東京市給料生活者の年間実収入は一六一二円であり（内閣統計局『家計調査報告　自昭和十四年九月至昭和十五年八月』三六頁）、農林省農家経済調査による農家所得は一八六〇円（昭和一五年）であった（農林省統計情報部編『農業経済累計統計』第一巻、七頁）。以上をみると、吉田正廣は任官時から退官時に至るまで、同時期の同世代と比べて、かなり高い俸給を受けていたことがわかる。以上は本俸・加俸であるから、これに手当、賞与が加わると、その差はさらに拡大するであろう。

後年、吉田拓郎は吉田正廣家の朝鮮での暮らしについて、「吉田家は確かに、朝鮮では下働きの人やお手伝いさんがいるようないい暮らしをしていたようです。ばあややじいやもいたと、兄貴はよく自慢話のように言っていましたからね」と語っている（重松清「ロングインタビュー吉田拓郎」一二三頁）。その経済的背景には、朝鮮総督府官吏・吉田正廣が高給取りであったことがあろう。

朝鮮の地方行政区画

ここで、後論との関係で、朝鮮の地方行政区画である道・府・郡・島・面について、大正後期から昭和初期を念頭に、簡単に説明しておきたい（無署名「朝鮮の地方行政区画」一三七―一三八頁。百瀬孝『事典昭和戦前期の日本』四一一頁。山崎丹照『外地統治機構の研究』一三〇―一七七頁）。

朝鮮には一三の道があり、道の下に府・郡・島を置き、郡・島の下には多数の面があった。道は内地の府県にあたる。知事（勅任官）が管治し、その役所を道庁といった。内地の府県よりかなり大きい。吉田正廣が最初に奉職したのは、道の一つ京畿道である。

府は内地の市に当り、道に属した。府尹《ふいん》（奏任官）が所管し、その役所を府庁といった。面とともに行政区画の最下位の単位となる。吉田正廣が釜山府の書記だった当時、一二の府が存在した。慶尚南道には釜山府と馬山府があった。郡も道に属し、郡守（奏任官）の所管で役所を郡庁という。吉田正廣は大正八年（一九一九）ころ、京畿道南方の安城郡の技手であった。島も道に属し、島司（奏任官）の所管で役所を島庁といった。島は済州島と鬱陵島の二つである。

(2)　吉田正廣の官歴

面は内地の行政町村に当り、郡あるいは島に属した。面長（判任官待遇）が治め、その役所を面事務所といった。昭和六年（一九三一）四月からは、内地の町に相当する邑がおかれ、邑面制となる（邑が内地の町、面が村に相当）。府の下に洞が、面の下に内地の大字にあたる里がある。後述するように、吉田正廣は農村分析の拠点として、この里を重視していた。

（３）　吉田正廣の徴兵検査

徴兵検査

さて、吉田正廣の徴兵検査についてふれておきたい。徴兵検査は、戦前の日本男児にとって避けて通ることのできない関門である。徴兵令第三条や第二五条によると、前年一二月一日よりその年の一一月三〇日までの間に満二〇歳に達するものが、毎年その年の徴兵検査の対象となる。徴兵検査は毎年四月に始まり八月には終了する。徴兵検査の結果、現役兵として徴集されると、聯隊（陸軍）や海兵団（海軍）に入営・入団し、新兵教育を受け、兵営生活を送ることになる。吉田正廣は明治二八年（一八九五）一二月八日生まれであるから、大正四年（一九一五）一二月八日に満二〇歳となった。したがって、吉田正廣の徴兵検査は、大正五年（一九一六）四月から八月の間に、地元（本籍地）の羽月尋常高等小学校で行われたであろう。ちなみに、当時の現役は陸軍三年、海軍四年である。

さて、陸軍歩兵第四十五聯隊は、鹿児島市に北接する鹿児島郡伊敷村（現、鹿児島市）を衛戍地《えいじゅち》と

(3) 吉田正廣の徴兵検査

写真3-1 鹿児島郡伊敷村の歩兵第45聯隊
出典：肥薩鉄道開通式協賛会編『鹿児島県案内』。

していた（写真3―1）。そのため、第四十五聯隊は鹿児島県の郷土部隊（一県一聯隊区）としての印象が強い。しかし、それは大正一四年（一九二五）五月一日以降のことで（陸軍大臣「陸軍管区表改定 大正十四年四月六日」）、明治・大正期の鹿児島県は二つあるいは三つの聯隊区に分かれていた。近隣県と比べ人口が多かったのが主な理由である。吉田正廣が徴兵検査を受けた大正五年（一九一六）当時は、鹿児島県は鹿児島聯隊区、八代聯隊区、都城聯隊区の三つの聯隊区に分割されていた。徴兵検査は、原則として本籍地で受検する。吉田正廣の本籍がある伊佐郡は、明治四〇年（一九〇七）九月の陸軍管区表改定で新設された八代聯隊区に属することとなった。鹿児島県はそれまでは二つの聯隊区（鹿児島聯隊区、宮崎聯隊区）に分割されており、伊佐郡は鹿児島聯隊区に入っていた。ところが、明治四〇年（一九〇七）から三つの聯隊区に分割されたのである。この措置がとられたのは、増加した師団数（平時一九個師団体制）に対応させるために、聯隊・聯隊区が増加した影響である。鹿児島県における三つの聯隊区の管轄区域は、鹿児島聯隊区は鹿児島市・鹿児島郡・日置郡・川辺《かわなべ》郡・揖宿《いぶすき》郡・熊毛郡・大島郡、八代聯隊区は姶良《あいら》郡・薩摩郡・伊佐郡・出水《いずみ》郡、都城聯隊区は肝属《きもつき》郡・曽於《そお》郡である。このほか、八代聯隊区には熊本県三郡が、都城聯隊区には宮崎県六郡が加わる（陸軍大臣「陸軍管区表改定　明治四十年九月十七日」）。

現役兵として入営せず

聯隊区には司令部があり、徴兵・動員・召集・在郷軍人の事務を掌っていた。八代聯隊区司令部は熊本市で事務を執っていた。したがって、大正五年（一九一六）当時の伊佐郡羽月村の徴兵検査場には、八代聯隊区徴兵署という標札が掲げられ、八代聯隊区司令官が首席徴兵官として臨席していたはずである。新設の八代聯隊区は、第六師団第二十三聯隊の徴集区として指定されていた（陸軍大臣「歩兵隊兵員徴集区指定表　明治四十年九月十八日」）。第二十三聯隊の衛戍地は熊本市である。したがって、現役兵の多くを占めた陸軍歩兵の場合だと、八代聯隊区の現役兵は第二十三聯隊（熊本市）に入営することになる。

徴兵検査成績は、体格体位の優秀な順に甲種から戊種まで序列づけられ、甲種、乙種が現役に適する者とされた。大正五年（一九一六）における八代聯隊区の徴兵検査成績は、甲種二八％、乙種三四％、丙種二九％、丁種八％、戊種一％である（陸軍大臣官房『大正五年陸軍省統計年報第二十八回』

五四頁）。伊佐郡では、甲種二五％、乙種三三％、丙種三三％であった（鹿児島県伊佐郡役所編『郡勢を中心とせる伊佐郡史』一三六頁）。同年の全国平均の甲種は三七％だったので、八代聯隊区や伊佐郡は甲種合格者割合がかなり低いことになる。当時から、鹿児島県は甲種合格率が低い県とみられていた（大江志乃夫『昭和の歴史三　天皇の軍隊』六四頁）。

現役兵は、徴兵検査の結果により、おおむね甲種合格者のなかから抽籤で決められた。制度的には、鹿児島県立鹿屋農学校は徴兵令第一三条認定学校であったので（妻木忠太編『維新後大年表』八三頁）、鹿屋農学校の卒業生は「特典」としての一年志願兵の選択肢もあった。『鹿児島県統計書』（明治四三年～大正元年）によると、伊佐郡で現役兵として徴集されたのは、徴兵検査受検者の二割程度である。吉田正廣が徴兵検査を受けた大正五年（一九一六）は『鹿児島県統計書』にそのデータの掲載がなく、その割合は不明であるが、大正五年（一九一六）の全国平均は二二％である（加藤陽子『徴兵制と近代日本』六六頁）。以上からすると、吉田正廣と同世代の場合も、実際に入営したのは、徴兵検査受検者の五人に一人ぐらいであった。吉田正廣の徴兵検査結果（甲種などの体格等位）は不明であるが、いずれにしても、吉田正廣は大正六年（一九一七）一〇月から朝鮮総督府に奉職しており、現役兵として入営していないと考えられる。

第4章
朝鮮総督府技手時代

朝鮮総督府と光化門通（上）と京畿道庁（下）

出典：仲摩照久編『日本地理風俗大系』16、新光社、1930年、89頁、90頁。

注：吉田正廣は大正6年（1917）から約7年間、京畿道庁に勤務した。京畿道庁は朝鮮総督府正門から南に延びる光化門通のすぐ左手にあった。光化門通の左右には、京畿道庁、歩兵隊、逓信局、朝鮮総督府地質調査所、法専学校が建ち並んでいた。

（１）　京畿道技手に任官

技手への登用

大正六年（一九一七）一〇月、吉田正廣は京畿道第一部勧業課技手に任官し、官途を歩み始めた（朝鮮総督府殖産局『職員略歴』）。朝鮮総督府地方官官制は大正一〇年（一九二一）二月一〇日に改正され（内閣総理大臣「朝鮮総督府地方官官制改正」）、それにともない京畿道第一部は京畿道内務部となった。したがって、それ以後は、京畿道内務部勧業課技手となる。

吉田正廣が朝鮮総督府の刊行物で初めて登場するのは、『朝鮮総督府官報』第二五六四号（大正一〇年三月二日。「調査及報告」欄）に掲載された農業技術員講習会の記事である（資料４―１）。大正一〇年（一九二一）二月七日から一四日まで行われた本府殖産局による農業技術員講習会に、京畿道勧業技手・吉田正廣が参加している。この講習会では、各道農業技手一〇四名が朝鮮総督府勧業模範場（京畿道水原郡）に招集され、同場の技師・技手から品種改良、作物栽培、土壌肥料、園芸、虫害、植物病理の六科目の講習をそれぞれ五～六時間受けている。吉田正廣を含め受講者には修了証書が投与された。

さて、吉田正廣が初めて職員録に登場するのは、印刷局編『職員録』では大正一〇年（一九二一）七月一日現在から、『朝鮮総督府及所属官署職員録』では大正一一年（一九二二）一月一日現在から

(1)　京畿道技手に任官

○敍任及辭令

○大正十年二月二十三日

朝鮮總督府視學官　高橋　亨

朝鮮總督府視學官　玄　𨯶

（各通）

學務局勤務ヲ命ス

○大正十年二月二十五日

朝鮮總督府技師　村田　昇清

平安北道新義州、義州ヘ出張ヲ命ス

○大正十年三月一日

朝鮮總督府平壤鑛業所長　水谷千萬吉

東京、德山及京城ヘ出張ヲ命ス

○彙報

○宮廷事項

○勅使差遣　故朝鮮總督府中樞院贊議閔元植一昨二十四日葬送ニ付本月二十三日午後三時勅使トシテ朝鮮總督府京畿道知事工藤英一ヲ同人邸ニ差遣ハサレ幣帛ヲ下賜ヒタリ（二十六日官報）

○官廳事項

官　吏

○官吏發著　平安南道及黃海道各管內ヘ出張ヲ命セラレタル朝鮮總督府事務官渡邊豐日子ハ二月二十六日、新義州及義州ヘ出張ヲ命セラレタル朝鮮總督府技師村田昇清ハ同日孰モ出發、元山及咸鏡北道管內ヘ出張ノ中同於保績ハ同月二十五日歸著、光州地方法院長津守萬吉ハ管內木浦長興順天ノ各支廳海南康津寶城高興麗水光陽ノ各出張所事務視察ノ爲同月二十四日出發、平壤地方法院檢事正岡本至德ハ同月二十七日、大邱地方法院檢事正杉村逸棲ハ同月二十六日孰モ出發赴任、平壤地方法院判事本多公男ハ同月二十五日著任セリ

○調査及報告

產　業

農　事

○農業技術員講習會槪況　二月七日ヨリ同月十四日迄各道農業技術員百四名ヲ勸業模範場ニ招集シ左記科目ニ付農業技術員講習會ヲ開催セリ其ノ槪況左ノ如シ

一　期　間　自大正十年二月七日至同年同月十四日

一　講習會場　水原農林專門學校

一　講習科目　時間數及講師

科目	時間數	講師
品種改良	六	勸業模範場技師　武田總七郎
作物栽培	五	同　向坂幾三郎
	六	同　八田吉平
土壤肥料	六	同　鈴木眞吉
園藝	五	同　久次米邦藏
害蟲	六	同　岡本半次郎
植物病理	五	勸業模範場技手　中島友輔

一　開會式　二月七日午前十一時殖產局長代理篠原農務課長、勸業模範場長代理向坂技師及各講師列席ノ上開會式ヲ擧ケ殖產局長代理ノ開會ノ辭向坂技師ノ演示アリテ十二時閉會セリ

一　終了式　二月十四日午後三時三十分殖產局長代理三井技師、勸業模範場長代理向坂技師其ノ他各講師列席ノ上殖產局長代理ヨリ修了證書ヲ授與シ次テ告辭代讀勸業模範場長代理ノ祝辭アリ之ニ對シ講習員總代石關譜造答辭ヲ述ヘ同四時三十分閉會セリ

一　講習員氏名左ノ如シ

京畿道	勸業技手	阿部由熊	同	林承烈	同	平田竹次
	同	吉田正廣	同	加藤助次郎	同	川越誠三郎
	同	安殷植	同	增田吉猪	同	松尾寛
忠清北道	種苗場技手	兒島光信	同	濱上興七郎		
	農業技手	大橋[illegible]	同	井口英郎		
忠清南道	道技手	伊藤忠次	同	村上信一	同	鶴田權六
	種苗場技手	城戸勝喜	同	杉坂正義		
	農業技手	中野峰太郎	同	鈴野貞夫		
全羅北道	道技手	土田盛	同	鹿島秀彦	同	[illegible]正道
	種苗場技手	有馬高雄	同	堤建次	同	高橋捨吉
	農業技手	李昌儀	同	金奉植		
	同	中島仙之助	同	山田孫一		
全羅南道	道技手	土井長助	同	鶴田正美	同	田中豐作
	同	江島惣太郎	同	松瀬雄一	同	上田熊太郎
	農業技手	林次郎	同	山田稔	同	佐村濟

資料4-1　農業技術講習会（大正10年2月7日～14日）

出典：『朝鮮総督府官報』第2564号、大正10年3月2日。

注：京畿道の欄に吉田正廣がみえる。

である（表３―２）。ともに京畿道内務部農務課技手（産業技手、判任官九級俸、月俸五〇円、国費支弁）として登場する。京畿道農務課の国費支弁技手としては、最下位の序列であった。それ以前は、道地方費吏員の産業技手（一〇級俸）であったと思われる。

吉田正廣が勤務したのは京畿道庁である。朝鮮総督府（本府）正門から南に延びる大通りが光化門通であるが、京畿道庁はその正門から道路をはさんで光化門通のすぐ左手（光化門通の東側）にあった。京畿道庁の向かい側には朝鮮歩兵隊がおかれていた。朝鮮歩兵隊の南方には逓信局が、京畿道庁の南方には朝鮮総督府地質調査所があり、この辺りは官庁街の風をみせていた（第４章扉写真）。

判任官への任用ルート

ところで、吉田正廣は、判任官である技手にどのように任官したのであろうか。判任官の任用資格は、①中学校又はこれと同等以上の学校卒業者、②高等試験予備試験の受験資格者、③専門学校令により法律、行政、政治、経済学を教授する三年以上の学校卒業者、④普通試験合格者、⑤高等試験合格者、である（佐々木貞七校閲『現代青年子女職業の智識』九頁）。判任官の任用は、①②③にみられるように、中学校卒業程度を基準にしていた。⑤は主に高等官有資格者の見習い任用（前述）のために設けられた規定である。④の普通試験は中学校卒業程度の資格を持たない者のための試験（受験資格に制限なし）であった。判任官任用では普通試験合格が必須ではなく、この点、奏任文官の任用資格が原則として高等試験合格者に限られたのとは異なっていた。また、大正二年（一九一三）の文官任用令改正で、私立中学校卒業者も無試験で任用資格が認められ、かつ五年以上（大正九年以後は四年以上）雇員として在職したものを判任官として任用することも可能となり、普通試験の意味がさらに低下していった（渡辺保男「日本の公務員制」一一六頁）。その他、文官任用令第七条には銓衡任用の規定がある。文官任用令第七条は、「教官、技術官其ノ他特別ノ学術技芸ヲ要スル文官ハ高等官ニ在リテハ高等試験委員、判任官ニ在リテハ普通試験委員ノ銓衡ヲ経テ之ヲ任用ス」である（帝国法律研究会編『改正地方制度諸法規』六二四頁など）。このように、判任官の任用資格は普通試験合格者以外にも幅広く開かれていたのである。

吉田正廣は鹿児島県立鹿屋農学校を卒業しており、判任官の任用資格を備えていた。技手（技術系判任官）として採用する場合、文官任用令第七条による普通試験委員の銓衡任用を適用したのかは分からないが、いずれにしても吉田正廣の場合は、中等教育機関を卒業しており、資格上問題はなかった。

（2）同族部落論

吉田正廣の同族部落論

京畿道技手時代に吉田正廣が残している著作物が二点ある。『京城日報』（朝鮮総督府の機関新聞紙）に掲載された「朝鮮の部落組織」上・下と『朝鮮地方行政』（帝国地方行政学会朝鮮本部）に掲載された「京畿道同族部落の概観」である。ともに同族部落について論じている。吉田正廣が二七歳時の論稿である。任官したての技手（判任官）でありながら若くして論考を執筆しており、吉田正廣は同世代の官吏のなかで特異な存在であったことを示している。

まず、吉田正廣「朝鮮の部落組織」上・下（『京城日報』大正一一年一二月二八日、二九日）をみよう（資料4―2）。吉田正廣は、この『京城日報』の論稿で、地方改良の単位として、行政上の区画である郡・面よりも地理的歴史的事情が同一の里・集落の方が地方改良の徹底を期待できるとしている。さらに、部落の調査研究に従事しているが、その調査研究の結果、李、金、張などの同姓の集団部落（同族部落）が地方行政、農業政策、社会教化において重要な意義を有することを確認しえた、と述べている。続けて、同族部落は、いわば一つの家族で、かつ立派な自治団体で、中心人物が存在し、風紀は厳粛で労働や娯楽は共同かつ相助的であり、道徳は濃厚で契もよく整っている。徴税や産業奨励は概して良好で、模範部落も多い。子弟の就学率も高く、部落の経済状態も良好である。以上より、同族部落は実に地方における文化促進の核心である、と結んでいるのである。もう一点の論稿・吉田正廣「京畿道同族部落の概観」（『朝鮮地方行政』二（六）、大正一二年六月）でも、上記『京城日報』の論稿とほぼ同じ内容を論じている。

吉田正廣は、上述のように、農村改良の場を、面（近代日本の行政村に相当）よりも里（面の下位の地域集団）に設定している。この点は、後述する小田内通敏の村落調査における地域設定でも同様である。小田内通敏は次のように述べている。「即ち其単位（調査単位）は内地の村にあたる面を取るよりも、村の大字に比すべき洞か里を単位とするのが合理的でもあれば学術的でもある」（小田内通敏「朝鮮部落調査の過程」一一九頁。カッコ内は坂根が補足）。この点は、小田内通敏が朝鮮部落調査（後述）を始めるに際して水野錬太郎政務総監宛に郵送した大正一〇年（一九二一）四月一二日付の『朝鮮部落調査試案』（守屋栄夫文書・後述）にも明確に述べられている。

吉田正廣は、昭和九年（一九三四）一〇月に刊行した吉田正廣『朝鮮に於ける小作に関する基本法規の解説』（一九―二〇頁）のなかで、「私が多年公務の余暇を利用して研究に没頭して居る問題は「朝鮮の農村及農民生活」の実証的研究であって」と述べている。この同族部落の調査研究は、吉田正廣の「朝鮮の農村及農民生活」の実証的研究の一環をなすものであった。

(2) 同族部落論

高給嘱託・善生永助

朝鮮の同族部落論については、善生《ぜんしょう》永助が有名である。その代表的著作は、昭和一〇年（一九三五）に刊行された朝鮮総督府編『朝鮮の聚落　後篇』とそれをリライトした昭和一八年（一九四三）の『朝鮮の姓氏と同族部落』である。これらの著作が刊行されたのは、吉田正廣の同族部落論発表から十数年後・二十余年後のことであった。

善生永助（一八八五―一九七一）は、大正一二年（一九二三）七月に同郷の総督官房調査課長・大西一郎（のち、横浜市長）の推挙で朝鮮総督府の嘱託となった（善生永助については〈人物注記〉を参照）。朝鮮総督府嘱託として短期間に膨大な調査報告、著作をものしたことで有名である（善生永助

「朝鮮総督府の調査事業について」二〇―三六頁。碓井和弘「朝鮮総督府嘱託善生永助の調査研究」一六四―一六五頁）。その対象領域は、人口、商業、小作慣行、契、集落、同族部落、農村経済など多方面にわたっている。

その一方で、高給取り嘱託（高給嘱託）としても知られていた。高給嘱託として極めて高い手当を得ていたのである。たとえば、昭和一〇年（一九三五）七月現在でみると、宇垣一成朝鮮総督の本俸が六八〇〇円だったのに対し、善生永助の年手当は四五六〇円（局長級）にのぼっていた（朝鮮総督府編纂『昭和十年七月一日現在朝鮮総督府及所属官署職員録』三頁、六頁）。昭和一〇年（一九三五）、当時の文書課長であった鹽田《しおた》正洪（後述）は、三人の高給嘱託（善生永助、吉田猶蔵、細川定之亟）の首を切ることになる（須麻守人「朝鮮官僚論」b一二八頁）。この首切りの背景には、宇垣一成総督時代になり、それまでほど調査へ予算がまわらなくなったこと、一部学者から善生永助の調査への批判がなされたことがあったようである（善生永助「朝鮮総督府の調査事業について」二二―二三頁、三一頁）。朝鮮嘱託解任の後、善生永助は、満鉄経済調査会嘱託として大連へ渡る（碓井和弘「朝鮮総督府嘱託善生永助の調査研究」一六四頁）。

善生永助の同族部落論

同族部落は、一九三〇年代の総督府の統治政策である村落組織化（農村振興運動）のなかで注目を浴びるようになった。東京帝国大学で哲学・倫理学を学んだ金斗憲は、昭和九年（一九三四）の『青丘学叢』（京城帝国大学法文学部・青丘学会）に「朝鮮の同族部落に就いて」を発表した（全京秀『韓国人類学の百年』八七頁）。金斗憲「朝鮮の同族部落に就いて」は、同族部落の類型、歴史的由来、集団としての特質、経済的意義、近年の衰退傾向について述べている。また、善生永助の調査研究に刺激を受け秋葉隆（京城帝国大学）や鈴木栄太郎（京城帝国大学）も同族部落について調査・研究を行った（林慶澤「植民地朝鮮における日本人の村落調査と村落社会」一八四―一九二頁）。秋葉隆には、秋葉隆「朝鮮の同姓部落」（昭和七年）、秋葉隆「同族部落とは何か」（昭和一九年）がある。善生永助は、同族部落を「同一の祖先より出でたる同本同姓のもの丶、一部落又は一地方に集団住居せるものを指す」と定義している（朝鮮総督府編『朝鮮の聚落　後篇』一頁）。善生永助の朝鮮総督府編『朝鮮の聚落後篇』は、同族部落についての誠に浩瀚《こうかん》な調査報告書である。

当時、吉田正廣や善生永助も含め同族部落という言い方をしている。この背景には、日本政府や朝鮮総督府が朝鮮社会をとらえる際に、「朝鮮を外国と思わず、日本の延長とみた」ということ（旗田巍他「朝鮮研究の現状と課題」八八頁。中生勝美『近代日本の人類学史』一〇五頁）や、朝鮮社会を調査する際に、異民族を対象とする民族学ではなく日本の民俗学の延長上で捉えようとする内地延長主義的な考え方がみられたこと（崔吉城「日帝植民地時代と朝鮮民俗学」一七七頁）と同様の背景があったのではないかと思われる。加えるに、当時はまだ社会人類学の出自集団（リネージ）の概念が導入される以前であった。したがって、朝鮮の門中（出自集団）を日本の親族・同族と同様に理解する、あるいは両者を混同している記述がまま見られる。そもそも朝鮮の門中（出自集団）に、出自集団ではない日本の同族という概念を当てていること自体がそれを示している。近年では、同族や部落が日本の農村社会の概念であるとして、氏族村や同姓村と呼ばれている（吉田光男『東アジア近世近代史研究』一八二頁）。

さて、善生永助は同族部落の調査にどのような意義を見出していたのであろうか。善生永助は、同族部落の調査研究は「朝鮮の聚落に関する根本観念を明確ならしむるに効果多きのみならず」、「行政上、学問上、極めて大切なこと」であり、「朝鮮統治、並に農村対策上軽視すべからざる題目である」とその重要性を述べる（朝鮮総督府編『朝鮮の聚落　後篇』二頁。善生永助『朝鮮の姓氏と同族部落』二四頁）。善生永助は『朝鮮の聚落　後篇』、『朝鮮の姓氏と同族部落』とも最後の「結論」で、同族部落の長所と短所を箇条書きにまとめた。長所として、祖先崇拝の念厚く、家長を中心に家族制度の美風を維持していること、一門の統制・団結が円滑であること、地方における中心人物を輩出していること、儒教道徳が徹底し人倫を守り礼儀正しいこと、部落成立が古く幾多の良風美俗を保存し相互救済・扶助共励がよく行われていること、自治・勧業・納税・教育・衛生・夫役が円滑に遂行されていることなどをあげている（朝鮮総督府編『朝鮮の聚落　後篇』九八九―九九一頁。善生永助『朝鮮の姓氏と同族部落』三五〇―三五四頁）。

吉田正廣による同族部落論の先駆性

善生永助の同族部落論との関連で吉田正廣による同族部落論をみると、次の点が指摘できる。第一は、かなり早い時期に同族部落に着目していることである。朝鮮総督府が村落を農事改良政策などに本格的に活用し始めるのは、模範部落に補助金を交付し始める昭和二年（一九二七）のことであった（松本武祝『植民地権力と朝鮮農民』七〇頁）。それを考慮すると、吉田正廣の同族部落への着眼はかなり早いといえる。善生永助は「朝鮮で同族部落の名称を用ふるに至ったのは、多分私が始めのやうに記憶する」（朝鮮総督府編『朝鮮の聚落　後篇』一頁）と述べているが、多分に手前みそであろう。吉田正廣の同族部落論公表は大正一一年（一九二二）一二月で、善生永助が朝鮮総督府嘱託となったのは翌年・大正一二年（一九二三）七月である。日本内地で記者をしていた善生永助が、朝鮮の同族部落に関心を持ち、資料収集を進めていたとは考え難い。また、善生永助自身が、「上司の命を受けて私がこれ（同族部落調査）に着手するに至つたのは、昭和四年以来のこと」とも述べている（朝鮮総督府編『朝鮮の聚落　後篇』一頁。カッコ内は坂根が補足）。

⑵　同族部落論

加えて、吉田正廣は、「京畿道二十郡内に於て十数戸以上の同族集団部落は都合七百二十六あるが其大部分は部落全戸の五割以上又は殆ど同族のみの集団である。大きな部落になると百二十戸（人口五六百）に及ぶものがある。斯くの如き一族の大集団は朝鮮に於ける大家族制度の表徴である。同族部落と普通部落の分布状態を図に作って経過年代等を明かにして見ると、農村発達の経路が地理的条件及び歴史的事実と結び着いて明瞭に表現して来る」（吉田正廣「朝鮮の部落組織」上）とかなり突っ込んだ記述をしている。吉田正廣は、小田内通敏の朝鮮部落調査（後述）の一環として、かつまた京畿道庁の「部落調査」で、京畿道の調査を進めていた。後者について小田内通敏は、大正一一年

（一九二二）三月に脱稿した「朝鮮部落調査の過程」（一二八頁）で、京畿道地方課では部落調査に予算をつけ、部落調査の実をあげつつあると記している。

第二は、同族部落の特徴づけが、善生永助の浩瀚な調査研究の結論部分と比べても見劣りしないことである。吉田正廣は同族部落について幾つかの特徴をあげているが、それらは後年、善生永助が同族部落の特徴としてあげている諸点と共通している。時期的にも内容的にも、吉田正廣の同族部落論が先駆的であったのではなかろうか。

大正一三年（一九二四）三月、京畿道内務部社会課は『京畿道農村社会事情』を刊行している。京畿道で進めていた部落調査の成果の一つである。『京畿道農村社会事情』では、農村振興の単位を部落（洞・里）におくことを主張し、同族部落に模範的部落としての素質を有するところが多いとして同族部落の存在を特筆している。吉田正廣は内務部社会課を兼務しており（『朝鮮新聞』昭和五年一〇月二四日）、吉田正廣の主張が取り入れられている（あるいは執筆に加わっていた）可能性が高い。京畿道の『京畿道農村社会事情』は昭和二年（一九二七）三月に再版されている。当該分野で高い評価を受けていたのであろう。

なお、全京秀『韓国人類学の百年』（六三頁）は、この『京畿道農村社会事情』などを小田内通敏が「中心になって作成した」としているが、その根拠は不明である。おそらく岩崎継生「朝鮮民俗学界への展望」の誤読である。

(3)　小田内通敏との出会い

人文地理学者・小田内通敏と吉田正廣

吉田正廣の同族部落調査は、人文地理学者（早稲田大学講師）・小田内通敏（一八七五―一九五四）の朝鮮部落調査と深くかかわっている。小田内通敏（写真4―1）は、早稲田大学、慶應義塾大学で地理学を講じる、当時すでに著名な人文地理学者であった。大正一五年（一九二六）には、後述の今和次郎などとともに人文地理学会を創立、機関誌『人文地理』を創刊した人物である（小田内通敏についてはく人物注記〉を参照）。わが国の人文地理学創始者の一人であった。

小田内通敏は、朝鮮総督府秘書官であった遠藤柳作の推薦により、大正九年（一九二〇）七月末から約一か月間、朝鮮総督府の嘱により朝鮮農村の実地調査を試みた。朝鮮総督府中枢院（朝鮮総督諮詢機関）は風俗調査の附属事業として「朝鮮部落調査」に大正一〇年（一九二一）三月から大正一四年（一九二五）三月まで取り組んだが、小田内通敏はこの朝鮮部落調査を担当した。大正一二年（一九二三）からは本府調査課と協力して、朝鮮部落の沿革・制度・社会状態・経済状態、風俗及び習慣、民家の構造、自然地境、産業状態の調査を進めた。この調査は、斎藤実総督時代の文治主義・文化政治の一環として農村生活改善・農村文化向上の基礎調査としての意義を担った（小田内通敏「小田内通敏略歴」四〇六頁。朝鮮総督府中枢院『朝鮮旧慣制度調査事業概要』一三三―一三四頁、二〇〇

写真4-1　小田内通敏
出典：野村兼太郎・黒正巌・藤本孝太郎・小田内通敏・佐藤弘『経済学全集第三十八巻　商業学　下』改造社、1931年、口絵写真。

—二〇三頁。朝鮮総督府編『施政二十五年史』三一四—三一五頁。山﨑準二「小田内通敏の経歴と著作・関係文献目録」一三〇頁）。

もともと風俗調査は中枢院の旧慣及制度調査の参考事項だったが、大正一〇年（一九二一）から格上げされ、旧慣調査、制度調査と同格の位置づけとなった。風俗調査には、附属事業として朝鮮社会事情調査と部落調査の二つがあった。そのうち、朝鮮社会事情調査を村山智順（朝鮮総督府嘱託）が、部落調査を小田内通敏が担当したのである（青野正明『朝鮮農村の民族宗教』八六頁）。吉田正廣は、本府調査課が朝鮮部落調査に協力することになった大正一二年（一九二三）四月から、京畿道技手との兼任として、本府庶務部調査課（大正一一年一〇月の本府官制改革で新設）の属官を命ぜられた（表3—2）。朝鮮農村の実地調査で、小田内通敏の強力な補助者となるためである。この朝鮮部落調査をきっかけに、吉田正廣は小田内通敏と親交を深めることになる。

「朝鮮部落調査」の実施

朝鮮部落調査において、小田内通敏の強力な調査補助者となったのが、吉田正廣であった。『朝鮮部落調査予察報告第一冊』(序言)には、「諸部落の調査に就いては、京畿道社会事務囑託吉田正廣氏は当初から尽力せられ、又当該道郡庁及面事務所当局者は随時便宜を与え、其の作業を助けられた事を感謝する」とある。ここで吉田正廣の肩書になっている「京畿道社会事務囑託」とは京畿道社会課兼務のことである(『朝鮮新聞』昭和五年一〇月二四日)。

吉田正廣は、小田内通敏の朝鮮部落調査に大正九年(一九二〇)夏の初回の調査から参加した。小田内通敏四五歳、吉田正廣二四歳の夏である。表4—1が翌年大正一〇年(一九二一)調査の踏査日程である。大正一〇年(一九二一)の調査は咸鏡北道を除き各道にわたっている(図4—1参照)。この時、タイプが違う一六の村落調査を足早に(一か所一日か二日で)実施した(小田内通敏「朝鮮部落調査の過程」一二二頁)。

(3) 小田内通敏との出会い

小田内通敏は、担当者の責務として、朝鮮部落調査の経過報告を朝鮮総督府の月刊機関誌であった『朝鮮』に掲載している。「朝鮮部落調査資料(一)」(大正一〇年一一月)、「朝鮮部落調査の過程」(大正一一年五月)、「朝鮮部落調査資料(二)」(大正一二年二月)、「朝鮮部落調査資料」(大正一二年四月)である。そして、調査のまとめとして、『朝鮮之地方住家』(大正一〇年)、『朝鮮部落調査予察報告第一冊』(大正一二年)、『朝鮮部落調査報告第一冊(火田民来住支那人)』(大正一三年)を発刊した。併せて、「朝鮮の生活観」(大正一一年)、「朝鮮火田民の社会的考察」(大正一三年)、「朝鮮の地方的研究」

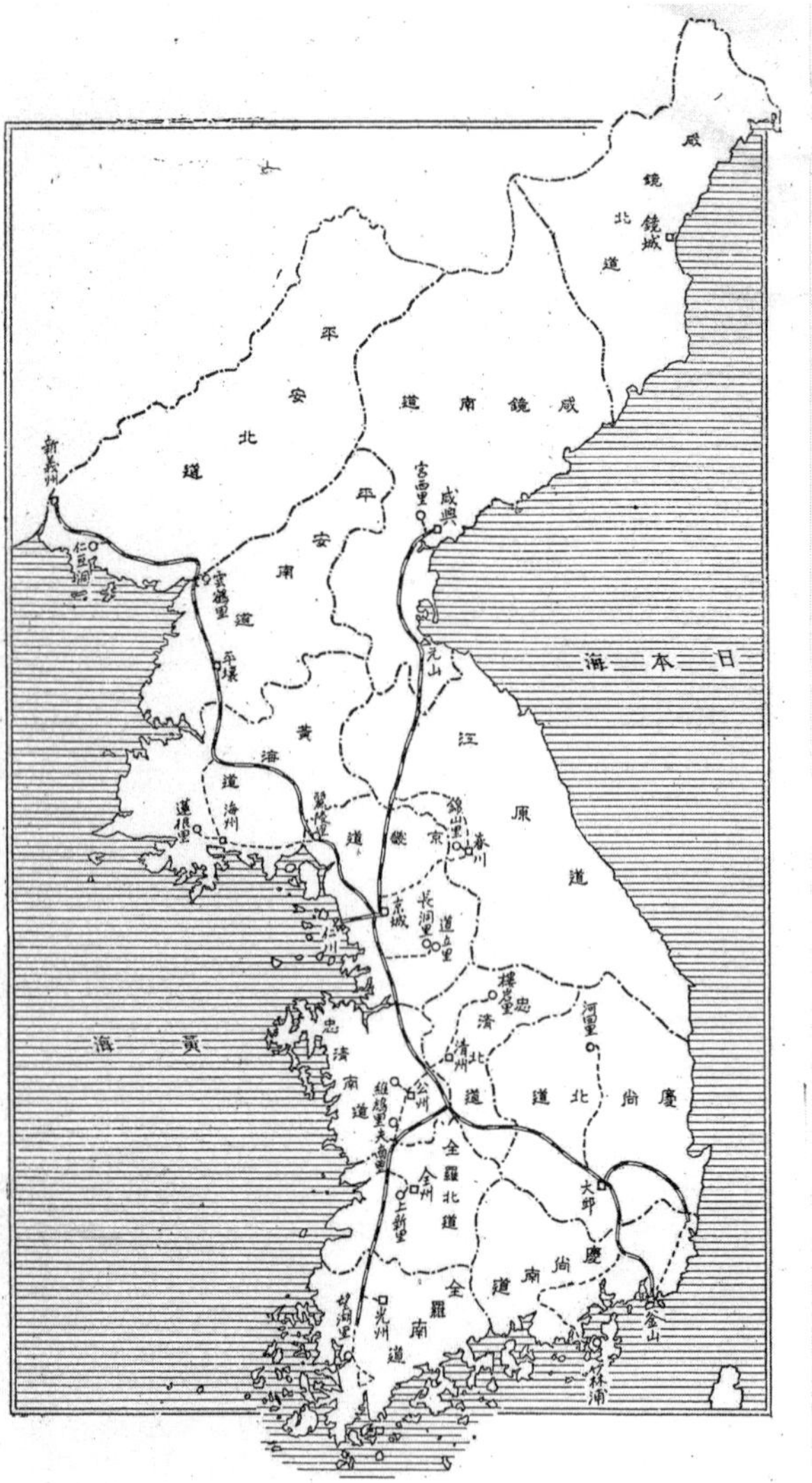

図4-1　朝鮮部落踏査図

出典：小田内通敏『聚落と地理』古今書院、1927年、217頁。

(3)　小田内通敏との出会い

表4-1　小田内通敏・吉田正廣の朝鮮部落踏査日程（大正10年10月～12月）

10月	7日	京畿道	道庁、中西面
	14日	京城帰着	仁川観測所、始興郡庁、総督府
	19日	平安北道	新義州、義州、宣川郡庁、深川面
	23日	平安南道	安州、道庁
	26日	平壌	浮碧楼、大同江、陵羅島、沙里院
	28日	黄海道	道庁、海州、高山面
	30日	京城帰着	
11月	3日	江原道	春川、道庁、西下面、鉄原、元山
	10日	咸鏡南道	咸興、道庁
	13日	京城帰着	
	17日	忠清北道	清州、道庁、可金面
	20日	忠清南道	公州、道庁、論山
	25日	全羅北道	金溝面、道庁
	29日	全羅南道	光州、道庁、霊厳、康津
12月	4日	慶尚北道	道庁、大邱、安東、慶州、仏国寺
	11日	慶尚南道	東莱温泉、釜山、馬山、晋州、道庁、巨済面
	18日	京城帰着	

出典：小田内通敏『朝鮮部落調査予察報告第一冊』4―30頁。

（大正一四年）、「朝鮮の人文地理学的諸問題」（大正一四年）、「朝鮮社会の動向」（大正一五年）を著わしている。この朝鮮部落調査は、初めての本格的な朝鮮農村の実地調査であり、これらの著作は現在でも朝鮮近代史研究で参照されている。なお、従来の地理学者による小田内通敏に関する学史研究（岡田俊裕「小田内通敏の地理学・地理教育研究」などの著作年譜）では、上掲の文献の多くが欠けている。

ちなみに、小田内通敏「朝鮮の人文地理学的諸問題」（一一九頁）に次の文章がある。「更らに之を稲種に見るに暖地に適する神力《しんりき》・穀良都《こくりょうみやこ》の如きは、日本海岸に於ては江原道の南瑞蔚珍・寧越・原州の三郡を北限とし、黄海岸の京畿道に於ては更らに北進して抱川・楊州・長湍の諸郡に及んでゐる[6]」。この文章の注記（6）は、「吉田京畿道技手談」となっている。日本からの導入品種である神力・穀良都の栽培北限を示した文章であるが、吉田正廣からの教示であった。農学校卒・農業技手の面目躍如といったところであろう。

さて、小田内通敏はこの調査に際して、如何に朝鮮社会に対するのか、朝鮮人に向き合うのかを次のように記している。

吾々が共存共栄の使命を荷へる朝鮮に対しての出発点は、先ず暖い心を以て正当に朝鮮を理解せんとする態度にある。暖かい心を以て正当に朝鮮を理解するには、吾々は先づ日本人と朝鮮人との差別観を離れ、人間といふ平等観に立ちて、研究の第一歩を進めねばならぬ。此立場からして、吾々は歴史の研究も芸術の鑑賞も、生きた朝鮮を通して考えたい。今の朝鮮人の生活を背景として考へたい。（小田内通敏「朝鮮部落調査の過程」一一八頁）

いかにせば朝鮮の生活を正当に理解し得べきか。それには先ず材料を忠実に蒐集することが第一の要件である。…京城にはじめてはいる日本人の観光客には、自分はまづ鐘《しょう》路《ろ》に行く事をすゝめたい。…朝鮮固有の居住の町並から家構、其処を往来する朝鮮の方々に接する事を自分は是非すゝめたい。（小田内通敏「朝鮮の生活観」八八頁）

後述するように、吉田正廣も小田内通敏の朝鮮社会、朝鮮人に対する向き合い方を共有していた。小田内通敏が勧めた鐘路通（写真４―２）は、日本人居住者が多い本町通や明治町・黄金町に対して、朝鮮人商店が建ち並ぶ「朝鮮人の商業的本拠」であった（仲摩照久編『日本地理風俗大系』一六、一三〇頁）。

(3)　小田内通敏との出会い

写真4-2　鐘路通
出典：統監府編『大日本帝国朝鮮写真帖：日韓併合紀念』。
注：明治43年（1910）ころの写真である。

今和次郎の朝鮮民家調査

吉田正廣は、早稲田大学教授・今和次郎（一八八八―一九七三）の朝鮮民家調査の協力者でもあった。今和次郎は、わが国を代表する建築学者で、大正六年（一九一七）、柳田國男、石黒忠篤、小田内通敏らと白茅会《はくぼうかい》を作り、民家探訪を行っていた（今和次郎については〈人物注記〉を参照）。大正八年（一九一九）夏からは、石黒忠篤農政課長が農商務省の「農村住宅ならびに副業に関する事務取り扱い」調査の名目で民家調査を委嘱してくれ、国費で全国各地の民家探索が可能となった。それらの民家調査をもとに、その後版を重ねることになる今和次郎『日本の民家』が大正一一年（一九二二）に生まれたのである。この『日本の民家』は建築学における民家研究の位置を明確にし、その後の民家研究の先駆けとなったものである（今和次

郎『日本の民家』一―四頁。日本農業研究所編著『石黒忠篤伝』八三頁。藤森昭信「解説」三三三―三五一頁。黒石いずみ「今和次郎の「民家研究」と「朝鮮調査」」九六頁。岡田俊裕『日本地理学人物事典　近代編二』四〇〇―四〇五頁)。

今和次郎が朝鮮の民家調査を始めたのは、小田内通敏の誘いによる。小田内通敏は朝鮮部落調査の課題の一つであった民家の構造を今和次郎に依頼したのである。今和次郎は、大正一一年(一九二二)九月から一〇月の一か月間、朝鮮を初めて訪れ、京城、平壌、開城、咸興、全州、金泉、大邱、慶州の朝鮮住宅(上流、中流、下流、貧民窟)を調査している。名著・『日本の民家』刊行直後のことであった。その成果が、大正一三年(一九二四)に刊行された朝鮮総督府編『朝鮮部落調査特別報告第一冊(民家)』である。今和次郎はその「序言」に、「総督府嘱託小田内通敏氏、同属吉田正廣氏より色々御教示にあづかりたるを感謝したい」と書き残している。今和次郎「朝鮮の民家(一)」(二七三頁)にも同様の謝辞を記している。今和次郎の調査に、小田内通敏や吉田正廣が同行したのである。この『朝鮮部落調査特別報告第一冊(民家)』は、現在も朝鮮半島の建築史研究の基本資料として利用されている(加藤角一「後記」五〇二頁。冨井正憲「建築家たちの夢と挫折②[朝鮮半島]今和次郎　朝鮮半島の旅」九七―九八頁)。

旧慣及制度調査委員会の廃止

日本政府は、大正九年(一九二〇)の戦後恐慌により財政緊縮(行政整理)方針に舵を切ることになる。特に関東大震災以後、緊縮政策はさらに強化された。朝鮮総督府でも行政整理が実施され、大正一三年（一九二四）一二月には高等官・判任官・同待遇三二〇〇人に達する大規模な人員整理が行われた。同時に、旧慣及制度調査委員会など各種委員会が廃止されたのである（李炯植『朝鮮総督府官僚の統治構想』一七三頁。朝鮮総督府中枢院『朝鮮旧慣制度調査事業概要』八二頁）。

それに伴い、朝鮮部落調査は、大正一三年度（一九二四）で打ち切りとなった（朝鮮総督府中枢院『朝鮮旧慣制度調査事業概要』一三四頁）。その結果、小田内通敏は、大正一四年（一九二五）三月に、四年半にわたった朝鮮総督府の嘱を解かれた（小田内通敏「小田内通敏略歴」四〇六頁）。小田内通敏は、水野錬太郎政務総監に郵送した「朝鮮部落調査私案」（大正一〇年四月一二日付）で、「調査ノ年限」として「大正十年四月ヨリ大正十六年三月マテ六年間ヲ一期トス」と記していた。残念ながら、朝鮮部落調査は中途でストップしてしまったのである。

この行政整理により、庶務部調査課は官房文書課に改組され、善生永助、村山智順などが専任の嘱託として配置された。その後、善生永助や村山智順などは、全四七輯の膨大な朝鮮総督府「調査資料」を残すことになる（櫻井義之「解題」一―七頁）。

(3)　小田内通敏との出会い

中々高く民政上重要視されて居る各種の契も能く整うて居る。古来近郷の人達が崇敬する人物も多く出て、書堂も必ず設けられて孔孟の道を教えて居るが、今は普通学校か私立の学校に改められて居る処もある。宗教は儒教を信奉する外、仏教其他に帰依して居る者は極少い。

（下）

大正八年騒擾の事件突発するや此の種の部落民は率先して妄動に参加した。事件沈静後犯罪捜査に着手したが、此の種の部落では何時も部落内の犯罪を隠蔽する習慣であるので中々骨が折れたそうである。徴税及産業奨励等の成績は概して良好の方で、勧業の模範部落は多く此種の部落である。

近時漸く普通教育が普及して一般に学熱が高くなって来たが、就中此同族部落に於ける子弟の就学率が一番高い。殊に学校の所在が遠くて通学に不便な所では、此種の部落民子弟と基督教徒の子弟の通学が多数を占めて居る。特に女性徒に関して其傾向が著しく認められる。通学に最も不便な地方では書堂が改良されて新しい教科書を教えて居る。或る部落では書堂が廃せられた為め是迄其維持費に充当した興学契の財産を、部落民の子弟中他に遊学するものの学費の補給に当て居る。

次は此部落民の経済状態であるが多くは有福で地主もあり自作農も多い。概して生活程度は均等で生活に窮するという様な極貧者は殆ど認められない。これは人的和合に加うるに昔時有していた社会階級上の或る勢力を以て、生活基礎の最も安全な場所を選定したからであろう。尤も多くの中には余り有福でない部落もあるが、これは祖先の墓や史跡の縁故で寄留した部落か、然らざれば特殊な事変に遭遇した部落である。同族部落は部落創始の原因が歴史的であるだけ、数千年を経た老樹や山水明媚の自然を背景として部落に一入の雅致を添えて居る。その為め朝鮮のムラの景色を描かんとする画家に珍重がられる所が多い。

斯の如く同族部落の生活状態には保守的に団結的に道徳的に鮮明な特色を有して居る此保守的である所に特殊な反対の事情にブッつかると覚醒し易い所がある。経済的にも社会的にも文化的にも進み易い所がある即ち建設的に進み易い素質を持って居る。此意味に於て社会改善に従事する者は、此種の保守的部落を対照として指導上先鞭をつける必要があると信ずる。又朝鮮固有の生活状態経済状態が如何に動きつつあるかを知らんとする研究者には見逃すべからざる好材料であると信ずる。極言すれば此同族部落は実に地方に於ける文化促進の核心であると信ずるのである（完）

出典：神戸大学附属図書館デジタルアーカイブ新聞記事文庫（社会事情5-093）。
原典は、『京城日報』大正11年（1922）12月28日、29日。

(3)　小田内通敏との出会い

資料4-2　吉田正廣の論稿「朝鮮の部落組織」

朝鮮の部落組織

京畿道社会事業囑託 吉田正広

（上）

地方改良の単位は合理的のものでなければならない。行政上の区劃たる郡面よりも地理的歴史的事情の同一な里或は村落の方が徹底を期し得ると思う。即ち其部落の根本的基礎を調査すれば改良施設の条件が生れて来るからである。自分は此意味に於て部落の調査研究に従事して居るが、其結果各地に散在して居る（大抵各面に存在する）李、金、張等色々の同姓族の集団部落が地方行政、農業政策、社会教化上重要なる価値を有する事を確め得た。其詳細は何れ他の方法を以て発表する考えであるが、大体の条件を簡明に述べて見ると元来同族部落が発生したのは、昔文武官や賢人さては忠臣の後裔、又は世々の将相、東西南北の党人が政変其他の色々の事情に依って隠遁した系累の分家によって出来た部落が多い。これ等は社会階級上の地方両班又は土豪の類である。勿論中人であって相当財産を有し勢力を持って居る者が常民の圧迫を逃れ。匪賊に対する防衛上集団した者もある。京畿道二十郡内に於て十数戸以上の同族集団部落は都合七百二十六あるが其大部分は部落全戸の五割以上又は殆ど同族のみの集団である。大きな部落になると百二十戸（人口五六百）に及ぶものがある。斯くの如き一族の大集団は朝鮮に於ける大家族制度の表徴である。同族部落と普通部落の分布状態を図に作って経過年代等を明かにして見ると、農村発達の経路が地理的条件及び歴史的事実と結び着いて明瞭に表現して来る。自分は此方法に依って農村組織の現在及農村発達の歴史を研究することにして居る。

次に同族部落民の社会状態乃至経済状態を挙げて見よう。勿論凡べての部落が同一状態である筈はないから其部落発生の原因と結び着けて考察するのが至当である。然し茲には単に総括的に其特色を示すことにする素より此種の部落民は根が同一族であるだけ何事も共同して種々事故に備えて居る。一人の旧家を中心として住宅も造られて居る。又部落の垈が同族中或一人の所有に帰して居る所が多い。部落には其部落の人達が盟主の如く其腕に縋り自分達の安全もこれに依って図るという中心人物が挙げられて、部落の出来事は斯うした人物に依って円満に解決される。要するに一つの部落は一つの家族であり且一つの立派な自治団体であるのだ。斯の如く元来保守的精神がこびりついて居るから頗る頑迷な者も少くない。而して排他的気分が漲って居るから他の地方から移住することは容易に許さないし、部落の人達も他に移住することを忌むのである。風紀も中々厳粛で娯楽も共同祭祀宴楽も労働も皆共同で相助的である、婦人の交際も特別の風習があって道徳状態が濃厚である。教化も

第5章
釜山府書記時代
—守屋栄夫と吉田正廣—

釜山府庁
出典：郵便絵葉書（坂根嘉弘所蔵）
注：吉田正廣は大正15年（1926）春から昭和2年（1927）9月までこの釜山府庁舎に勤務していた。写真上部には、「（釜山名所）釜山府廳」「鎮海湾要塞司令部検閲済」とある。対馬・釜山・鎮海・馬山の地域は、陸海軍の重要拠点であり、海軍の鎮海要港は陸軍の鎮海湾要塞で守られていた。当時、鎮海湾要塞司令部は鎮海にあった（坂根嘉弘編『軍港都市史研究Ⅵ　要港部編』）。

（1）　守屋栄夫への就職斡旋依頼

大物内務官僚・守屋栄夫との出会い

大正一四年（一九二五）三月、小田内通敏の朝鮮部落調査が打ち切りになった後、吉田正廣は何らかの理由で、一時期、朝鮮総督府及所属官署の現場から離れたと思われる。朝鮮総督府編纂『大正十四年四月一日現在朝鮮総督府及所属官署職員録』に吉田正廣の名前を見出すことが出来ない。休職扱いだったのかもしれない（朝鮮総督府官吏の地位は継続される）。

この間の事情を示唆する資料として、守屋栄夫文書（国文学研究資料館）に残されている書簡類がある。吉田正廣が守屋栄夫に宛てた書簡三点・葉書二点である（守屋栄夫文書については、国文学研究資料館調査収集事業部編『史料目録第一〇三集　守屋栄夫文書目録（その一）』、同『史料目録第一〇四集　守屋栄夫文書目録（その二・完）』を参照。守屋栄夫については〈人物注記〉を参照）。

守屋栄夫《さかお・えいふ》（一八八四―一九七三）は、宮城県出身・東京帝国大学卒の内務官僚で、明治四三年（一九一〇）一〇月に任官、昭和三年（一九二八）一月に高等官一等で内務省を退官後、弁護士、衆議院議員、塩竈市長を務めた。その間、大正八年（一九一九）八月から大正一三年（一九二四）九月まで、朝鮮総督府で秘書課長兼参事官（高等官四等）、庶務部長事務取扱（高等官三等）、庶務部長（高等官二等）を命ぜられている。内務省から朝鮮総督府に転じたのは、水野錬太郎政務総監（前内務大臣で斎藤実第三代朝鮮総督就任に伴う新政務総監）の強い誘いによるものであった。水野錬太郎新政務総監は原敬首相・斎藤実新総督から三・一独立運動後の朝鮮統治体制刷新の人事を一任されており、多数の水野系内務官僚を朝鮮総督府に送り込んだのである（水野錬太郎他「（座談会）朝鮮統治秘話」（一）（二）。守屋孝彦『守屋栄夫日記』。国文学研究資料館調査収集事業部編『史料目録第一〇三集　守屋栄夫文書目録（その一）』五頁。松田利彦「朝鮮総督府官僚守屋栄夫と「文化政治」」一一一頁）。のちに水野錬太郎自身、「これ等の人々は余が無理に勧誘して朝鮮に来て貰つた」と述懐している（水野錬太郎「朝鮮の想ひ出」一一六頁）。この水野人事は、朝鮮総督府にとって空前絶後の大規模な人事異動となった（李炯植『朝鮮総督府官僚の統治構想』九七―一〇四頁）。

守屋栄夫は大物内務官僚の一人で、朝鮮総督府時代、いわゆる文化政治のもと、政友会系内務官僚の大御所・水野錬太郎政務総監の片腕として辣腕をふるった（木村健二「朝鮮総督府経済官僚の人事と政策」二七二―二七四頁。松田利彦「朝鮮総督府官僚守屋栄夫と「文化政治」」一一〇―一一八頁）。朝鮮総督府秘書課長であった守屋は、「総督府の人事と機密費の鍵を握る」とまでいわれた（木村健二「朝鮮総督府経済官僚の人事と政策」二七三頁）。守屋栄夫には、伝記的文献として、庄司一郎『守屋栄夫人、思想、近業、』がある。

(1)　守屋栄夫への就職斡旋依頼

吉田正廣が大物内務官僚・守屋栄夫の知遇を得たのは、前述の小田内通敏の朝鮮部落調査において吉田正廣がその実地調査の強力な補助者となったことによる。朝鮮部落調査時の庶務部長事務取扱・庶務部長は守屋栄夫であり、初代調査課長は有吉忠一新政務総監（水野錬太郎政務総監の後任）の「直参」といわれた大西一郎（のち、横浜市長）であった（朝鮮総督府編纂『朝鮮総督府及所属官署職員録』各年。木村健二「朝鮮総督府経済官僚の人事と政策」二七五頁）。前述のように、秘書課長時代の守屋栄夫は、多くの内務官僚を朝鮮総督府に入れた水野人事の中心人物であり、庶務部長事務取扱就任以前から小田内通敏の朝鮮部落調査に関与していた。守屋栄夫文書の中に、小田内通敏が水野錬太郎政務総監宛に郵送した「朝鮮部落調査私案」「朝鮮部落調査予察概況」（大正一〇年四月一二日付）（整理番号九―一二四―一二五）や大正一〇年（一九二一）一〇月二五日付の小田内通敏から守屋栄夫宛書簡に同封された朝鮮部落調査踏査日程表（大正一〇年一〇月～一二月）（整理番号五―一二九―一一二）が保存されている。また、小田内通敏と朝鮮総督秘書官・守屋栄夫はともに、大正一〇年（一九二一）六月四日、旧慣及制度調査委員会委員を命ぜられている（『朝鮮総督府官報』二六四六、大正一〇年六月七日）。

守屋日記と吉田正廣

松田利彦は、守屋栄夫が朝鮮総督府在任中（大正八年八月～大正一三年九月）の守屋栄夫日記に登場する書簡数や面会数を人物別に整理している。それによると、守屋栄夫は小田内通敏と六回面会し、三二通の書簡を受け取っている（松田利彦「朝鮮総督府官僚守屋栄夫と「文化政治」」一四七頁）。ただ、守屋栄夫日記の現物をみると、日記の「信書」「往来」欄に記載されている「来信」「発信」「来訪」「往訪」の人名は、それに該当するすべての人名が記載されているわけではないことが分かる。「以下数通」「以下拾数通」などと略されている場合がよくあるし、たとえば、吉田正廣から守屋栄夫宛の書簡三点・葉書二点（後述）は「来信」に記載されていない。これらをみると、「来信」「発信」「来訪」「往訪」に記された人名は、それに該当するすべての人名が記載されているわけではないと判断せざるを得ない。守屋栄夫の記憶や印象に強く残った「来信」「来訪」などの人名が、その日の日記に記されたのであろう。その点で限界がある。

以上の限界を承知の上で、筆者（坂根嘉弘）が守屋栄夫日記から小田内通敏との往来件数を数えたのが表5―1である。日記が欠けている大正一二年（一九二三）を除き、大正九年（一九二〇）一月から大正一五年（一九二六）一二月までを検索した。これによると、小田内通敏の守屋栄夫来訪が六回、小田内通敏から守屋栄夫への手紙が二八回、守屋栄夫から小田内通敏への発信が二回となっている。特に、大正一一年（一九二二）が多い。守屋日記からは手紙や訪問の内容は分からないが、大正一一年（一九二二）は小田内通敏が朝鮮部落調査を刊本としてまとめる時期にあたっており、その打ち合わせや報告・確認の往来かと思われる。また、大正一一年（一九二二）九月一四日の日記には、今和次郎の来訪の記録がある。これは今和次郎の朝鮮民家調査（大正一一年九月〜一〇月）の挨拶・打ち合わせだったろう。

(1)　守屋栄夫への就職斡旋依頼

表5-1　守屋栄夫と小田内通敏との往来

	小田内の来訪	小田内からの来信	小田内への発信
大正9年	1	3	
大正10年	2	2	
大正11年	2	19	
大正13年		3	2
大正14年			
大正15年	1	1	
計	6	28	2

出典：『吾家之歴史』『当用日記』（国文学研究資料館守屋栄夫文書）。
注1）日記の「信書」「往来」欄による。
2）大正12年（1923）分の日記は欠けている。

吉田正廣は、守屋栄夫日記に五回登場する。大正一一年（一九二二）四月一五日の吉田正廣の来訪、大正一一年（一九二二）四月一七日、大正一四年（一九二五）九月一七日、大正一五年（一九二六）七月二八日の吉田正廣から守屋栄夫への手紙（来信）、大正一五年（一九二六）四月一日の守屋栄夫から吉田正廣への手紙（発信）である。その具体的な内容は不明であるが、大正一一年（一九二二）のものは朝鮮部落調査に関するものであったと思われる。大正一四年（一九二五）と大正一五年（一九二六）の来信・発信は、おそらく後述の就職斡旋依頼とその結果に関連したものであろう。前述のように、これは守屋栄夫が日記に記した分であり、これ以外にも吉田正廣と守屋栄夫のやり取りは少なからず存在したと思われる。

守屋栄夫への就職斡旋の依頼

守屋栄夫文書には、吉田正廣から守屋栄夫宛ての書簡が三通残されている。すべて墨書きの比較的長い手紙である。①一九二五年（大正一四）一一月一〇日付けの近況報告（病気で欠礼のお詫びを含む）（整理番号八五―一〇―六九）、②一九二五年（大正一四）一一月一四日付けの就職斡旋の依頼（整理番号八五―一〇―七〇）、③一九二五年（大正一四）一二月一八日付けの年末の挨拶方々就職斡旋の再依頼（整理番号八五―一〇―三九）、の三通である。差出人・吉田正廣の住所はすべて鹿児島県伊佐郡羽月村で、守屋栄夫の住所は東京市瀧野川町西ヶ原である。守屋栄夫に就職斡旋の依頼をしていることから、吉田正廣は大正一四年（一九二五）ころに、何らかの理由で朝鮮総督府の現場から離れていたと思われる。その間、郷里の鹿児島県伊佐郡羽月村に帰省していたのであろう。書簡①によると、大正一四年（一九二五）九月末から流行性感冒に罹り、三〇日余りの横臥、高熱による昏睡状態の大患におちいったと近況報告をしている。その四日後の一一月一四日に就職斡旋の依頼状を守屋栄夫に送り（②の書簡）、ほぼ一か月後の一二月一八日に重ねて就職斡旋を願っている（③の書簡）。これらの書状では「小田内先生」（小田内通敏）のことがたびたび登場する。守屋栄夫と吉田正廣をつなぐ共通人物が小田内通敏であることを示すとともに、小田内通敏と吉田正廣が極めて懇意であったことをうかがわせる内容となっている。

小田内通敏は、大正一五年（一九二六）二月下旬から九州の旅に出た。小田内通敏は、雑誌『東洋』に寄せた紀行文「武蔵野の一隅から」に、「二月末から四月にかけ、私は名古屋以西九州まで駆足旅行をやつた」「鹿児島から開聞嶽へと半島の旅、自動車の上からながら、揖宿以南は南国の香の殊に高い事を感じた。海岸にある納屋風の建物の工合何となく南洋の感がある。大島に永く往つたといふ同車の人に聞くとそれが同じだといふ裏書を得た。鹿児島の島津家の磯御殿の御庭の孟宗竹林とデートパーム、これ亦南国の趣を感ぜしめる」（小田内通敏「武蔵野の一隅から」九五―九六頁）と鹿児島訪問の感想を記している。開聞嶽とは薩摩富士といわれる薩摩半島南端の名山で、その東側が指宿温泉となる。島津家の磯御殿は、鹿児島市吉野町にある島津氏の別邸・磯庭園（仙厳園《せんがんえん》）のことで、当時も眼前に桜島が雄大な姿を見せていたはずである。鹿児島市中心部から北方に少し離れており、歩くにはかなり遠い。

(1)　守屋栄夫への就職斡旋依頼

小田内通敏は、この旅の途上、鹿児島県伊佐郡羽月村の吉田正廣を訪ねている。小田内通敏は、大正一五年（一九二六）三月九日朝、夜行列車で鹿児島市に着いた。その日のうちに、薩摩半島と磯庭園を自動車でまわり、その後、北薩の羽月村に吉田正廣を訪ねた。吉田正廣宅で一泊したと思われるが、その折に守屋栄夫に宛てた葉書（整理番号八四―一一―三二）が残されている。大正一五年（一九二六）三月一〇日消印の小田内通敏・吉田正廣連名の守屋栄夫宛て葉書である。消印に「鹿児島・羽月」とある。

そのなかで小田内通敏は、守屋栄夫に吉田正廣の就職斡旋を強く依頼している。曰く「吉田君と会見、出京の熱望はげし。帰京の上詳しく申上げたきも、どうぞ御願します」。当時から守屋栄夫には「世話好き」という評判があり（松田利彦「朝鮮総督府官僚守屋栄夫と「文化政治」」一一六頁）、小田内通敏は守屋栄夫に就職斡旋を依頼したものと思われる。同じ葉書に、吉田正廣は「小田内先生と思いがけない久し振りの対面で全く嬉れしふ御座います。色々忌憚ない先生の御話を承わりまして自分自身を知ることを一層深からしめます。同時に却つて自覚と感謝の念に緊張いたします」と書き添えている。

（２）　釜山府広報誌の編纂と社会問題に関する論稿

釜山府書記に就任

朝鮮総督府編纂『大正十五年五月一日現在朝鮮総督府及所属官署職員録』によると、吉田正廣は大正一五年（一九二六）五月一日現在、釜山府書記である。前述の葉書（整理番号八四—二—三二）によると、吉田正廣は東京方面で職を得たかったようである。それがかなわなかったのであろうか。この間の事情並びに釜山府書記就任に守屋栄夫がどうかかわったかは確定できないが、大正一五年（一九二六）六月一日消印の吉田正廣から守屋栄夫宛て葉書（整理番号八四—三—一三二）では、釜山府庁で都市の研究と彙報発行、社会事業の専任になる旨の赴任挨拶を書き送っている。曰く、

謹啓。途中悄然として紛々な心にも占められましたか、漸く連絡船上の身となりまして意気も進み、愈々当地に参りました。早速登庁いたし拝職、事務の分掌を仰せつかりました。都市の研究と彙報発行、社会事業専任と云ふ事になりましたが、何れ委細は申上けさしていただくことにいたします。甚た畧儀て失礼とは存しましたけれ共、着任の御挨拶迄申上けます。恐懼。

釜山府着任後、早い時期の挨拶状と見受けられる。この文面からは、希望の職が意の如くならず、その代替に釜山府書記の職に就くことになったが、それらに守屋栄夫がかかわっていた、と読めるようである。

釜山府広報誌『釜山』の編纂

吉田正廣は、少なくとも大正一五年（一九二六）五月一日までには釜山府に新たな職を得た。新たな職は、府費支弁の釜山府書記であった。朝鮮総督府編纂『大正十五年五月一日現在朝鮮総督府及所属官署職員録』（二七一—二七二頁）の釜山府職員をみると、府尹《ふいん》（釜山府の長）と理事官各一名（とも

に奏任官）以下総勢八二名（うち嘱託四名）の陣容であった。吉田は月俸七〇円の判任官待遇で、序列は中ぐらいにまで上がっている。釜山府は、慶尚南道の道庁所在地で、大正一四年（一九二五）の人口は一〇・四万人（うち日本人四万人）、三〇万人の京城府に次ぎ、平壌府（一一万人）と並ぶ大都市であった（坂本悠一「一九二〇年代後半における釜山府政」五三―五四頁）。

吉田正廣は釜山府内務係の書記として、釜山府の広報誌『釜山』の編纂を担当していた。前述の吉田正廣から守屋栄夫への赴任挨拶の葉書（整理番号八四―三―一三一）に記されていた「彙報発行」は広報誌『釜山』のことをさしていた。当時の府庁広報誌は『京城彙報』『平壌彙報』『仁川彙報』『木浦彙報』のように彙報を名乗る広報誌が多かった。『釜山』は大正一五年（一九二六）七月創刊の月刊広報誌で、菊版四〇頁～七〇頁ほどの冊子であった。同誌は口絵、巻頭言、主張、研究調査、公文、統計報告、雑報、編集後記からなり、総督府や釜山府の施策の周知、重要事項を広報するのが目的の冊子であった（坂本悠一「一九二〇年代後半における釜山府政」五八―七一頁）。

吉田正廣は、創刊号（大正一五年七月）から第二巻第九号（昭和二年九月）の編集担当者で、奥付に発行人として名を残している。吉田正廣は、昭和二年（一九二七）九月に本府殖産局農務課属に転任しており、その直前まで釜山府広報誌『釜山』の編纂を担当していた。広報誌『釜山』は、現在、釜山広域市立市民図書館にまとまって所蔵されている。吉田正廣が編集したのは大正一五年（一九二六）七月から昭和二年（一九二七）九月であるが、残念ながらそのうち大正一五年（一九二六）分（大正一五年七月から一二月の六号分）を欠いている（坂本悠一「一九二〇年代後半における釜山府政」

六一―六二頁、八一―八四頁)。

広報誌『釜山』掲載の吉田正廣論稿

吉田正廣は、この釜山府広報誌『釜山』に、「調査研究」として、吉田正廣「内地人無産階級婦人と朝鮮婦人出産の社会的考察」(『釜山』八、昭和二年二月)という論稿を掲載した。吉田はこの論稿で、釜山府における朝鮮人の死産割合(一九%)が内地人の死産割合(六%)に比べて三倍ほど高いことを示し、これは社会上の重大問題であり、ここに社会改良上の課題が存すると問題提起をしている。この喫緊の社会問題に対する改善策として「生理的適齢婚姻と科学的出産智識の普及」をあげている。つまり、慣習的な早婚の改善と助産婦の利用を促進するためにその施設を公設する(無料とする)ということを主張しているのである。社会事業専任らしい主張である。ちなみに、当時の朝鮮における結婚年齢(昭和五年)は、夫婦とも二〇歳未満が六七%を占めていた(時事新報社『昭和七年版時事年鑑』五九二頁)。また死亡率は、後掲の表8―3にみられるように、日本内地よりもかなり高率であった。

この論稿は、吉田正廣がそれまでから取り組んでいた朝鮮農村調査とはやや趣を異にしていたが、吉田正廣の社会問題に対する強い関心を示す論稿といえよう。吉田正廣から守屋栄夫への赴任挨拶の葉書(整理番号八四―三―一三一)において釜山府庁で都市研究や社会事業に取り組むことに言及していたが、その成果の一つがこの論稿として結実しているといえよう。

五四

ここは私が書かねばならぬ原稿を多く書き得なかつたこと書きたい、原稿を書くに足る資料が得られなかつたこと及び編輯の粗末さとであるだが然し私の別れる月は來てしまつた、最終の編輯にあたつて特に私は本誌を見ていただいてる各方面及本誌を主幹される上司に私の凡ての足らなさを諒していたゞきます。
私は私の足らなかつた事を異様に心くすぶつたく感じゐます。
最後に私は尚本誌が今後立派な編輯者によつてその價値を高められることを祈り併せて本誌を通し各位の御健康を祈り將來一層の御愛顧を祈ります。

昭和二年九月　吉田正廣

昭和二年九月二十日印刷
昭和二年九月二十五日發行

發行者　釜山府内務係　吉田正廣
發行所　釜山府
印刷人　釜山府富平町二丁目五六番地　川井亮吉
印刷所　釜山府富平町二丁目五六番地　株式會社川井印刷所

資料5-1　『釜山』2（9）（昭和2年9月）の奥付
出典：『釜山』2（9）、昭和2年9月。
注：吉田正廣にとってこの号が最後の編纂となり、離任の編集後記を記している。

この論稿掲載のほぼ半年後の昭和二年（一九二七）九月、吉田正廣は本府（京城府）に転出となった。昭和二年（一九二七）九月発行の『釜山』の「編輯後記」に、吉田正廣は離任の挨拶を記している。その号の奥付が資料5―1である。この中で吉田正廣は、「私はいかにも痩せ我慢的であったが貧弱な頭脳をしぼってでも今日まで此の冊子を持ち続けて来たことは私に満足を感せしめるものである」と、謙遜しながらも自信に満ちた離任挨拶を記している。吉田正廣は、地方官衙から本府への栄転に胸膨らませていたに違いない。

ちなみに、釜山府書記として『釜山』の編纂に取り組んでいた昭和二年（一九二七）一月、実父の堂前正助が亡くなった。その葬儀のため、一時、鹿児島に帰省している。その

写真5-1　堂前家の写真（昭和2年1月）
提供：堂前トヨ子氏
注：堂前正助葬儀の折の写真。吉田正廣は父親の葬儀に際し釜山から帰省した。この写真は、吉田正廣が大口町から写真屋を呼んで撮影したという。右手に見えるのが堂前家の代名詞といわれたイチョウの大木（現存しない）。人物の判別は難しいが、女児は堂前美義の長女。堂前美義・吉田正廣兄弟は間違いなく写っているという（堂前トヨ子氏の教示）。

折の写真が写真5―1である。写真が不鮮明で、残念ながら親族でも吉田正廣を特定できないということである（堂前トヨ子氏の教示）。

第6章
朝鮮総督府属時代Ⅰ
—小作問題への取り組み—

朝鮮総督府庁舎
出典：郵便絵葉書（坂根嘉弘所蔵）
注：朝鮮総督府庁舎は景福宮の敷地内に大正15年（1926）に完成。国立中央博物館として使用されていたが、平成7年（1995）に解体された。

（1）朝鮮総督府への転任と小作問題対策

朝鮮総督府殖産局農務課属への栄転

昭和二年（一九二七）九月、吉田正廣は、釜山府書記から朝鮮総督府殖産局農務課属へ転任となった（朝鮮総督府殖産局『職員略歴』。古庄逸夫「序」一七頁）。その後、昭和七年（一九三二）五月の官制改革で農林局が新設されたため、それ以後は農林局農務課属となる（それまで殖産局が産業全般を統括していたが、殖産局から農林関係が分立して農林局となった）。属は判任文官で「上官ノ指揮ヲ承ケ庶務ニ従事ス」る官吏（「朝鮮総督府地方官官制」）、つまり判任文官で庶務に従事する者の総称であった（印刷局編『大正十一年七月一日現在職員録』六四四頁。氏家康裕「旧日本軍における文官等の任用について」七一頁）。吉田正廣の官吏人生でハイライトとなったのが、この朝鮮総督府属の時代である。吉田正廣は、本府農務課に異動して以降、専任属官として小作関係事務に従事することになる。のちに述べるように、小作問題はこの時期の重要な総督府の政策課題であり、それを一身に担うことになったのである。その意味で、この異動は栄転に違いなかった。釜山府書記であった吉田正廣が、どのような経緯で本府の小作関係事務の専任属官に抜擢されたのかは分からない。

吉田正廣の勤務することになった朝鮮総督府庁舎（京城府、第6章扉写真）は、大正一五年（一九二六）一〇月に完成したばかりの新築建物であった。完成には、大正五年（一九一六）六月の起工以来、一一年の日数を要した。その準備調査は大正元年（一九一二）から始まっており、それも含めると一五年にわたる大事業であった。総経費は六七五万円と、当初計画の二倍に達していた。ルネサンス式五階建て、外面は石造仕上の鉄筋コンクリート構造、東西南三面各階にベランダを設け、庁内の汚水はすべて水洗式（浄化装置で無害化）という最新式であった（岩井長三郎「総督府新庁舎の計画及実施に就て」一〇—二六頁。無署名「（彙報）総督府新庁舎落成式」一〇三—一〇六頁。岩井長三郎は本府内務局建築課長）。

新庁舎はアジア屈指の大建築物であったが、景福宮の正門・光化門を移転し、その跡地に景福宮を覆い隠すように立っていたため、その移転・立地をめぐっては批判がみられた。当初計画されていた光化門の破壊については、民藝運動の創始者・柳宗悦が雑誌『改造』に「失はれんとする一朝鮮建築のために」を公表したことは有名である（鶴見俊輔編集『近代日本思想大系二四　柳宗悦集』二三四—二四〇頁など）。建築学者・今和次郎も新庁舎の立地について、「何時までも朝鮮民族に一種の悪感情を与えるやうに造るのではなかろうかと思ひ、如何にも残念であるやうに感ぜられます。あれは寧ろ総督府庁舎としては其の場所の選定が誤って居るのだと思はれます」と、痛烈に批判している（冨井正憲「建築家たちの夢と挫折②『朝鮮半島』今和次郎　朝鮮半島の旅」九八頁）。

朝鮮総督府の小作問題対策

朝鮮総督府による小作問題対策（小作慣行の調査と小作立法への動き）は、第一次斎藤実総督時代の大正一〇年（一九二一）から翌大正一一年（一九二二）にかけて登場したことがあった。内地での小作立法への動きと連動していた。その後下火となったが、小作立法問題が再び表舞台に登場するのは、大正一五年（一九二六）下半期である。それをうけ、昭和二年（一九二七）から基礎作業として小作慣行調査が動き始めた（朴ソプ「植民地朝鮮における小作関係政策の展開」四一頁）。

朝鮮総督府は、昭和五年（一九三〇）、朝鮮全域一斉に小作慣行全般を対象にした統一的小作慣行調査を実施した（鹽田正洪「小作慣行調査に就て面調査担任者に望む」一八頁。坪井幸生「農地調整法と朝鮮農地令（上）」一八頁）。このような大規模な調査は初めてのことである。この小作慣行調査は、後述する朝鮮農地令（昭和九年四月一一日公布、同年一〇月二〇日施行）の基礎作業となったものであり、この調査をもとに朝鮮総督府編纂『朝鮮ノ小作慣行』上巻・下巻（昭和七年）の浩瀚な調査書が刊行された。これらの小作関係事務を一手に引き受けていたのが、小作関係の専任属官となった吉田正廣だったのである。

この間の朝鮮総督は、宇垣一成総督（臨時代理。昭和二年四月—昭和二年一〇月）、山梨半造総督（昭和二年一二月—昭和四年八月）、第二次斎藤実総督（昭和四年八月—昭和六年六月）で、朝鮮農地令の公布・施行時は宇垣一成総督（昭和六年六月—昭和一一年八月）であった。吉田正廣が本府殖産局に異動となったのは昭和二年（一九二七）九月であったが、それ以降の八年間は、朝鮮総督府が基本施策として、本格的に小作慣行調査を進め、朝鮮農地令制定へ邁進していく時期だったのである。

殖産局農務課・鹽田正洪との出会い

朝鮮農地令制定に向けた小作関係事務について、奏任文官として主任事務官（つまり、吉田正廣の直接の上官）となったのが殖産局農務課事務官（奏任官）の鹽田正洪《しおたまさひろ》（明治三二年八月二三日～昭和四七年八月一四日）であった（写真6—1）。鹽田正洪は、東京府豊多摩郡千駄ヶ谷町（現、東京都渋谷区千駄ヶ谷）で岐阜県出身の楠真道の四男として生まれ、その後、岐阜県揖斐郡大野村鹽田武夫家の養子になった（阿部薫編『朝鮮功労者銘鑑』三四七頁。辻弘範「未公開資料朝鮮総督府関係者録音記録（六）解説　朝鮮総督府時代の農政」三七五頁。人事興信所編『人事興信録』シ一三頁）。表6—1が鹽田正洪の官歴である。鹽田正洪は大正一三年（一九二四）三月東京帝国大学法学部を卒業後、忠清北道内務部地方課属として清州に赴任した。見習い二年後の大正一五年（一九二六）四月一九日に高等官七等に叙せられ、警察官講習所教授、黄海道内務部学務課、忠清北道内務部地方課を経て、昭和三年（一九二八）八月八日に本府殖産局農務課の農政担当事務官を命ぜられた（鹽田正洪については〈人物注記〉を参照）。ここで初めて吉田正廣と出会うことになる。鹽田正洪はその時のことを次のように回想している。

写真6-1　鹽田正洪
出典：『朝鮮行政』1(8)（昭和12年8月）の口絵写真。

小作慣行調査の仕事は、すでに私の拝命前に属

表6-1　朝鮮総督府高等官・鹽田正洪の官歴

大正14年（1925）4月1日	忠清北道内務部地方課属　6等　（兼）学務部勤務
大正15年（1926）5月1日	警察官講習所教授　7等　（兼）総督府属
昭和2年（1927）4月1日	黄海道内務部学務課理事官　7等8級　課長　視学官　従7
昭和3年（1928）4月1日	忠清北道内務部地方課理事官　7等7級　課長　従7
昭和3年（1928）8月8日	殖産局勤務*　6等
昭和4年（1929）4月1日	殖産局農務課事務官　6等9級　正7
昭和5年（1930）7月1日	殖産局農務課事務官　5等8級　正7
昭和6年（1931）7月1日	殖産局農務課事務官　5等7級　従6
昭和7年（1932）4月1日	殖産局農務課事務官　5等7級　従6
昭和7年（1932）7月27日	農林局勤務*
昭和8年（1933）1月19日	農林局林政課長　（兼）農務課長*
昭和8年（1933）4月1日	農林局林政課長　4等6級　（兼）農務課長
昭和9年（1934）4月11日	免農林局農政課兼務*
昭和9年（1934）7月1日	農林局林政課長　4等6級　正6
昭和9年（1934）11月27日	兼任朝鮮總督秘書官　4等*
昭和10年（1935）7月1日	文書課長　4等5級　正6
昭和11年（1936）7月1日	文書課長　3等5級　従5
昭和11年（1936）9月16日	農林局農産課長*
昭和12年（1937）8月1日	江原道内務部長　3等4級　従5勲6
昭和13年（1938）8月1日	江原道内務部長　3等4級　従5勲6
昭和14年（1939）7月1日	殖産局鉱山課長　3等3級　従5勲6
昭和15年（1940）7月1日	殖産局鉱山課長　3等3級　従5勲6
昭和16年（1941）7月1日	殖産局鉱山課長　3等2級　正5勲5
昭和17年（1942）7月1日	企画部長　2等2級　正5勲4
昭和17年（1942）10月23日	農林局長　2等*
昭和18年（1943）12月1日	農商局長　2等*
昭和19年（1944）8月17日	鉱工局長　1等*
昭和20年（1945）8月15日	鉱工局長**
昭和20年（1945）9月14日	米軍政庁顧問**
昭和20年（1945）12月4日	帰還**

出典：朝鮮総督府編纂『朝鮮総督府及所属官署職員録』（各年）。
注：1）「*」は、朝鮮総督府『朝鮮総督府官報』による。各種委員は省略。
2）「**」は、辻弘範「未公開資料朝鮮総督府関係者録音記録(6)解説　朝鮮総督府時代の農政」（376頁）による。
3）昭和7年（1932）5月の官制改革で農林局が新設され、昭和18年（1943）11月の官制改革で、農商局・鉱工局・交通局が新設された。
4）敗戦後、朝鮮総督府終戦事務処理本部整理部長、朝鮮関係残務整理事務所長、朝鮮引揚同胞世話会東京本部副会長、同和協会理事などを歴任（萩原彦三「未公開資料朝鮮総督府関係者録音記録(3)　朝鮮総督府の法制について」231頁）。

吉田正広君が専任者として着々調査に関する万端の企画を進めており、併行的に文献史料の収集と研究に、また実地調査に着手していて、私の就任と共に府・面別照会要項を定めるなど、まことに周到な段取りが出来ていた。爾後のこれらの広汎多岐にわたる資料の理解・研究・分類などの困難な仕事も、吉田正広君の旺盛な研究心と、学究的調査能力と、頑健なからだがあったればこそ、集大成しえたものである。(鹽田正洪『朝鮮農地令とその制定に至る諸問題』一頁)

少し後になるが、昭和七年(一九三二)二月の本府殖産局農務課の事務分担表によると、農務課は、庶務、農政、第一農産、第二農産、肥料、蚕業、畜産の各係から成っていた。このうち、農政係は主任(奏任官)一名、属三名、技手一名、雇員三名、臨時雇員一名が配置されており、分担事務は、農業法規、農業団体、農業統計、農業移民、農業経済、献穀、小作慣行調査であった。昭和七年(一九三二)当時の農務課長は湯村辰二郎、農政係主任は鹽田正洪であり、属・吉田正廣は農業法規の担当となっている(朝鮮総督府殖産局『農林関係事務分担表』)。

鹽田正洪はのちに鉱工局長・高等官一等(勅任官)にまで昇りつめる人物であり、朝鮮総督府内では優秀な行政官として早くから名声が高かった。昭和一〇年(一九三五)刊行の『朝鮮功労者銘鑑』は、鹽田正洪を朝鮮農地令制定の最大の功労者で、「頭脳明徹、而も熱血漢」と評し(阿部薫編『朝鮮功労者銘鑑』三四七頁)、『朝鮮行政』の「朝鮮官僚論」は、「現下半島の事務官群中に君臨する逸材、人物重厚」、農林畑「方面における半島の権威者、将来の農林局長として最も有力な候補者」と評している(須麻守人「朝鮮官僚論」a 一三一頁)。

(1) 朝鮮総督府への転任と小作問題対策

写真6-2　渡邊忍
出典：『自力更生彙報』8（昭和9年4月30日）、2頁。

鹽田正洪の小作問題に関する当時の著作には、「朝鮮の小作問題」（昭和五年）、「舎音を廻る朝鮮の小作慣習」（昭和六年）、「打租法及執租法の法律的性質ニ関スル調査」（昭和七年）、「朝鮮の小作慣習」（昭和九年）、「朝鮮農地令の概要並に其の施行状況」（昭和一二年）がある。このうち、「打租法及執租法の法律的性質ニ関スル調査」は、学習院大学東洋文化研究所友邦文庫（朝鮮総督府資料など朝鮮関係資料文庫）の所蔵で、吉田正廣との共著となっている。昭和七年（一九三二）三月に渡邊忍殖産局長宛に提出した復命（調査書）である。別途、鹽田正洪『打租法及執租法の法律的性質に関する私見』（刊行年未詳）として公刊されているが、執筆には吉田正廣が多くかかわっていたと思われる。

この後、農政係主任事務官・鹽田正洪とその鹽田が学究調査能力の高さを認めた属・吉田正廣がコンビを組んで、小作慣行調査・朝鮮農地令制定へと邁進することになるのである。殖産局長であった渡邊忍（写真６―２）は、昭和七年（一九三二）七月に新設された農林局の初代局長に就任しており、朝鮮農地令制定へと邁進する鹽田正洪・吉田正廣の上官となる人物である（渡邊忍については〈人物注記〉を参照）。

臨時小作調査委員会による小作慣行改善の答申書

吉田正廣は、鹽田正洪が本府農務課の農政担当事務官につく一年近く前に農務課に着任しており、その間に小作慣行調査の準備を着々と進めていた。朝鮮総督府では、ちょうどその時期に、小作慣行改善に向けた施策が急ピッチで進むことになる。

昭和三年（一九二八）二月、臨時小作調査委員会（委員長・殖産局長池田秀雄、幹事・農務課長渡邊豊日子）が設置され、同年二月八日の第一回会議以降同年五月までに一八回の委員会が開催された。その小作慣行改善の答申書が昭和三年（一九二八）五月一九日に山梨半造朝鮮総督に提出された。その内容は、立法事項と行政事項に分かれていた。立法事項が後に朝鮮農地令につながるものであり、行政事項が総督府の行政指導によって小作慣行改善を早急に進めるものであった。後者の行政指導は、行政務総監による「小作慣行ノ改善ニ関スル件通牒」としてすぐに実現することになる（無署名「〈彙報〉臨時小作調査委員会」一三五頁。朝鮮農会「農界時事」a　五七―五八頁。朝鮮総督府殖産局農務課『朝鮮ニ於ケル小作ニ関スル法令』一五一―一六九頁。鹽田正洪『朝鮮農地令とその制定に至る諸問題』三七頁）。

鹽田正洪が農務課に着任したのは、ちょうどこの時期である（鹽田正洪『朝鮮農地令とその制定に至る諸問題』一頁）。着任に際し、上司の渡邊豊日子農務課長から、一般農政事務のほか特に小作慣行調査と小作立法（上述の小作慣行改善答申書の立法事項）の研究をするようにと命ぜられている（鹽田正洪『朝鮮農地令とその制定に至る諸問題』一頁）。着任直後の昭和三年（一九二八）八月二五日には、渡

写真6-3　小作慣行改善懇談会（昭和3年9月25日）
出典：『朝鮮農会報』2(11)（昭和3年11月）の口絵写真。
注：朝鮮農会主催の小作慣行改善懇談会の風景。昭和3年（1928）7月通達の小作慣行改善要綱（「小作慣行ノ改善ニ関スル件通牒」）について、朝鮮農会が有力地主など関係者を集めて開いた懇談会。本府の小作慣行改善実行に対する批判が繰り広げられた。

邊豊日子農務課長の務めていた臨時小作調査委員会幹事に就任した。

昭和三年（一九二八）七月二六日、臨時小作調査委員会の答申に基づいて「小作慣行ノ改善ニ関スル件通牒」（小作慣行改善要綱）が政務総監名により各地方長官に通達された（朝鮮総督府殖産局農務課『朝鮮ニ於ケル小作ニ関スル法令』一六九―一七三頁）。その内容は、所有権移転に伴う小作権移動と小作料引き上げの禁止、小作期間を三年以上とすること、舎音《しゃおん》《マルム》の弊害是正など、明らかに小作慣行を小作人保護的に、小作人に有利に改善しようとするものであった。のちに詳しく見るように、当時の小作慣行は、不定期・短期の小作期間、小作権移動の激しさ（小作人が短期間に入れ替わること）、舎音（ビジネスとしての小作料徴収代理人）の一般的存在とその横暴（小作料の引き上げ、土地取り上げ＝小作権移動等）など多くの問題があり、それらが農事改良の進展を妨げていた。朝鮮総督府の小作慣行改善要綱では、これらの改革が目指されたのである。小作慣行改善の実行には、在朝日本人地主を中心に少なからず反発を招いた（無署名「小作慣行改善懇談会速記録」一五―五九頁）。

その後、昭和四年（一九二九）からは各道に小作官（奏任官）、小作官補（判任官）が配置され、続いて、昭和八年（一九三三）二月には朝鮮小作調停令が施行された（朝鮮農会「農界時事」b 八五―八七頁。朴ソプ「植民地朝鮮における小作関係政策の展開」四一頁など）。その背景には、小作争議の増加があった。小作争議の件数は、大正九年（一九二〇）から大正一一年（一九二二）頃には二十数件であったものが、大正一二年（一九二三）以降二百件前後にまで増加し、昭和二年（一九二七）二七五件、昭和三年（一九二八）一五九〇件、昭和四年（一九二九）四二三件、昭和五年（一九三〇）七二六件、昭和六年（一九三一）六七六件と急増していた（朝鮮総督府農林局『朝鮮農地年報（第一輯）』五―七頁）。小作争議は、小作慣行の弊害、欠点に由来するとみられていたから、この点からも小作慣行の是正が急務の施策とされたのである。

（２）朝鮮の小作慣行―日本との比較―

朝鮮の小作形態

朝鮮の小作慣行は具体的にどのようなものであったろうか。同時代の日本と比較しながら確認しておこう。表６―２を参照いただきたい。以下、日本の小作慣行は農商務省・農林省による小作慣行調査書（大正元年、大正十年）、朝鮮の小作慣行は吉田正廣が編纂した『朝鮮ノ小作慣行』上巻による。

朝鮮の小作慣行は、日本よりも多様であった。たとえば、小作形態は、日本では普通小作（定量小作）が一般的で刈分小作がごく一部に存在するに過ぎなかったが、朝鮮では、打租（刈分小作）、定租（定量小作）、執租（検見小作）の三種が存在していた。打租（刈分小作）の割合は田五二％、畑三八％であり、朝鮮では刈分小作が多かった。打租（刈分小作）とは、あらかじめ決められた分配割合（定率）で生産物を地主と小作が分け合う分益小作である。執租（検見小作）も分益小作であるが、小作料率は収穫直前に当事者が立会検見を行い決定した。執租（検見小作）は、田一六％、畑一％でそれほど多くはなかった。小作料が現物であるのは日本と共通していたが、日本の小作料が玄米納入であるのに対して、朝鮮では籾での納入であった。したがって、籾を玄米にする籾摺り業者が別途ビジネスとして存在していた。

小作地率（昭和五年）は田六七％、畑四九％とかなり高い（日本は、田五四％、畑四一％）。農家戸口は総戸口の約八割を占めたが、その農家のうち、自小作農は三一％、小作農は四七％、合わせて七八％であり、小作地を耕作する農家が約八割と圧倒的に多かった。日本は自小作農四二％、小作農二七％である（昭和五年。小早川九郎編著『朝鮮農業発達史　資料篇』九一頁、九九頁。加用信文監修『都道府県農業基礎統計』二一―四頁）。それだけに農業政策における小作関係事業の比重は大きかった。

(2)　朝鮮の小作慣行

舎音の横暴

朝鮮の小作問題として特筆されるのが、舎音《しゃおん》《マルム》の弊害である。鹽田正洪も雑誌『東洋』に掲載した「舎音を廻る朝鮮の小作慣習」でその問題性を特筆している。舎音は、地主から小作地の管理や小作料の徴収を委任された地主の代理人である。日本にも類似の差配人が存在したが、その弊害が問題視されたことはない。日本の差配人は在村地主が多く（在村の自作・小作人の場合もある）、彼らは「村」社会の一員として自己抑制的に行動した。つまり、私腹を肥やすといった機会主義的行動をとることはなかったのである。それに対し朝鮮の舎音は、非地元民の多さ（舎音になるために来村）、非農業者の多さ、地主の少なさ、つまりビジネスとしての舎音の多さ、という特徴があった。

舎音と地主との関係は、単なる私法的な契約関係、単純な経済取引関係にすぎなかった。舎音と地主との関係はそれ以上ではありえず、日本の差配人のように自己抑制的に行動する制約が与えられているわけではなかった。つまり、舎音には、その経済主体としての行動を制約する何らの規制も与えられていなかったのである。そのような環境であれば、舎音は私的利益を最大化するためにあらゆる

朝鮮の小作慣行	
権利者	根拠
耕作者△	打租、打租でなくても地主が品種改良の際種子を支給、小作契約で指示の場合あり（44、134、406）
耕作者△	打租・地主の小作経営への干渉。干渉の度合いは打租＞執租＞定租。定租は少ない（135）
耕作者×	定期小作・不定期小作とも事実上1年～3年が普通（61,87,93）
所有者○	定期小作・不定期小作ともに地主が自由に更新・解約可能（597～602）
耕作者×	小作権相続の事例・地域もあるが、必ずしも一般的でない（538、590）
所有者○	滞納など契約違反等で地主による小作権移動が頻発（608）
耕作者×	新地主とともに小作権が移動（小作人変更）が普通（590）
耕作者○	原則禁止だが、転貸借の事例は多数あり（447）
耕作者△	小作形態の割合＝田で定租32％、打租52％、執租16％。畑で定租61％、打租38％、執租1％（116）。公租公課の小作人への転嫁（135,560）。舎音による小作権争奪を利用した小作料引き上げ、小作料の過大徴収、金品、無償労働、接待などの要求、舎音への報酬の負担など（648、666）。秋収員、看坪員の経費負担・接待（686、687）
所有者○	定租では小作権争奪が激しく地主の要求額での決定の傾向（139）。打租・執租では半額が普通（152）
所有者△	乾燥、夾雑物の検査が主。上等品でなくとも普通品で可（406）
耕作者○	定租は小作人から請求する減免慣習あり（365）。定租、打租、執租は激しい減収の際に免除あり（350）

農業」162頁（原資料は農林省農務局『大正元年小作慣行調査』、農林省農務局『大正十年小作

地主から小作料徴収などを請け負った小作地管理人。秋収員（打租）、看坪員（執租）は刈取代理人。

(2)　朝鮮の小作慣行

表6-2　日本と朝鮮における小作慣行

	日本の小作慣行	
	権利者	根拠
残余制御権		
作付品目の決定	耕作者○	地主による作付品目指定はみられない
営農方法の自由	耕作者○	地主による営農方法の命令指導はまれ
小作期間	耕作者○	無期限の継続小作
更新、解約の自由	所有者×	無期限の継続小作（地主の自作時を除く）
小作権の相続	耕作者○	家産として承継
債務不履行に基づく解除	所有者×	滞納による解除は一般的でない
第3者対抗力	耕作者○	売買は賃貸借を破らず（新地主の自作時を除く）
譲渡、転貸借の自由	耕作者×	譲渡・転貸借は一般的でない
残余請求権		
残余請求権	耕作者○	現物定量小作料
小作料の決定	所有者△	「村並み」の小作料。理由なき小作料の引き上げは困難
小作米の質	所有者△	米穀検査開始後は、納入小作米の品質を指定
小作料減免請求権	耕作者○	2割減収程度で減免開始。協調的な減免

出典：朝鮮総督府編『朝鮮ノ小作慣行』上巻。坂根嘉弘・有本寛「工業化期の日本慣行調査』)。

注1）朝鮮の小作慣行の括弧内は『朝鮮ノ小作慣行』上巻の頁数。

2）定租は定量小作料、打租は刈分小作、執租は検見法。小作料は籾納入。舎音は調整・小作料徴収・検見に立会い、舎音を監督・査定する地主から派遣された手段を行使することになる。そのため、舎音による私腹を肥やす機会主義的な行動が蔓延し、それが大きな小作問題、農村社会問題となっていたのである。ちなみに、舎音が管理する小作地面積は、総小作地面積の二四％にのぼっていた。日本の差配人が管理する面積は一五％程度であった（坂根嘉弘『日本伝統社会と経済発展：家と村』一六四―一七七頁、二〇〇頁）。

舎音の私腹を肥やす機会主義的行動として、小作人への小作料の過大徴収（地主に渡す小作料との差額をリベートとして取得）、小作料を引き上げるための小作人変更（小作権移動）、小作契約にない金品、無償労働、接待などの要求が横行した。日本の地主は小作料納入完了時に小作人を集めて饗応するのが常であったが、朝鮮ではその逆の現象が生じていた。舎音の機会主義的な行動のため小作権が不安定化し、小作料が高くなり、粗放経営や掠奪農法となる傾向に拍車がかかった。当時、朝鮮社会では「舎音を三年すれば子孫の代まで食える」との俚諺が存在したほどであり、余得の多さから舎音権の売買、舎音争奪が頻発していた（鹽田正洪「朝鮮農地令の概要並に其の施行状況」一七一頁）。この舎音の機会主義的行動を取り締まり、その弊害を抑制するというのが、小作問題対策（後の朝鮮農地令）の第一の課題であった。

朝鮮と日本の小作慣行比較

朝鮮と日本の小作慣行を比較すると、朝鮮では小作人への所有権（残余請求権と残余制御権）の配分が小さいこと、つまり小作権が弱く、小作人の地位が不安定で、あらゆる部面で小作人が不利であることがわかる（表6―2参照）。たとえば、日本では事実上無期限の小作継続が認められていたが、朝鮮では一年から三年の小作期間が普通であり、地主や舎音は自由に小作契約の更新・解約を行い得た。そのため、毎年、小作関係（小作、自小作）戸数の一割程度とみられる頻繁な小作権移動が生じていた。たとえば、昭和五年（一九三〇）では、全小作関係戸数の一一％の小作権移動がみられた（朝鮮総督府編纂『朝鮮ノ小作慣行』上巻、六一一頁）。その他にも、村山智順（朝鮮総督府嘱託）は、対小作関係戸数の年間五％から二〇％の小作権移動がみられたと記している（村山智順『朝鮮の群衆』八頁）。近藤康男（東京帝国大学助教授）は「忠清北道では毎年小作人の移動が年々全小作人の六割に達してゐるといふ。東拓の如き近代的地主においてすら一割に達してゐる」と述べ、内地の小作人移動が二、三％にすぎないことと対比している（近藤康男「朝鮮農地令の役割」）。いずれにしても、高い小作人（小作権）移動率である。

また、小作権争奪が激しいことから、小作料の決定権はいきおい地主・舎音が持つことになり（地主は舎音に任せている場合が多い）、彼らによる小作料の過大請求、金品や無償労働・接待などの要求、公租公課の小作人負担など小作人の経済力を奪う小作慣行が形成されていた。

このように朝鮮の小作慣行では、小作人への所有権（残余請求権と残余制御権）の配分が小さく、小作人の増産誘因を低下させるという問題を生んでいた。小作期間の短期性（小作権移動の激しさ）は、長期的計画的な農業投資（小作人の土地改良投資など）を阻害することになり、機会主義的な掠奪農法を誘発することになった。小作権の移動は、上述のように、小作関係戸数に対して毎年一割強（あるいはそれ以上）という多さであった。

朝鮮総督府農務課長・鹽田正洪は、この点に関して次のような認識を示している。「如何に小作人が肥料をやらうとしても、いつ取返されるか（地主が小作契約を解除するか）知れん状態でありますれば、肥料を入れるといふことも怠り勝ちになり、先ず当年の収穫さへ得られゝば結構だと云ふやうな若干捨鉢的な考へ（掠奪農法）を懐かせるに至りませう、従つて農事改良なぞと云ふことは洵に及びもつかぬことになるのであります」（鹽田正洪「朝鮮の小作慣習」五一〇頁。カッコ内は坂根が補足）。前出の近藤康男も、小作権移動の多さについて「来年は他に奪はれる土地を如何にして愛撫し得ようか」、これが「掠奪農業の真の原因である」と述べる（近藤康男「朝鮮農地令の役割」）。これに対し日本の小作期間の長さについて農政学者・小野武夫は、「小作期間が長ければ、小作者は其土地を愛し且つ土地の肥培に努むるに至るから、自ら其土地の生産力を増進することゝなるのである」と述べている（小野武夫『農村社会史論講』一七四頁）。小作期間の短さは、農業生産力増進に対して阻止的に働いたのである。

さらに、もともと刈分小作は、小作人の努力による増産分のうち一部しか小作人の手元に残らないため（刈分率に従い増産分を地主小作で折半するため）、小作人の増産誘因を阻害する小作形態であった。朝鮮で打租（刈分小作）が多かったことも、農業生産力増強にマイナスの効果をもたらした（鹽田正洪「朝鮮の農業と農家の話」二五八頁など）。

以上のような小作慣行が、鹽田正洪・吉田正廣が直面した朝鮮の小作慣行だった。それを政策的に改善していこうとしたのが、昭和三年（一九二八）の「小作慣行ノ改善ニ関スル件通牒」であり、その立法化が朝鮮農地令だったのである。鹽田正洪・吉田正廣が尽力した朝鮮農地令制定については次章でみることになる。

（3）　朝鮮総督府属時代の吉田正廣の著作

朝鮮農民に関する論考

この時期の吉田正廣の著作としては、論稿二点、著書一点が存在する。まず論稿二点は、下記の二篇である。吉田正廣三二歳の著作である。

吉田正廣「朝鮮の農村生活の研究」『朝鮮農会報』二(三)、昭和三年（一九二八）三月

吉田正廣「朝鮮に於ける小作農民の貧困に関する私考察」『朝鮮社会事業』六(九)、昭和三年（一九二八）九月

前者の掲載雑誌『朝鮮農会報』は、朝鮮農会令（大正一五年一月公布、三月施行）による系統組織・朝鮮農会の機関誌で、昭和二年（一九二七）四月から発刊された。吉田正廣が寄稿した号は、翌昭和三年（一九二八）第二巻の三月号である。もともと『朝鮮農会報』は朝鮮農会の機関誌としてそれ以前から刊行されていたが、朝鮮農会令（大正一五年三月施行）によりそれまでの任意団体の朝鮮農会が解散したため、『朝鮮農会報』は第二一巻第三号（昭和二年三月号）で終刊した。それに伴い、名

称が同じ『朝鮮農会報』が昭和二年（一九二七）四月から第一巻第一号として発刊されることになったのである（無署名「（彙報）朝鮮農会令の発布に就て」一一二―一一八頁。池田秀雄「朝鮮農会の成立に就て」二九―三〇頁。辻弘範「未公開資料朝鮮総督府関係者録音記録（六）解説　朝鮮総督府時代の農政」三八四頁、四五三頁）。

『朝鮮社会事業』は、朝鮮社会事業協会（昭和四年一月発足。前身は大正一〇年四月発足の朝鮮社会事業研究会）が発行する植民地期朝鮮で唯一の社会事業月刊雑誌であった。朝鮮社会事業協会は、政務総監が会長を務める朝鮮総督府の外郭団体で、『朝鮮社会事業』（改題期を含め大正一二年五月から昭和一九年一月に刊行）には、朝鮮総督、政務総監をはじめ、朝鮮総督府の官吏が多数執筆していた（愼英弘「朝鮮社会事業研究会の性格に関する一考察」三三―四二頁。愼英弘「朝鮮社会事業研究会と朝鮮社会事業協会の設立」六―三二頁）。

この二篇とも、吉田正廣が本府農務課属に転じてから一年以内に書かれた論稿である。前者の吉田正廣「朝鮮の農村生活の研究」は、農民の生活と農民生活を支える村落を調査研究する際の方法を述べた論稿である。「農村を見る眼」を養うこと、つまり農民の実際の生活現場である農村に踏み入り、農民の社会生活、経済生活の基礎、変遷、動向、農民の待遇、伝統的風習、特質を質的側面からつぶさに調査することの重要性を主張している。「踏査」の重要性に対する認識は、小田内通敏の主張と共通していた。この論稿であげている調査視点は具体的で、農村調査の経験を前提とした発言であることがわかる。吉田正廣は、京畿道技手・本府属兼任として、大正九年（一九二〇）から大正一〇年（一九二二）にかけて小田内通敏の強力な補助者として朝鮮各地の農村調査に従事しており、これとは別途、自らも京畿道の農村調査を手掛けていた。吉田正廣は「自分は曾つて京畿道内の村落について二十戸以上の村落の分布を調べたことがある」と述べている。この論稿でも、血縁村落（同族部落）が「朝鮮の農村社会の眼」であり「農村社会の核心」と強調しており、同族部落研究の重要性を指摘している。このことは、前述の大正一一年（一九二二）の「朝鮮の部落組織」（『京城日報』）における京畿道の同族部落への言及と符合している。当時の朝鮮農村調査論として、レベルの高い論稿と言える。

後者の吉田正廣「朝鮮に於ける小作農民の貧困に関する私考察」は、小作農民の生活が貧困であることの原因を、収入面と支出面から論じ、かつ農民が貧困でありながらその生活を維持しえている要因を幾つか指摘している。その貧困の理由を約言すれば、「無智」が農民を歴史的不幸に導いているとし、しかし彼らは「無智」ではあっても「愚鈍」ではないのであり、「無智」の殻を破れば農民の生計は向上するであろうと述べている。そのために小作農民の貧困に対して、適切なる施設、制度、政策の徹底的な施策が重要であることを強調しているのである。このような見方は、当時の朝鮮総督府官吏の朝鮮農村・農民に対する一般的な認識であった（松本武祝『植民地権力と朝鮮農民』一六九―一七六頁）。この主張が、のちに吉田正廣が担うことになる朝鮮農地令や農村振興運動につながっていくことになるであろうことは見やすい。

(3)　朝鮮総督府属時代の吉田正廣の著作

また、この論稿には資本主義的商品生産と農家の収入・支出との関連について論じた部分があり、吉田正廣がすでに、資本主義経済論についての社会科学を学んでいたことをうかがわせる。この論稿には、「資本主義的商品生産が彼等の生活に及ぼす支出の損失」という項に、四〇字の伏字がある。おそらく資本主義批判と受け止められる文章があったと思われる。吉田正廣はいつ、どこで、このような資本主義経済論を学んだのであろうか。

『朝鮮新聞』（昭和五年一〇月二四日）に掲載された「官人プロフィール（57）」（吉田正廣の紹介記事）では、「東京において三年間浪人生活」を送り「死物狂の勉強を続けた」と紹介されている。その後、「大正一五年再び渡鮮釜山府社会事業」に従事とあるので、「浪人生活」を送ったのは、釜山府赴任の前ということになる。第5章で述べたように、大正一四年（一九二五）三月に小田内通敏の朝鮮部落調査が打ち切りになった後、吉田正廣は『朝鮮総督府及所属官署職員録』から大正一四年度（一九二五）だけ名前が消える。吉田正廣の経歴の中で三年間の空白（浪人生活）は見いだせず、新聞記事の「東京において三年間浪人生活」は、この一年間の出来事をさしているのではないかと思われる。

吉田正廣が当時の最先端であった資本主義経済論を学んだのは、この時ではなかったろうか。新聞記事には、「どん底生活の経験もあり情熱に燃えて農民運動に投じたこともある」「賀川豊彦を信仰して第三階級に生きることを「モットー」にしてゐたたのもしい男」とも紹介されている。ここでの「第三階級」とは特権階級以外を意味し、特に農民・労働者を指しているものと思われる。賀川豊彦は日本農民組合を設立した社会運動家であるが、当時は農民運動など社会運動が最盛期を迎えており、資本主義批判が多くの知識人を魅了していた時代であった。吉田正廣も当時の時代相の大きな影響を受けていたのであろう。このあたりについては、裏付けになる他の資料が得られないが、資本主義批判による伏字と符合する点ではある。

(3) 朝鮮総督府属時代の吉田正廣の著作

『朝鮮の小作慣行：時代と慣行』の刊行

昭和五年（一九三〇）九月に、吉田正廣は小作慣行に関する次の著作をまとめている。この時期は、本務として小作慣行調査の準備（後述する照会調査と実地調査）を進めていた時期であり、誠に旺盛な調査・執筆活動であった。

吉田正廣『朝鮮の小作慣行：時代と慣行』朝鮮農会、昭和五年（一九三〇）九月

この著作の「序」には、朝鮮農会による次の序文がある。

本書は朝鮮総督府農務課に於て属吉田正廣をして編纂せしめたるものに係り、朝鮮に於ける小作慣行の歴史的変遷を知るに便であるから、材料の譲渡を受け、本会に於て之を上梓することとした。

本書は、「第一編　百年以前の小作慣行」、「第二編　併合前の小作慣行」、「第三編　併合後の小作慣行」の三編からなる五一二頁の大著である。内容は、『牧民心書』、『韓国土地農産調査報告書』、『小作農民に関する調査書』、『小作制度に関する旧慣及現況』などの先行文献から、小作に関する部分を抜き出し、編年別（明治三七、三八年頃の小作慣行など）・地域別（京畿道など）・項目別（小作の種

類など）に編纂したものである。本書をみれば、昭和五年（一九三〇）時点までの先行文献に記載された朝鮮の小作に関する記述を一望のもとに眺めることができる。昭和五年（一九三〇）下半期から朝鮮全体で大規模に行う小作慣行調査の一環（準備）として刊行されたものである。

「朝鮮研究に没頭せる篤学者」

ちょうどこの時期、吉田正廣は『朝鮮新聞』連載の「官人プロフィール（五七）」で、「朝鮮研究に没頭せる農務課の篤学者　独身生活を続けて」として紹介されている（『朝鮮新聞』昭和五年一〇月二四日）。その書き出しは、以下である。ちなみに吉田正廣の結婚は、この記事の翌年となる（毒蝮三太夫「シリーズおふくろ　吉田朝子さん」一五五頁）。

農務課属吉田正廣君はなほ三十四歳の独身生活を続けている『独身主義を奉じてゐる訳では決してなく、ただ偶然結婚の機会がなかったばかりです』と多くを語らないが『何が彼をそうさせたか』といふ事になれば、それは決して諸君のロマンティックな連想を必要としない。彼の精力的な学研心―朝鮮及朝鮮人の実相を見つめる学徒としての彼が配偶者を考える暇がなかったまでである。

この「官人」紹介記事で、吉田正廣は、朝鮮総督府農務課属の仕事のかたわら朝鮮研究に没頭する篤学者として特筆されている。さらに「学界の権威早大教授の今和次郎、小田内通敏等と親交を持ち」、吉田正廣の収集した資料が「小野武夫教授の有力な研究材料として提供されている」と記している。これは、おそらく吉田正廣が記者の取材に答えた内容をもとにしているのであろう。吉田正廣と小田内通敏、今和次郎との交流については第4章で述べた。ここでは、小野武夫についてふれておこう。

小野武夫は、明治一六年（一八八三）生まれで、吉田正廣よりちょうど一回り年長である。小野武夫の学風は、何よりも原資料に基づき、日本農業・農民の実態を明らかにすることにあった。長年の研究成果を『近世地方経済史料』、『日本農民史料聚粋』などの資料集として公刊しつつ、他方で膨大な論稿を残した。農家出身で農学校卒、家業を継承しなかったことは、吉田正廣と同じである。農学校卒業後、代用教員や農商務省雇、帝国農会嘱託など幾つかの職を転々とし、刻苦勉励しながら自らの学風を創り上げていった。昭和六年（一九三一）には法政大学教授となり、社会経済史学会の創立者・重鎮の一人となる。同時代の研究者からは、苦学力行した「篤学の士」「努力の人」とみられていた（野村兼太郎「小野武夫博士を憶ふ」一一一頁。入交好脩「小野武夫先生の思い出」一二二頁。小野武夫については〈人物注記〉を参照）。吉田正廣は自らの境遇と小野武夫の遍歴を重ね合わせ、大いに親近感をもっていたに違いない。吉田正廣が自らの研究を、「「朝鮮の農村及農村生活」の実証的研究」（吉田正廣『朝鮮に於ける小作に関する基本法規の解説』一九―二〇頁）と述べているのも、小野武夫の大いなる影響が感じられる。小野武夫の朝鮮に関する論稿には、「朝鮮に於ける永小作慣習」（一）（二）がある。小野武夫の代表作・『永小作論』（二一四頁）にも朝鮮の永小作についての記述がある。

また同じころ、吉田正廣は、ＪＯＤＫ（社団法人京城放送局。現、ＫＢＳ・韓国放送公社）のラジオ番組で「小作慣習上より見たる朝鮮の農村事情」という講演を行っている（『朝鮮新聞』昭和六年二月二四日）。昭和六年（一九三一）二月二四日（火）七時二五分から三五分間のラジオ講演であった。JODKのこの時間帯（通常日）は、各種講演にあてられていた。京城放送局は、帝国日本の第四番目の放送局として大正一五年（一九二六）一一月に設立、翌昭和二年（一九二七）二月から本放送を開始したばかりのラジオ放送局で、日本語と朝鮮語で放送していた（津川泉『JODK消えたコールサイン』四〇―四一頁、七〇頁）。吉田正廣がJODKで小作問題の講演を担当しているということは、吉田正廣が本府で朝鮮小作慣習についての第一人者と見られていたことを示している。

第7章
朝鮮総督府属時代Ⅱ
—朝鮮農地令と小作慣行調査—

京城府北西部

出典：山本三生編集『日本地理大系』12（朝鮮編）、改造社、1930年、32頁。

注：写真右側中央が朝鮮総督府庁舎、その南に延びる大通りが光化門通。写真の左下の整然とした家並みが吉田正廣家の住んでいた西大門官舎。写真ほぼ中央の整然とした家並みが東拓社宅。

（1）　朝鮮農地令の制定

宇垣朝鮮総督の着任と農村振興運動

小作立法への動きは、昭和三年（一九二八）七月の地方長官への小作慣行改善要綱の後、比較的低調であったが、昭和六年（一九三一）六月の宇垣一成朝鮮総督の着任で俄に積極的となった（鹽田正洪『朝鮮農地令とその制定に至る諸問題』二頁）。宮内庁『昭和天皇実録』第五（八三五頁）によれば、宇垣一成は、朝鮮総督着任に際し昭和天皇に謁見し、「第一に内地人と朝鮮人との融合一致を進めること、第二に朝鮮人の生活の向上に努めること」の二点を強調した。前者がいわゆる「内鮮融和」で、後者が、「朝鮮人に適度にパンを与ふること」と宇垣一成が日記に記し有名になったフレーズである（宇垣一成『宇垣一成日記』二、八〇一頁）。宇垣総督は着任以降、朝鮮農民の生活向上をめざして、農村振興運動と、その前提としての小作立法を強力に推進することになる（宇垣一成については〈人物注記〉を参照）。

農村振興運動（昭和七年―昭和一五年）とは、農家経済更生計画を樹立し、農民の自力更生によって農村振興（朝鮮農民の農業経営、教育、風教、生活の改善、消費節約、思想善導などすべて面での改善、改良）をはかり、農村指導者を養成し、農村組織化を進めて、農家・農村の安定化を図ろうというものであった（大西比呂志・李圭倍「昭和期の朝鮮総督府支配」二四四―二四九頁。李淳衡「植民地工業化論

(1)　朝鮮農地令の制定

写真7-1　昭和初期の朝鮮農家
出典：宇垣一成『伸び行く朝鮮：宇垣総督講演集』80頁。
注：「中農の家屋」との注記がある。

と宇垣一成総督の政策」一六八—一七二頁など）。それは当然ながら、恐慌下の農村貧困問題と深刻化しつつあった農村思想問題・社会主義運動への対応策でもあった。昭和七年（一九三二）七月に農林局を新設し、農林局に農業・農村に関する事務を集約化したのも、宇垣総督の意気込みを示している（朝鮮総督府編『施政二十五年史』六七二頁）。この機構改革により、吉田正廣は殖産局農務課属から農林局農務課属（昭和八年八月農務課廃止後は農政課属）となった。

小作立法に積極的な宇垣総督

朝鮮総督・宇垣一成の考えが率直に表明されていると考えられる日記を見ると、宇垣一成は小作農が自作農になることを農村更生・農村振興の基本と考えていたことがわかる。彼は次のように述べている。朝鮮で多数を占める小作農民が自力、自己の努力により自作農となることが「尤も望む所」である。理想的な農民像は、自立的に生活・経営が可能となる一町歩自作農である。ここに、農村振興運動の「究極の目的」がある。政府は自創事業、小作令、農村負担の軽減、高利債の整理、授業料の減少などで、これを多角的に援助しなければならない。しかし、次善策として、小作農が小作令により十分に保護を受けるようになるのであれば、自作農になることが必ずしも絶対の条件でもない。自作農になることが理想であるが、小作令により正当に保護されるのであれば小作農でも満足すべきである、と述べている（宇垣一成『宇垣一成日記』二、九一六頁、九二六頁、九二八頁、九三四頁）。小作令による小作農の保護→小作農の自作農化→農村更生振興、これが小作令を起点とする宇垣一成の描いていた農村更生の姿であった。したがって、宇垣総督は、自らが推進する農村振興政策の一環として小作立法に積極的であったのである。

朝鮮農地令の起案から公布に至るまでの担当事務官（奏任官）は、鹽田正洪である。鹽田正洪によると、宇垣一成朝鮮総督、今井田清徳政務総監はともに、着任当初から小作立法に積極的だった（今井田清徳については〈人物注記〉を参照）。今井田総監は、昭和六年（一九三一）宇垣一成が総督に親任されるとすぐに、農務局長・渡邊忍と担当事務官・鹽田正洪を呼び、小作事情の説明を求めるとともに、その席で小作法起案を急ぐように指示を出している。おそらく、宇垣総督から今井田総監に事前に指示がなされていたのであろう。鹽田正洪は、宇垣総督が構想する一連の農村政策の中で、小作立法が農村振興運動の「最重要前提条件」と位置付けられ、それゆえ最も重視されていた、と受け止めている（鹽田正洪『朝鮮農地令とその制定に至る諸問題』二頁、九〇頁）。

小作令の起案

殖産局農務課内では、小作立法の具体案は昭和四年(一九二九)から作成されていた。小作令起案のベースとなったのは、昭和三年(一九二八)七月の「小作慣行ノ改善ニ関スル件通牒」(前述)であった。昭和四年(一九二九)六月一〇日付『小作令案(第一稿)』から始まり、昭和六年(一九三一)頃の『朝鮮小作令案(第二稿)』、昭和七年(一九三二)一二月の『朝鮮小作令試案』を経て、昭和八年(一九三三)七月の『朝鮮小作令試案(農務課案)』をもって農務課内で成案を得た(辻弘範「未公開資料朝鮮総督府関係者録音記録(六)解説 朝鮮総督府時代の農政」三八九―三九六頁)。小作令は案を前後七回の書き改め、ようやく農林局案となったとされるが(『北鮮日報』昭和八年六月一四日)、『小作令案(第一稿)』以降との対応関係は明確にしがたい。上述の農務課案は農林局案として成案をえたのち、審議室に回付され、小作令制定打合会にかけられることになる。

さて、小作立法の担当事務官は鹽田正洪であるが、起案したのは担当属官の吉田正廣である。吉田正廣は、この間の事情を次のように記している。

朝鮮農地令は其の間に鹽田林政課長のあらゆる苦心の研究に依て其の骨子が組立てられた、けれ共其の成案を得ることに拍車をかけられたのは此の頃からのことであつた、爾来幾度か稿を改められては審議が重ねられ、愈々昭和九年四月十一日に至つて其の公布を見、続いて其の付属法規の発布を見るに至つたが、結局農地令及其の付属法規の立案や、審議説明に終始して下働きをさして戴いたのは私であった。(吉田正廣『朝鮮に於ける小作に関する基本法規の解説』二一〇―二一一頁)

この文章が書かれたのは、昭和九年（一九三四）一〇月二〇日（朝鮮農地令施行日）である。鹽田正洪は昭和八年（一九三三）一月一九日農林局林政課長を命じられており、この時点では林政課長であった。ただし、昭和九年（一九三四）四月一一日（朝鮮農地令公布日）までは農政課兼務となっていた。なお、文中の「其の成案を得ることに拍車をかけられたのは此の頃」とは、昭和七年（一九三二）九月頃（後述の朝鮮総督府編纂『朝鮮ノ小作慣行』上巻、下巻の刊行）をさしている。

この文章にあるように、小作令案作成にあたって、起案したのは吉田正廣であり、後述する政府筋との折衝を裏方で支えたのも吉田正廣であった。のちに、総督官房審議室・安井誠一郎は、吉田正廣のことを、朝鮮農地令の「謂はば産みの親ともいふべき人」と評することになる（安井誠一郎「序」一三頁）。また、昭和一六年（一九四一）の新聞記事は、吉田正廣を「農地令創案者」とし、「農地令の制定において中心的存在であった」、「昭和九年に実施された有名な農地令は（吉田正廣）氏の手により起草されたものである」（『毎日新報』昭和一六年四月一二日。カッコ内は坂根）と明確に記している。小作立法の担当事務官は鹽田正洪であったが、彼は事務官（高等官）として他のいろいろな業務を抱えており、小作令を起案する余裕はなかった。起案の実務は、属・吉田正廣が担ったのである。吉田正廣は、朝鮮総督府編纂『朝鮮ノ小作慣行』上巻、下巻の刊行に引き続き、昭和七年（一九三二）の本格的な起案作業から昭和九年（一九三四）の朝鮮農地令の施行まで、まさに大車輪の活躍であった。

(1)　朝鮮農地令の制定

小作令制定打合会の開催

昭和八年（一九三三）一〇月二四日から三日間、朝鮮総督府として小作立法の制定へ踏み切ることをオーソライズする小作令制定打合会が、本府第一会議室で本府官吏と本府外関係者の出席のもと開催された。本府からは、宇垣総督、今井田政務総監、渡邊農林局長など関係官吏が出席した。本府外からは、東京の農林省、拓務省、法制局の関係官をはじめ知事、学者、中枢院参議、農業・金融関係団体役員が招かれ、本府成案の小作令試案をもとに意見を聴取した。内地官庁からは、田中長茂農林省経済更生部産業組合課長（革新官僚といわれ、農林省で農地立法を担当。戦後、宮崎県知事）、植場鐵三拓務省殖産局農林課長（のち、拓務次官、内閣綜合計画局長官）、入江俊郎法制局参事官（戦後、法制局長官、最高裁判所判事）が出席していた。

小作令制定打合会の最大の眼目は、この内地関係官とのすり合わせであった。打合会の冒頭、鹽田正洪は担当事務官として、臨時小作調査委員会と小作慣行調査委員会の経過を報告、朝鮮において小作立法化に至った事情を説明した。担当属官であった吉田正廣も、本府側で陪席していたはずである。宇垣総督は、この三日にわたる小作令制定打合会に終始出席、田中長茂や入江俊郎の意見に殊の外熱心に耳を傾けていた（『釜山日報』昭和八年一〇月二六日。無署名「（彙報）小作令制定打合会」一三五―一三六頁。鹽田正洪『朝鮮農地令とその制定に至る諸問題』四頁）。この打合会に本府側一員として陪席していた久間《ひさま》健一忠清南道小作官は、「会議は総督、総監臨席の下に終始異常な緊張の下に熱心なる意見の陳述と討議が行はれ、多大の収穫を収め得た」と記している（久間健一「朝鮮小作令を繞る諸運動の展望」一三四頁）。緊張感あふれる会議だった（久間健一については〈人物注記〉を参照）。

宇垣総督は、小作令制定打合会が終わる直前に鹽田正洪を呼び、書付をもって小作立法について自らの見解を直接に指示した。その内容は、小作期間は五年を下らないこと、永年作物は長期とすること、中間小作（搾取）を取締ること、舎音を厳重に取締ること、反対運動には屈しないこと、の五項目である（鹽田正洪『朝鮮農地令とその制定に至る諸問題』四頁）。

小作令制定打合会で、本府が用意した小作令試案は原案通り承認された。出席委員からは、①定量小作料制にしてはどうか、②だいたいの小作料水準を地域ごとに決めてはどうか、という意見が出たが、現段階で①②を実行するのは困難ということで、原案に落ち着いた（鹽田正洪「朝鮮農地令について」二六九頁）。

朝鮮小作令（農地令）の具体的内容については、後述するので、次に朝鮮農地令の成立までをみておきたい。

朝鮮小作令反対運動

朝鮮小作令に対しては、小作令制定打合会のころから、在朝日本人地主を中心に強硬な反対運動が発生していた。朝鮮農会は、昭和八年（一九三三）一一月二〇日・二一日に、各道代表者約百名、各道農会関係者約二〇名、朝鮮農会関係者約一五名を集め、「全鮮農業者大会」（於：京城府社会館）を開催、小作令制定時期尚早との決議をなし、本府に出頭・陳情した。この大会には本府から今井田政務総監（朝鮮農会長）を始め本府官吏が列席していた。吉田正廣も臨席していたと思われる。在朝日本人地主は、その後も京城あるいは東京で、総督府や政府要路への陳情を盛んに行い、小作令制定阻止の猛運動を展開することになる。反対運動が最も激しかったのは日本人地主が非常に多い米産地の全羅南道・北道の地主達であった（『京城日報』昭和八年一一月一〇日。『京城日報』昭和八年一一月二一日。鹽田正洪「朝鮮農地令について」二七二頁）。

朝鮮小作令への反対理由は、おおむね朝鮮農業の発展段階に対して時期尚早という主張と小作令施行を契機に治安が悪化するのではないかという懸念である（鹽田正洪『朝鮮農地令とその制定に至る諸問題』九〇頁）。確かに当時は、内地で小作法が成立しない状況下で、朝鮮で小作令を施行するのは早すぎるという雰囲気が強かった。第五九議会（昭和六年）で浜口雄幸内閣が小作法案を提出したものの、貴族院で審議未了（衆議院は通過）になっていた。この記憶がまだ生々しい時期であった。また、朝鮮小作令により小作階級の権利が強くなりすぎ、小作争議が頻発、地主小作関係が悪化して、それまで肥料・農具などを供給し農事改良を支えていた地主が営農意欲を失い、資本を引き揚げるのではないかと考えられていた。小作経営が経済的・技術的に地主の援助に依存する必要がなくなるまでは小作令は時期尚早だという意見である（『大阪毎日新聞』昭和九年一月三〇日、一月三一日、二月三日）。また、朝鮮小作令は所有権を拘束するがゆえに、農地の担保価値を低落せしめ、金融が不円滑になり、朝鮮産業の発展を阻害するという議論もなされた（無署名「朝鮮小作令の制定」一九頁。鹽田正洪「朝鮮農地令解説（二）」七頁）。

担当事務官であった鹽田正洪のところにも、反対する日本人地主が度々やってきていた。特にしつこかったのは、熊本農場の熊本利平だったという（鹽田正洪「朝鮮農地令について」二七一頁）。長崎県壱岐出身の熊本利平は、全羅北道で三千町歩の農地（熊本農場）を所有する巨大地主であった。「電力の鬼」として電力業界の大御所であった松永安左ヱ門の義弟（妹婿）にあたる（保高正記・村松祐之『群山開港史』一二二頁。蘇淳烈「一九三〇年代朝鮮における小作争議と小作経営」三一—五頁）。熊本利平は、宇垣総督とサシで話ができる実力者でもあった（宇垣一成『宇垣一成日記』二、八一二頁、一〇〇五頁）。他にも、全羅南道で大農場を経営していた多木久米次郎《たきくめじろう》が朝鮮小作令に強硬に反対していた（『朝日新聞』昭和九年三月一七日）。多木久米次郎は多木製肥所（兵庫県加古川市）で人造肥料製造（過燐酸石灰、硫安、配合肥料）を手掛け、「肥料王」と呼ばれた人造肥料製造の先駆者であった。長期にわたり衆議院議員でもあり、政治的にも経済的にも影響力が大きかった（無署名「多木久米次郎翁」六二一—六二三頁。多木久米次郎伝記編纂会『多木久米次郎』）。多木久米次郎は、永井拓相に一書を呈し、真向から小作令制定反対の意見を開陳し、それをパンフレットとして印刷頒布していた（日本農業研究会編『日本農業年報』第五輯、四二八頁）。

朝鮮小作令制定促進運動

一方、朝鮮人を中心に、在朝日本人地主の反対運動に対抗するとともに、本府を鞭撻し小作令制定を促進する運動が展開していた。昭和九年（一九三四）一月一六日には有志が集まり、朝鮮小作令制定促進会を組織し、在朝日本人地主の反対運動に対抗する運動を展開した。もともと朝鮮人地主は小作令制定に反対する者は少なく、「朝鮮小作令は、朝鮮人中一部少数の地主を除く外は、何れも多大の賛意を以て迎へられてゐる。真の耕作農民たる小作人は云ふに及ばず、識者、主義者、否多くの朝鮮人地主に於てすら之が制定は極めて機宜の社会立法なりとして支持されつゝある」とみられていた（久間健一「朝鮮小作令を繞る諸運動の展望」一四二頁）。朝鮮日々新聞、朝鮮経済日報、朝鮮新聞の社長・副社長も小作令制定を支持していた（無署名「朝鮮小作令の制定」二〇―二一頁）。小作令制定をめぐる政治状況は、「朝鮮としては珍しく緊張した場面を展開して、満洲に視聴を奪はれた世人に、朝鮮の存在を烙印するの起縁をつくつた」（松村松盛「朝鮮小作令問題をめぐりて」一五頁）。吉田正廣も担当属官として、この騒然とした政治渦中にいたのである。

宇垣日記には、地主の反対運動に対して、「遺憾」とする記述が度々登場する。昭和八年（一九三三）一二月一七日の「前月来地主側が時期尚早なりとの声を挙げたる事は遺憾である」が最初である（宇垣一成『宇垣一成日記』二、九三二頁）。「前月」というのは、一一月の「全鮮農業者大会」のことであろう。宇垣総督は、地主小作間の対立関係を和らげ、共存共栄の精神を十分に注ぎ込むことが朝鮮農民の幸福であり、朝鮮農業の発達のために必要であるとの見地から立案したのにかかわらず、「地主側が反対意思を表示することは対立意思を煽動するものである。実に遺憾とせざるを得ぬ。……尚早として反対の声を挙ぐる如きは短見の極と謂ふべきなり矣」（宇垣一成『宇垣一成日記』二、九三二頁）と、地主の反対行動を嘆いている。

拓務省との協議

朝鮮小作令案は、農務課内で成案を得たのち、総督府における昭和八年（一九三三）一〇月の小作令制定打合会で原案通りに可決され、その年の内に東京の拓務省・法制局での審議にまわった。朝鮮では、朝鮮総督は行政のみならず立法の権限も握っており、議会の協賛を経ずして、内地の法律にあたる制令を制定することができた。制令の制定には天皇へ上奏し裁可を承ける必要があったが、朝鮮総督から上奏・裁可を請う手続きとしては、「拓務大臣ニ由リ内閣総理大臣ヲ経」ることになっていた（山崎丹照『外地統治機構の研究』二四一―三九頁）。つまり、朝鮮小作令制定の具体的手続きとしては、拓務省との協議、法制局の審査を通過したのち、閣議への上程と閣議決定、上奏・裁可を得て、朝鮮総督が公布し、制令の施行ということになる。したがって、制令公布までに山場となるのは、拓務省・法制局の審議と閣議決定であった。

宇垣総督は、拓務省、法制局との審議を、審議室事務官の安井誠一郎（戦後、東京都知事）、岸勇一（戦後、天理大学々長）に託した。中心になったのは総督官房審議室の首席事務官（文書課長兼務、高等官二等）であった安井誠一郎で、同じ審議室事務官・岸勇一（文書課兼務、高等官五等）とともに、政府筋への了解工作を命ぜられた（安井誠一郎・岸勇一については〈人物注記〉を参照）。昭和八年（一九三三）一二月一六日、安井誠一郎と岸勇一は、拓務省・法制局との協議のため東上した。昭和九年（一九三四）の新年早々には、池田清警務局長（高等官一等）が加勢にはいった（『毎日申報』昭和八年一二月一七日。鹽田正洪『朝鮮農地令とその制定に至る諸問題』七頁。小野久太郎「小作人から観たる朝鮮小作令」六五頁。朝鮮総督府編纂『昭和九年七月一日現在朝鮮総督府及所属官署職員録』五頁、一六頁)。鹽田正洪や吉田正廣は担当事務官・属官として、彼らを援護・補佐する立場にあった。

ちなみに、池田清は鹿児島県揖宿《いぶすき》郡頴《え》娃《い》村の出身で、吉田正廣と同じ薩摩出身である。宇垣総督に懇望され本府警務局長の重責を担っていた(淵上福之助『朝鮮と三州人』一八二頁。阿部薫編『朝鮮功労者銘鑑』三二一―三二二頁)。当時、朝鮮官界では薩摩の出世頭であった。

岸勇一は、この時の苦労の一端を次のように回想している。朝鮮小作令を「愈々東京に持つて行く時には地主の反対は一層猛烈になり、私達担任の者二人は夜逃げ同然、彼等に気付かれないようにして、夜こつそりと、その案を持つて東上した」(岸勇一「在鮮二十年の思い出」七頁、一三頁)。「私達担任の者二人」とは、岸勇一と鹽田正洪である。鹽田正洪も「昭和八年も終わりに近づいた頃、岸審議室事務官(元天理大学々長)と私は、人目を避け、竜山駅から乗車して東京に向った。一足おくれて安井審議室主席事務官(元東京都知事)が上京し、専ら総督の意を体して政府筋に対する諒解工作に当った」(鹽田正洪『朝鮮農地令とその制定に至る諸問題』七頁)と述べている。龍山駅(京釜本線)は京城駅の一つ南側(釜山側)の駅である。龍山は朝鮮軍司令部の所在地であり、第二十師団の駐屯地であった。

(1) 朝鮮農地令の制定

拓務省との協議は比較的順調に進行した。昭和八年(一九三三)一二月二四日、安井誠一郎と岸勇一は、拓務省側(次官・局長・課長)との連合協議会に臨んだ。安井・岸は朝鮮農村、殊に地主小作関係の現状について詳細に説明し、長時間の協議の末、「大体意見の一致」をみた(『朝日新聞』昭和八年一二月二四日)。続いて一二月二七日には、永井柳太郎拓務大臣の了解を取り付けることができた(『読売新聞』昭和八年一二月二八日)。これで第一の山場を越えた。朝鮮小作令は、その後、法制局の審査に回付された。

難航した法制局の審査

法制局の審議は、森山鋭一参事官(高等官三等)が主査で、入江俊郎参事官(高等官三等)がその補佐役であった。鹽田正洪は、「下端の役人」としては異例ながら、直接に永井大臣や黒崎定三法制局長官への説明にあたったという(鹽田正洪「朝鮮農地令について」二七四頁。鹽田正洪『朝鮮農地令とその制定に至る諸問題』七頁)。

昭和九年(一九三四)一月一八日、朝鮮総督府(安井誠一郎事務官)は前触れもなく、東京で朝鮮小作令要綱を発表した(『朝日新聞』昭和九年一月一九日。『大阪毎日新聞』昭和九年一月一九日。無署名「朝鮮小作令の制定」一二二頁)。要綱発表について、久間健一忠清南道小作官は、「突如発表せる」と表現している(久間健一「朝鮮小作令を繞る諸運動の展望」一五四頁)。この日までに最短小作期間の問題を除き、拓務省、法制局、朝鮮総督府の三者の意見は一致していた。法制局がこだわり、この時点で合意できていなかったのは、最短小作期間である。朝鮮総督府案は、宇垣総督が小作令制定打合会で鹽田正洪に指示したように(前述)、最短小作期間を五年としていた。法制局はこれに難色を示し、三年説を主張していたのである(できる限り現状との変革幅を小さくしようとしたと思われるが、その真の理由は不明)。

最短小作期間を除き三者は意見の一致をみたので、早期の成立を図りたい朝鮮総督府は、地主の反対運動への対応策の意味もあり、朝鮮小作令要綱を突如発表したのである。小作令に反対する地主の間では、拓務省から漏洩したとされる、朝鮮総督府案よりも地主にとって厳しい内容の小作令案が流布しており(『京城日報』昭和九年四月一五日)、それが反対運動に油を注ぐ形になっていた。反対地主は小作令が小作人擁護の一方的保護法規であることを反対理由にしていたが、朝鮮小作令要綱の発表により第五九議会に提出された内地の小作法案とはその内容を著しく異にしており、「善良な小作人と善良な地主を擁護せんとする公平無私な案である」として、反対論は急速にしぼんでいった(『朝鮮民報』昭和九年一月二二日)。また、朝鮮総督府は朝鮮小作令を昭和九年(一九三四)秋に施行して、次年度の小作契約から適用したい意向を強く持っていた(『朝日新聞』昭和九年一月二六日)。

小作令に反対する地主は、出来うる限りのコネを利用して、政府要路に反対工作を行っていた。東上しての直接陳情、打電や手紙・文書送付といった方法をとったと思われるが、今のところその具体的な状況はわからない。斎藤実内閣の文部大臣は鳩山一郎であったが、「鳩山さんが当時、反対運動の先頭に立っていた」という(鹽田正洪「朝鮮農地令について」二七四頁)。反対地主から鳩山文相や農林省への工作があったためか、政府筋の空気も朝鮮総督府には冷たく、それに気脈を合わせた法制局の審議も緩慢であったと言われる(鹽田正洪『朝鮮農地令とその制定に至る諸問題』七頁)。ちなみに、鳩山家は咸鏡北道で鳩山農場を経営していた(無署名「楽山水利と鳩山農場」一二二頁。井上則之『朝鮮

(1) 朝鮮農地令の制定

米と共に三十年』一〇三―一〇六頁）。その利害関係があったのかもしれない。

このような状況のなかでも、宇垣総督の小作令制定に対する熱意・決意は揺らぐことはなかった。宇垣一成は日記の中で、「小作立法を尚早として反対する連中は余の人格を確かと承知して居らぬらしい。…余は断じて之を決行する。之を提案する迄には長年月に渉り考慮し之を講究したる結果也。法が実現するか余が半島を去るか、の何れかに帰すべしとの決意は最初より存しあり」（宇垣一成『宇垣一成日記』二、九四三―九四四頁）と断固たる決意を記している。鹽田正洪が経過報告のために朝鮮総督府に一時帰った時も、宇垣総督から「朝鮮の農民の惨状というものは、鳩山や、永井に判るわけがない。一番判つているのは総督のオレだ。オレが責任を持つと言えば何も文句はないだろう」という安井誠一郎への伝言を託されている（鹽田正洪「朝鮮農地令について」二七五頁）。後述のように、この時期、鹽田正洪と吉田正廣はこれらの政府筋への了解工作を裏方で支えていた。

朝鮮小作令反対運動の鎮静化

地主の小作令反対運動は、昭和九年（一九三四）一月中には鎮静化していく。その要因として第一に、前述の朝鮮小作令要綱の発表により、小作令が反対地主連に流布していたほど厳しい内容でないことが分かったことがある。今井田政務総監が一月二五日東上した折の記者会見で、「小作令は当初相当地主側に反対もあつたが総督府の要綱発表後は忽ち緩和され、一般の誤解も一掃せられたやうなので近く正式手続を経て公布出来るだらう」（『報知新聞』昭和九年一月二七日）と語っていることからもうかがうことができる。

鎮静化の要因として第二に、小作令に反対する地主側と小作令を支持する朝鮮人側・小作人側との双方への運動抑制・鎮圧の効果があったと思われる。宇垣総督は、「思想運動者」が策動する運動の抑制を「厳命」すると同時に、地主による小作令反対運動にも「某程度の制裁」を加えていたと日記に記している（宇垣一成『宇垣一成日記』二、九五〇頁）。その具体的内容は明らかではないが、『時事新報』（昭和九年一月一八日）は、「朝鮮農民がこの法令に対して賛否の声を挙ぐるや之に対して断乎として弾圧を加え、小作令に対する言論、出版の一切は禁止し、集会をも禁止するの弾圧手段を執りつつある」と報じている。忠清南道小作官・久間健一は、賛否の両派に対し、ある程度の慰撫を加え軽挙を誡めるとともに、朝鮮人地主にして上京委員の指令其他により上京せんとするものには内地渡航許可証の交付を中止せしめた、と記している（久間健一「朝鮮小作令を繞る諸運動の展望」一三八頁）。池田清警務局長を朝鮮小作令の了解工作に加勢させたのは、賛成・反対の双方に対して治安警察面での取締りを強化する意味があったのであろう。

宇垣総督の地主の小作令反対運動に対する基本姿勢は、①小作令案の修正を地主の要望に応じて行うことは、むしろ地主小作間対立を悪化せしめるので断じて行わない（小作令案を修正するのは中央政府との折衝の場合だけである）、②この立法の責任は朝鮮総督と中央政府がすべて負担する、というものであった。鹽田正洪に、地主に妥協しないように釘を刺していたのもそのためである。宇垣は一月一七日の日記に「今日迄の経過大体思ふ壺に嵌り来れるが如し」と記している（宇垣一成『宇垣一成

(1)　朝鮮農地令の制定

日記』二、九四五頁)。安井誠一郎は、戦後、朝鮮農地令の制定について「各方面で相当の非難もあり抵抗もあったが、これも宇垣さんの強い実行力と政治力で押し切った」と回想している(安井誠一郎「私の履歴書」二八五頁)。

朝鮮農地令の成立

朝鮮小作令要綱の発表から一週間後、拓務省、法制局、朝鮮総督府三者間で唯一残っていた最短小作期間問題は、朝鮮総督府側が法制局の三年説に合意(譲歩)する形で折り合った(『朝日新聞』昭和九年一月二五日)。これで朝鮮小作令は拓務省、法制局、朝鮮総督府三者の意見の一致をみたのである。続いて二月五日には、今井田総監が斎藤実首相を官邸に訪問、小作令その他につき協議を行った。これをうけ、近く閣議決定との報道がなされた(『東京朝日新聞』昭和九年二月六日)。斎藤実首相は元朝鮮総督でもあり、小作令法案に好意的であったといわれる(『読売新聞』昭和九年一月二〇日)。

三者間の合意がなり、法制局で制令条文について審査が行われていた一月中下旬、閣内では、後藤文夫農林大臣と鳩山一郎文部大臣が朝鮮小作令について依然難色を示していた。後藤農相は、小作地の転貸禁止、不定期小作の矯正、小作委員会制度の公認、舎音の取締などにつき、内地より先に朝鮮で実行することに難色を示していた。農林省からすると、内地では小作法がまだ成立していない状況なのに朝鮮に先を越された、という意識が強かったらしい。鳩山文相は思想的観点から時期尚早を唱えていた(『読売新聞』昭和九年一月二〇日)。

その後、どのような形で後藤農相・鳩山文相が矛をおさめたのかは分からない。昭和九年(一九三四)三月三〇日の閣議で、永井拓相が朝鮮農地令につき詳細説明をしたのに対して、後藤農相は、内地の事情ともかかわるので「次回の閣議迄延期されたい」と、最後の抵抗を試みている(『読売新聞』昭和九年三月三一日)。朝鮮農地令は、一週間後の昭和九年(一九三四)四月六日に閣議決定され、裁可を得て、四月一一日の公布にこぎつけたのである。

朝鮮農地令の全文が、公布四日後の『京城日報』紙に掲載された。その記事は、「該令(朝鮮農地令)により小作大衆はいふまでもなく地主側も時代に適応したこの新令によつて得るところが多かるべく総督政治のうちも(の)大なる治績の一つであろう」(カッコ内は坂根が補足)と讃辞をもって伝えている(『京城日報』昭和九年四月一五日)。宇垣総督は四月一一日の日記に、「一部地主の小作令反対運動は却て小作令の価値を高めて呉れたので感謝して居る」と余裕の一文を記した(宇垣一成『宇垣一成日記』二、九五五頁)。

(1) 朝鮮農地令の制定

これまで述べてきた朝鮮農地令の了解工作で中心的役割を果たしたのは、宇垣総督の「懐刀」・安井誠一郎である。当時、次のように言われた。「農地令を公布する迄の氏の活動には水際立つたものがある。農地令は宇垣統治の一大事業として力瘤を入れられたものであつた。此の声が一度伝はるや地主側は口を揃へて反対した。氏は抜打的に其の大綱を発表して、地主及び小作人を総合的に保護し其の共存共栄を図るものであることを明らかにした。法制局、貴、衆両院其の他の関係方面に対して充分に諒解を得、法制局の難関を突破したのも氏の活躍によるといはれてゐる」(阿部薫編『朝鮮功労者銘鑑』三七頁）。

なお、従来の研究では、朝鮮小作令案の最短小作期間が、政府筋との審議の中で、何故に五年から三年に短縮されたのかは「謎」とされてきた。宮田節子は、昭和四九年（一九七四）発表の論稿「「朝鮮農地令」：その虚像と実像」（四一頁）で、この短縮の裏には、総督府側が「「地主の反対運動に屈した」と考えるべきであろう」、「地主の反対運動に対する重大な譲歩、妥協があったのではないかと推測するものである」と述べ、以後、これが通説として扱われてきた。平成一七年（二〇〇五）発表の宮田節子監修「未公開資料朝鮮総督府関係者録音記録（六）　朝鮮総督府時代の農政」（四五三頁）でも同様のことが記されている。つまり、宇垣総督は日記で反対地主へ譲歩しないという断乎たる決意を記しているのであるが、総督はその裏で、「朝鮮人の目のとどかない所で地主と手をにぎりながら、朝鮮内ではあくまで「地主の反対運動に屈しない」態度を誇示」したのだという解釈をしている（宮田節子「「朝鮮農地令」：その虚像と実像」四二頁）。如何にも無理な政治主義的解釈である。上述したように、実際は、法制局との審議のなかで、五年から三年に短縮されたのである。

名称変更―朝鮮小作令から朝鮮農地令へ―

朝鮮農地令は、もともとは朝鮮小作令という名称であったが、一月下旬、「朝鮮小作令の名称は内地にもいまだ小作法の無い今日各方面の誤解を招く事となつては本意ではない」という拓務省、法制局の意見があり、変更することになった（『朝日新聞』昭和九年一月二五日）。内地の小作立法への刺激、朝鮮農業界の受ける印象（鹽田正洪『朝鮮農地令とその制定に至る諸問題』七頁）や「小作令の名称自体が何か農村の階級意識に点火でもする嫌ひがあるとの感じ等が手伝つて」名称変更することになったのである（松村松盛「朝鮮小作令問題をめぐりて」一八頁。松村松盛は元殖産局長で、鹽田正洪や吉田正廣の元上官にあたる）。

名称を変更するにしても、いかなる名称にするのかについては、頭を悩ませた。新聞報道では、朝鮮農業土地令、農業借地令、朝鮮農地令が候補として挙がっている（『朝日新聞』昭和九年一月二五日。『朝鮮新聞』昭和九年一月三一日）。名称変更について『朝鮮公論』は、「朝鮮側は東京の宿で種々名称に就ても頭を痛め、農地貸借令農地令などと書いては消し、消ては書いて日を送つた」。結局のところ農地令という命名は、当時日本勧業銀行総裁であった馬場鍈一（元法制局長官、後の大蔵大臣）が「大いに骨を折ってつけた名称である」と伝えている（無署名「農地令丸呑み」八七頁）。

このように朝鮮小作令は、結局、朝鮮農地令と命名された。この名称変更について、後年、鹽田正洪は、農地についての規定も併せ含んでいるのならともかく、地主小作関係について規制しようとする法令であるので、農地令では名と体が一致しない、と担当事務官らしい苦言を呈している（鹽田正洪「朝鮮農地令について」二七六頁）。鹽田正洪とコンビを組んで小作令案を起案し成案に仕立てた吉田正廣も同感であったに違いない。

朝鮮農地令と吉田正廣

もともと殖産局や農林局の小作令制定進捗予定では、昭和八年（一九三三）一〇月一日に小作令公布の予定だった（朝鮮総督府殖産局『小作令制定関係書類』。朝鮮総督府農林局『小作関係調書』）。それを基準にすると、朝鮮農地令の公布は予定より半年ほど遅れたことになる。

朝鮮農地令制定にいたる吉田正廣の大きな役割について、総督官房審議室・安井誠一郎は、当時、次のように述べている。

小作立法は内地に於ても非常に面倒なものとして草案の儘葬り去られて居る関係上、之が原案作成に至る迄の苦心は無論のこと、成案後実施に至る迄の間に於ても内外幾多の難礁があつたので、立法の準備に著手して以来実施を見るに至る迄には実に十年の長い歳月を費して居るのである。著者吉田君は此の間専ら調査立案の衝に当られて貴重なる資料を殆んど独りで整理提供せられ、中正にして妥当なる小作法制を半島に齎された、謂はば産みの親ともいふべき人である。／農地令の実現に付て私は最後の約一年間を吉田君と共に働いたのであるが、此の間半島の小作事情に関する同君の該博なる知識と、透徹した見識とには屢々感歎せざるを得ないものがあつた。

（安井誠一郎「序」一三―一四頁）

この文章は吉田正廣『朝鮮に於ける小作に関する基本法規の解説』に寄せた「序」であるので、リップサービスの点もあろうが、「此の間半島の小作事情に関する同君の該博なる知識と、透徹した見識とには屢々感歎せざるを得ないものがあつた」と、最大級の誉め言葉で吉田正廣を評している。

文中にある「貴重なる資料を殆んど独りで整理提供せられ」とは、後述する小作慣行調査の立案・実施並びに『朝鮮ノ小作慣行』の編纂のことで、「殆んど独りで」実行したことが強調されている。また、朝鮮農地令については、担当事務官・鹽田正洪を差し置いて、「謂はば産みの親ともいふべき人」と最大の賛辞を贈っている。このことは、昭和一六年（一九四一）の新聞記事が、吉田正廣を「農地令創案者」とし、「有名な農地令は（吉田正廣）氏の手により起草されたものである」（『毎日新報』昭和一六年四月一二日。カッコ内は坂根）としていることとも符合する。このように、吉田正廣の小作慣行調査の実施と朝鮮農地令制定における大きな役割を見て取ることが出来る。

文中にある「成案後実施に至る迄の間に於ても内外幾多の難礁があつた」というのは、前述した地主による小作令反対運動と政府筋への了解工作のことである。安井誠一郎にとっても感慨深いものがあったのであろう。また、「農地令の実現に付て私は最後の約一年間を吉田君と共に働いた」と記している。当時の吉田正廣は判任官であり、政府要路に直接はたらきかける役回りをつとめることはできなかった。吉田正廣は裏方として政府要路への了解工作についても相当の働きをしたのであろう。

なお、松尾宏子（吉田正廣・次女）所蔵の吉田正廣『朝鮮に於ける小作に関する基本法規の解説』の裏表紙見開きにある吉田正廣による裏表紙の紋章についての自筆説明（後述）によると、昭和一〇年（一九三五）当時、吉田正廣は京城府西大門官舎に住んでいた（第7章扉写真参照）。当時、安井誠一郎も西大門官舎で暮らしており（阿部薫編『朝鮮功労者銘鑑』三七頁）、その点からも安井誠一郎とは親しかったと思われる。

(1)　朝鮮農地令の制定

（2）　小作慣行調査と『朝鮮ノ小作慣行』

小作慣行調査の実施

時間はさかのぼるが、朝鮮農地令の立法作業と併行して小作慣行調査が進められていた。吉田正廣はそれに関して次のように述べている。

私は昭和二年九月以来当時農務課の事務官であった現総督府林政課長塩田正洪氏と共に朝鮮の小作慣行調査に従事せしめられた、そして其の間に小作に関する色々の報告もしたが昭和七年九月「朝鮮ノ小作慣行」なる報告書を提出し此の事業を完成した。（吉田正廣『朝鮮に於ける小作に関する基本法規の解説』二〇頁）

吉田正廣は鹽田正洪とコンビを組んで、小作令立法作業と併行して小作慣行調査を遂行したことが述べられている。その実務をすべて担ったのは、安井誠一郎が「殆んど独りで」実行したと評した吉田正廣であった。この点について鹽田正洪も、担当属官の吉田正廣が「独力の仕事」として遂行したと述べている（鹽田正洪『朝鮮農地令とその制定に至る諸問題』一頁）。文中にある「其の間に小作に関する色々の報告もしたが」は、すでに紹介した本府属時代の三点の著作や調査復命をさしていると思われる。

さて、小作慣行調査の作業は、㋐小作に関する先行文献・資料の収集、㋑実地の調査、㋒照会による調査の三つの方法で行われた。㋐については、昭和五年(一九三〇)の段階で、前述のように吉田正廣『朝鮮の小作慣行:時代と慣行』(朝鮮農会)を刊行しており、とりあえず目的を達していた。㋑の実地調査は、これを一般慣行調査と特種慣行調査に分けて実施していた。昭和五年(一九三〇)九月段階で、一般慣行調査はすでに七道で完了しており、特種慣行調査については三道の火田地帯方面の調査を終えていた(鹽田正洪「小作慣行調査に就て面調査担任者に望む」一九頁)。鹽田正洪は、「私はその(吉田正廣の)協力者として、特異の慣行のある地方に同行して実情に触れる機会を得ながら、小作令制定の準備を進めていた」と回想している(鹽田正洪『朝鮮農地令とその制定に至る諸問題』二頁。カッコ内は坂根が補足)。

㋒の照会調査が、小作慣行調査の中軸になったものである。朝鮮全体かつ小作慣行全般を対象にした昭和五年(一九三〇)五月から開始された照会調査である。この調査の最小単位は面府で、次の手順で上へと積み上げられていった。①面府では区域内の該当事項について実地調査を精密に実行して調査書を二通作成、②これを、面は郡島に、府は道に調査書を提出、③郡島では郡島自身による独自調査と提出された区域内の面の調査書とを精密に審議統合して調査書二通を作成し、面の調査書一通とともに道に提出、④道では各府郡島の調査書を精密に審査し、これに基づき統計一括せる調査書一通を作成し、各面府郡島の調査書一通とともに本府に提出、であった(市野澤酉之助「小作慣行調査に就て」四三―四六頁。朝鮮総督府編纂『朝鮮ノ小作慣行』上巻、付録(一)(二)(三)。市野澤酉之助は当時、慶尚南道農務課小作官)。

　このように調査書を最小単位の面府から上にあげていくやり方は、内地での大正一〇年（一九二一）小作慣行調査と同様である。調査書は昭和六年（一九三一）六月末までに本府に提出することになっていた（鹽田正洪「小作慣行調査に就て面調査担任者に望む」一九頁）。昭和五年（一九三〇）五月から昭和六年（一九三一）六月まで一年二か月をかけた大規模な調査であった。この調査のために、道では府郡勧業担当者を招集し事務打ち合わせを行い、郡においても面調査従事員を集め講習打ち合わせを行っている（市野澤酉之助「小作慣行調査に就て」四五頁）。当然ながら、この小作慣行調査は、小作令制定にむけた作業工程の一環に組み込まれていた。

『朝鮮ノ小作慣行』の刊行

　本府では、各道から送られてきた道府郡島面の調査書を担当属官の吉田正廣が受け取り、それらを整理するということになる。調査書の本府への到着完了は昭和六年（一九三一）六月の予定であったが、実際には「経済的の事情並に国勢調査等のために」二か月ほど遅れていた（『朝鮮新聞』昭和六年七月一七日）。当時（昭和五年末）の道府郡島面の数は、道一三、府一四、郡二一八、島二、面二四六四の総計二七一一あった（朝鮮総督府編纂『昭和五年朝鮮総督府統計年報』一頁）。一冊でもかなり分厚い二七一一通の調査書を、内容を熟読・確認しつつ整理していくことになる。場合によっては、再照会・再調査が必要になったであろう。気の遠くなるような膨大な作業だったはずである。それでも昭和七年（一九三二）九月までには整理を終えている。ほぼ一年でこの膨大な調査書を整理し、調査報告書にまとめたということになる。殖産局・農林局の小作令制定進捗予定では、昭和七年（一九三二）中に「小作慣行調査書完成」の予定だったので（朝鮮総督府殖産局『小作令制定関係書類』。朝鮮総督府農林局『小作関係調書』）、予定通りの完成であった。その作業のすべてを担った吉田正廣の力量の高さをみることができる。その成果が下記の書物である（写真7―2参照）。

朝鮮総督府編纂『朝鮮ノ小作慣行』上巻、朝鮮総督府、昭和七年（一九三二）一二月

朝鮮総督府編纂『朝鮮ノ小作慣行』下巻、朝鮮総督府、昭和七年（一九三二）一二月

「緒言」は以下のように記している。

……而シテ其ノ昭和二年以降ノ調査資料ノ一部ハ各道、府、郡島、面ヲシテ之ガ調査ニ当ラシメタルモ其ノ他ハ農林局農務課事務官鹽田正洪、属吉田正廣ヲシテ之ガ調査研究及資料ノ蒐集ニ当ラシメ、以テ本書ノ編纂ヲ為サシメタルモノナリ（朝鮮総督府編纂『朝鮮ノ小作慣行』上巻、緒言）

写真7-2　吉田正廣の著書

撮影：坂根嘉弘（令和2年5月）

注：左から、『朝鮮に於ける小作に関する基本法規の解説』、同箱、『朝鮮の小作慣行：時代と慣行』、『朝鮮ノ小作慣行』上巻、下巻。このうち、『朝鮮ノ小作慣行』上巻、下巻は復刻版（龍溪書舎、1977年）。

このように、担当事務官・鹽田正洪と担当属官・吉田正廣の名が刻まれている。この『朝鮮ノ小作慣行』は、上巻・下巻ともA4判で、上巻一〇一七頁、下巻一一九三頁の大部の書物である。「前

編　朝鮮ノ現行小作慣行」、「後編　朝鮮ノ現行小作及管理契約證書」、「続編　其ノ他小作ニ関スル重要事項」、「参考編　従来ノ朝鮮ノ小作慣行調査資料」とからなる。前編が上巻、その他は下巻におさめられている。

「前編　朝鮮ノ現行小作慣行」(朝鮮総督府編纂『朝鮮ノ小作慣行』上巻)が小作慣行調査のメインになる部分である。「第一　小作ニ関スル在来ノ用語」「第二　小作契約ノ締結」「第三　小作契約ノ期間」「第四　小作料」から始まり、第一九の「小作慣行ニ関スル慣行ノ改善ヲ要スル諸点、理由及其ノ方策」で終わっている。この展開は、内地の農林省農務局『大正十年小作慣行調査』と同様の構成である。吉田正廣が調査項目を立てる際に、『大正十年小作慣行調査』を熟読・参照したことを示している。ただし、分量は内地の調査より、はるかに大部となっている。これは、朝鮮の小作慣行が内地のそれよりも歴史的経緯が複雑で、地域的差異が大きく多様であったからである。

「後編　朝鮮ノ現行小作及管理契約證書」は小作証書についての内容紹介とその證書実例が豊富に掲載されている。「続編　其ノ他小作ニ関スル重要事項」は、小作契約に関する特徴的な側面(不在地主の利弊など)を整理した部分である。「参考編　従来ノ朝鮮ノ小作慣行調査資料」は、前掲の吉田正廣『朝鮮の小作慣行：時代と慣行』の再録である。一部構成に手が加えられているのと、それ以降の資料として、「水利組合ト小作慣行」「小作ノ概念及特殊小作慣行」が付加されている。後編以降の部分(朝鮮総督府編纂『朝鮮ノ小作慣行』下巻)は、内地の小作慣行調査では大きく取り上げられていなかった点であり、朝鮮のそれの特徴である。

ちなみに、朝鮮総督府編纂『朝鮮ノ小作慣行』刊行の四年前、善生永助（総督官房総務課嘱託）は朝鮮総督府編『朝鮮の小作慣習』（調査資料第二六輯）をまとめている。善生永助は生前、農務課（鹽田正洪・吉田正廣）の小作慣行調査との関係について、「全然関係なしです。「小作慣行」の方は農務課で大規模な実態調査をした結果をまとめたものです。私の方は主に文献で過去の慣習を調べ、それを直接きいて歩いた部分も少しありますが」と語っている（善生永助「朝鮮総督府の調査事業について」二七頁）。意外なことに、農務課の鹽田正洪・吉田正廣と総務課嘱託の善生永助とは、まったく別々に小作慣行調査を進め、お互いにまったく情報の擦り合わせをしていなかったことになる。

(3)　朝鮮農地令と朝鮮の小作慣行

朝鮮農地令の特徴

さて、朝鮮農地令は、民法あるいは朝鮮の小作慣行と比べて、どのような内容を持っていたのであろうか。朝鮮では、朝鮮民事令（大正元年）により、親族関係など一部を除き内地の民法が適用されており、農地賃貸借についても内地の民法によっていた。朝鮮農地令は、民法に対して特別法の位置にあった。したがって、朝鮮農地令が民法に優先することになる。これらの点を前提に以下、表6―2、表7―1を参照いただきたい。

朝鮮農地令は、基本的に小作権の移動（小作人の変更）を制限して、小作人の地位を安定させ、小作経営を安定化するとともに、小作人に農事改良へのインセンティブを与え、農業生産力の向上を図ることを目指していた。民法や朝鮮の小作慣行と比べて朝鮮農地令の主な変更点は、以下である（渡邊忍「朝鮮農地令の概要」。鹽田正洪「朝鮮農地令解説」。吉田正廣『朝鮮に於ける小作に関する基本法規の解説』。鹽田正洪「朝鮮農地令の概要並に其の施行状況」など）。

朝鮮農地令	
権利者	根拠
規定なし	
規定なし	
耕作者△	小作期間法定。最短3年間、永年作物7年間（7条）
耕作者○	小作契約の更新義務（19条）。3か月乃至1年前までに解約通知がなければ自動更新（18条）
耕作者○	小作権の承継（11条）
規定なし	
耕作者○	第3者対抗力（12条）。但し書きあり
所有者○	転貸借禁止（13条）
規定なし	
規定なし	
規定なし	
耕作者○	小作料減免請求権（16条）

相続編　全』。吉田正廣『朝鮮に於ける小作に関する基本法規の解説』。
超えることはできず（更新可。602条）。朝鮮農地令の小作期間法定との
*2ただし、「民法の規定に依り賃貸借に基く一切の権利義務は相続に依
民法の解釈上疑義なきに非ず」とされている（吉田正廣『朝鮮に於ける
よる（朝鮮民事令11条）。朝鮮の小作関係では人的要素が重視せられ、
督府農林局『朝鮮農地関係例規集』147頁）。*3民法609条の小作料減免
用を控除した純収益とするのは少数派（久間健一「朝鮮に於ける小作料

第一は、舎音など小作地管理者の取り締まりである（第三条、第四条、第三一条）。地主による小作地管理者の官庁（府尹、郡守、島司）への届出制を定め、不適当な管理者の変更を可能にした。舎音の横暴は朝鮮小作慣行の「癌」であり、その抑制は一般に受け入れられやすいとして、朝鮮農地令を推進する際に特に強

(3)　朝鮮農地令と朝鮮の小作慣行

表7-1　日本と朝鮮における農地所有権の制度と実態

	民法	
	権利者	**根拠**
残余制御権		
作付品目の決定	規定なし	
営農方法の自由	規定なし	
小作期間	耕作者△	20年を越えられず（更新可。604条）*1
更新、解約の自由	所有者○	不定期小作・1年前の告知で可（617条）
小作権の相続	耕作者○	土地賃貸の承継（1001条）*2
債務不履行に基づく解除	所有者○	滞納などで解約可（541条）
第3者対抗力	所有者○	対抗要件は登記、小作人は登記不可（605条）
譲渡、転貸借の自由	所有者○	譲渡・転貸借禁止（612条）
残余請求権		
残余請求権	規定なし	
小作料の決定	規定なし	
小作米の質	規定なし	
小作料減免請求権	耕作者△	収益≦小作料の場合に限る(609条）*3

出典：啓法会編輯部編『判例体系　民法債権編　各論中』。啓法会編輯部編『判例体系　民法
注1）表中の注は以下。　*1「処分ノ能力又ハ権限ヲ有セサル者カ賃貸借ヲ為ス場合」は5年を
関連については吉田正廣『朝鮮に於ける小作に関する基本法規の解説』43～50頁を参照。
り当然承継せらるが如きも、小作人の死亡に依り小作契約終了するや否やに付ては現行
小作に関する基本法規の解説』73頁）。また、朝鮮の小作権相続については朝鮮の慣習に
当事者の死亡によって当然には相続せられない（鹽田正洪「朝鮮農地令解説」a。朝鮮総
については、収益は粗収益（総収穫）とみなすのが通説で、粗収益から耕作に要した費
減免制度の展開」など）。

調された点である。

第二は、小作契約期間を三年以上に法定したことである（第七条）。朝鮮の小作慣行では、小作期間の定めがなく（口約束が多く）、地主は任意に小作人を変更することが可能であった。現実の小作慣行では小作期間が一年から三年までのケースが普通で、頻繁に小作権の移動が生じていた。加えて、契約満了の場合は満了前三か月前から一年前までに解約通知がなければ自動更新とし（第一八条）、小作期間を更新する場合も地主は小作人に背信の行為なき限

り小作契約を更新する義務を定めたのである（第一九条）。地主や舎音により簡単に小作権移動＝小作人変更が繰り返され、それが小作人の生活を不安定にし、農業生産力の向上に阻止的に働いていたからである。不定期小作を一掃し、小作契約の自動更新を認めることによって、小作人の農業経営を安定させ、掠奪農業を抑制しようとしたのである。

第三は、登記がなくても小作地の引き渡しを以って第三者対抗力を認めたことである（第一二条）。民法では登記が対抗要件であるが（民法六〇五条）、地主は当然に登記に協力しない。小作関係が債権関係であることが小作権移動頻発の一因であったから、小作契約を物権化して小作権の安定化を図ったのである。これは、民法を大きく修正することを意味する。最短小作期間の法定や小作契約の自動更新とともに、地主の反対が強かった点である。

第四は、小作権の相続を認めたことである（第一一条）。内地では小作権は家産として相続の対象となっていたが、朝鮮小作慣行では小作関係の人的関係が重視され、小作権は当事者の死亡によって当然には相続されないとするのが普通であった。そのため小作人の死亡によって遺族が生活に困る事態が少なくなく、それを避けるために一切の権利義務を承継することにしたのである。その他に、第一六条では小作人による小作料減免請求権を認め、第一三条では小作地の転貸借の禁止が明記された。

このように、朝鮮農地令は従来の朝鮮小作慣行を大きく変えようとするものであった。その根底に流れていた考えは、小作人の地位を強化・安定化して、農業生産力向上に誘因を与え、小作人の農業経営と生活を守ることにあった。

『朝鮮に於ける小作に関する基本法規の解説』の上梓

朝鮮総督府農政課属・吉田正廣の名声を大きく上げたのは、次の著作の刊行であった。ちなみに朝鮮総督府発行の『自力更生彙報』（農村振興運動の機関誌）に掲載された新刊広告が資料7―1である。

吉田正廣『朝鮮に於ける小作に関する基本法規の解説』朝鮮農政研究同志會、昭和九年（一九三四）一二月

本書は、朝鮮農地令及び小作慣行調査書の「産みの親ともいふべき人」であった吉田正廣が、朝鮮農地令を事項（農地令の適用範囲など）ごとに、民法など関係法令と関連させながら解説したものである。最初の二〇〇頁が朝鮮農地令の解説にあたり、二〇一―三二〇頁は朝鮮の小作に関する諸法令及び府郡島小作委員会関係法規を資料として掲載している。前述したように、朝鮮農地令は、舎音の取締り、最短小作期間三年の設定、賃借権に第三者対抗権の付与、小作権の相続、契約更新の義務化など地主抑制的な内容であった。宇垣総督は、農地賃貸借権の確保による小作人の地位の安定、舎音制度の弊害の矯正、地主・小作人の対立的闘争の回避と事件の円満なる解決のための府郡島小作委員会の設置、ここに特徴があると朝鮮農地令の内容を説いていた（宇垣一成「朝鮮農地令公布に就て」）。実際、朝鮮農地令は、昭和三年（一九二八）臨時小作調査委員会答申からの流れとして、小作人の農業経営を支える内容をもっていたのであり、それは同時に地主抑制的に機能することになった。

(3) 朝鮮農地令と朝鮮の小作慣行

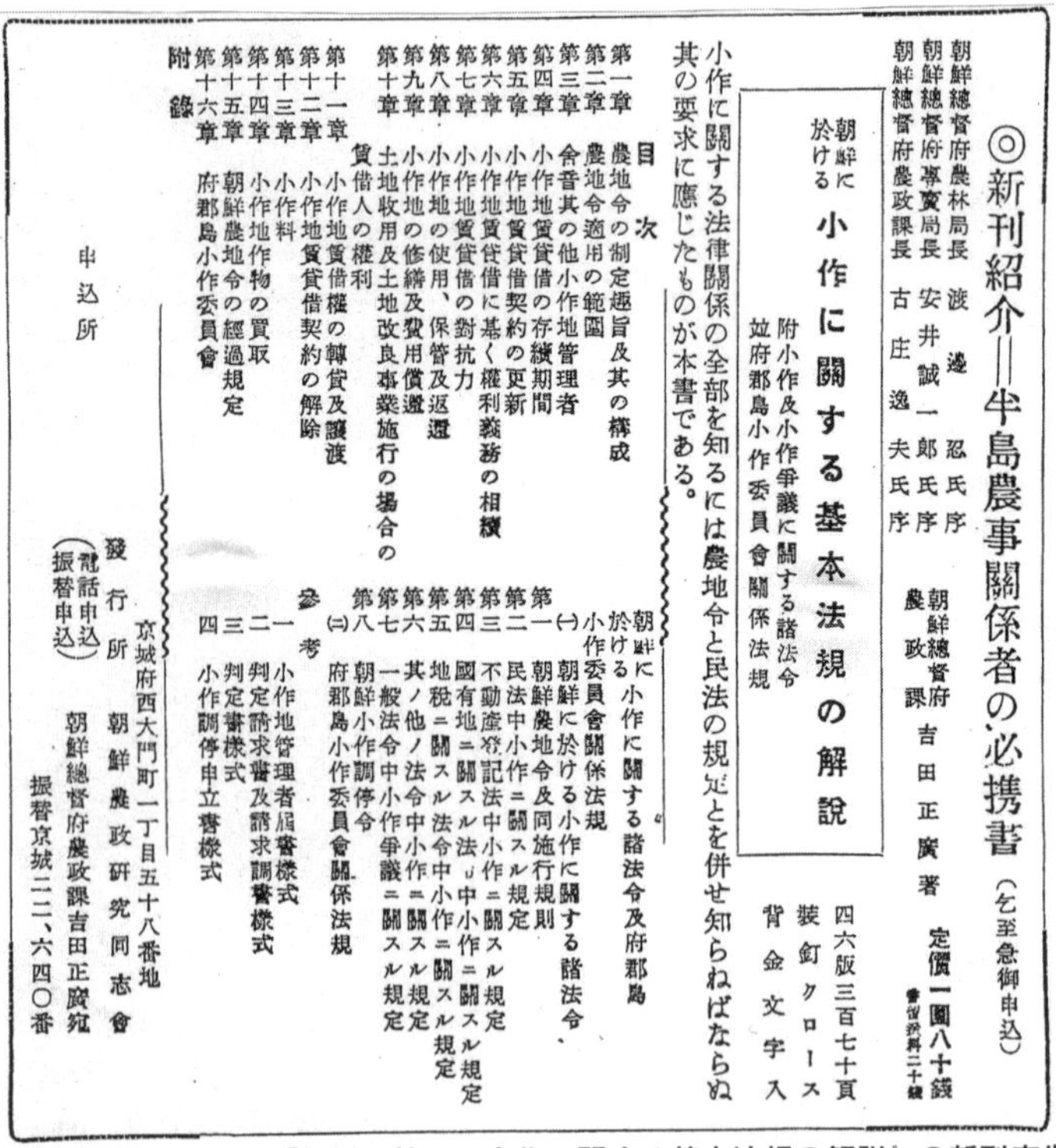

◎新刊紹介‖半島農事關係者の必携書（乞至急御申込）

朝鮮總督府農林局長　渡邊忍氏序
朝鮮總督府專賣局長　安井誠一郎氏序
朝鮮總督府農政課長　古庄逸夫氏序

朝鮮總督府農政課　吉田正廣著

定價一圓八十錢　書留送料二十錢

朝鮮に於ける　小作に關する基本法規の解説

附小作及小作爭議に關する諸法令竝府郡島小作委員會關係法規

四六版三百七十頁
裝釘クロース
背金文字入

小作に關する法律關係の全部を知るには農地令と民法の規定とを併せ知らねばならぬ其の要求に應じたものが本書である。

目次

第一章　農地令の制定趣旨及其の構成
第二章　農地令適用の範圍
第三章　舍音其の他小作地管理者
第四章　小作地賃貸借の存續期間
第五章　小作地賃貸借契約の更新
第六章　小作地賃貸借に基く權利義務の相續
第七章　小作地賃貸借の對抗力
第八章　小作地の使用、保管及返還
第九章　小作地の修繕及費用償還
第十章　土地收用及土地改良事業施行の場合の賃借人の權利
第十一章　小作地賃借權の轉貸及讓渡
第十二章　小作地賃貸借契約の解除
第十三章　小作料
第十四章　小作地作物の買取
第十五章　朝鮮農地令の經過規定
第十六章　府郡島小作委員會
附錄

朝鮮に於ける小作に關する諸法令及府郡島小作委員會關係法規
(一)
第一　朝鮮に於ける小作に關する諸法令
第二　朝鮮農地令及同施行規則
第三　民法中小作ニ關スル規定
第四　不動產登記法中小作ニ關スル規定
第五　國有地ニ關スル法令中小作ニ關スル規定
第六　其ノ他ノ法令中小作ニ關スル規定
第七　地税ニ關スル法令中小作ニ關スル規定
第八　一般法令中小作爭議ニ關スル規定
(二)
朝鮮小作調停令
府郡島小作委員會關係法規

參考
一　小作地管理者屆書樣式
二　判定請求書及請求調書樣式
三　判定書樣式
四　小作調停申立書樣式

申込所

京城府西大門町一丁目五十八番地
發行所　朝鮮農政研究同志會
（電話申込）（振替申込）
朝鮮總督府農政課吉田正廣宛
振替京城二二、六四〇番

資料7-1　吉田正廣『朝鮮に於ける小作に関する基本法規の解説』の新刊広告

出典：『自力更生彙報』16（昭和9年12月20日）15頁。

近年の研究は、朝鮮農地令を、農業生産力増進と農民運動の抑制のための小作慣行の改善であったという上記の宇垣総督の言に則した評価をくだしている（朴ソプ「植民地朝鮮における小作関係政策の展開」五四―五九頁）。具体的に全羅北道の事例分析を基にした蘇淳烈「一九三〇年代朝鮮における小作立法と小作争議」（六―八頁）によると、朝鮮農地令は舎音の弊害抑制など地主小作関係を改善する方向に機能していたが、朝鮮農地令がもともと小作料を規制していなかったため、小作料は漸増した。しかし、収量も増加したため、小作料の漸増にもかかわらず、小作人の取り分も増加していた。つまり、朝鮮農地令は従来の地主小作関係の枠内で、全体として地主小作関係を改善しつつ、地主小作人双方が増収による成果を分け合うというウィンウィンの変化を引き起こしていた、と論じている。また、以前から、朝鮮総督府農林局『朝鮮農地年報（第一輯）』などの統計表をみれば、朝鮮農地令の施行後、小作争議件数が急増し、かつ小作側の要求貫徹の度合いが高くなったことが確認できるため、これを根拠に朝鮮農地令が小作側に有利に働いたことが指摘されてきている（井上清『宇垣一成』二五四頁など）。

朝鮮農地令は、それまでの朝鮮小作慣行に対してかなり思い切った地主抑制的な変革を加えており、小作人側が不利になったとは考え難い。

異例の扱い

朝鮮総督府内における吉田正廣『朝鮮に於ける小作に関する基本法規の解説』の扱いは、かなり異例であった。

第一は、通常、法令の解説書や解説文を執筆するのは事務官（高等官）であるが、この朝鮮農地令については、属官（判任官）の吉田正廣が大部の書物を執筆していることである。もちろん、農林局長や担当事務官は、朝鮮農地令について、他のメディアで執筆してはいる。たとえば、朝鮮総督・宇垣一成は、「朝鮮農地令公布に就て」を『朝鮮総督府官報』、『朝鮮』、『自力更生彙報』、『朝鮮農会報』に掲載しているし（内容は同じ）、農林局長・渡邊忍は、「朝鮮農地令の概要」を『朝鮮総督府官報』をはじめ、『朝鮮』、『自力更生彙報』、『朝鮮農会報』、『朝鮮地方行政』、『帝国農会報』に掲載している（内容は同じ）。またこれとは別途、朝鮮総督府は、宇垣一成「朝鮮農地令公布に就て」と渡邊忍「朝鮮農地令の概要」を掲載したパンフレット・朝鮮総督府『朝鮮農地令公布に就て』を発行している。担当事務官（当時林政課長）・鹽田正洪も「朝鮮農地令解説」を『朝鮮農会報』と『法律時報』に執筆している。しかし、それらとは比べものにならないプレゼンスを吉田正廣が示しているのである。そもそも属官（判任官）が事務官（奏任官）を差し置いて、法令の解説書を刊行すること自体が異例であった。

第二は、吉田正廣『朝鮮に於ける小作に関する基本法規の解説』に、吉田正廣の上官に当たる朝鮮総督・宇垣一成、農林局長・渡邊忍、官房審議官（文書課長）・安井誠一郎、農政課長・古庄逸夫《ふるしょういつお》の四人が序文を寄せていることである（宇垣一成「朝鮮農地令公布に就て」。渡邊忍「序」。安井誠一郎「序」。古庄逸夫「序」）。もちろん、朝鮮農地令に対する朝鮮総督及び朝鮮総督府の熱意や期待の表れではあるが、総督や局長・課長など朝鮮総督府のトップの面々が属官の著書に序文を寄せたことは、かなり異例の事態であった。これらのことは、吉田正廣の朝鮮農地令制定に果たした役割の大きさや吉田正廣の行政能力・学究能力の高さを、吉田正廣の上官であった朝鮮総督府のトップが認め、高く評価していたということを示している。

次に『朝鮮に於ける小作に関する基本法規の解説』に掲載されている幾つかの「序」から、吉田正廣に言及している部分を引用しておきたい。

吉田君は本府農政課に勤務し篤学の士にして、多年小作事務に従事し慣行の調査より法令の制定に至る迄終始之に関与したるを以て、其の説く所法の精神を離れず、理論及実際の調和を図りて克く条理を尽せり（渡邊忍「序」八―九頁）

今日此の困難なる立法を大成して円満なる運用を見るに至つたことは吉田君の努力に負ふ所が頗る大きいものであり、又其れ丈に農地令の内容に付ては吉田君程詳細に体得理解して居る人はないといふても過言ではないと思ふ（安井誠一郎「序」一四頁）

同君は昭和二年九月本府農務課に入り、爾来専ら小作関係事務に従事し、本令立案に付ては当初より之に参画した極めて勤勉篤学の士であつて、本書は公務の余暇を割きて之が編纂を完成したのである（古庄逸夫「序」一七頁）

さて、吉田正廣は『朝鮮に於ける小作に関する基本法規の解説』の自序で、次の朝鮮農村における「諷刺的言葉」を紹介している。

「小作地ニ車（金ノ輪）ガ著テ居ル」「小作権ノ移動ハ従兄弟ト別ルルヨリモ辛ヒ」

車が付いていると思われるほど小作地が移動する。小作権移動の激しさとそれが小作人にとって如何に辛いもの（困ること）であったかを表現する俚諺である。吉田正廣はこれに続けて、「私は此の言葉が一日も早く小作人の村々から消え失せて、村の農民の先祖達が美しい心で仕立てあげた其の田畑を囲んで―地主と小作人とが―其処に所謂理想の大家族が、模範部落が、桃源郷が相互の理解と同情と努力で築き上げられんことを只管切望する」と記している。ここに、吉田正廣の朝鮮農地令に託した思いが披瀝されていると言えよう。

第8章
高等官（奏任官）時代

慶尚南道庁
出典：郵便絵葉書（坂根嘉弘所蔵）
注：吉田正廣が勤務していた釜山府中島町の慶尚南道庁舎。大正14年（1925）に晋州から移転。現在は東亜大学校博物館。

（1）小作官時代

高等官への昇叙

吉田正廣は、昭和一一年（一九三六）一二月二一日、高等官七等に昇叙され、朝鮮総督府道小作官（黄海道内務部農務課勤務）に補職された。四一歳の時である。当時、判任文官から奏任文官への昇叙（無資格者の奏任文官への任用）には、自由任用、銓衡任用、特別任用があった。このうち、自由任用（内閣書記官長など文官任用令を適用しない官）は吉田正廣の昇叙と関わらないので除くと、吉田正廣の昇叙に関わる可能性があるのは特別任用と銓衡任用の二つである。

特別任用は、大正九年（一九二〇）の奏任文官特別任用令による判任文官から奏任文官への任用である。これは五年以上判任官以上の官に在職して行政事務に従事し、判任官五級俸以上の俸給を受けたる者を高等試験委員の銓衡を経て任用できるようにしたものである。ただし、同令による奏任文官は七六の官職に限られていた。朝鮮総督府でいうと、道警視、道理事官、府尹、府理事官、郡守、島司など二〇の官職に限定されていた。

もっとも、これらの諸官が奏任文官特別任用令で初めて特別任用できるようになったわけではない。特別任用は、従来から個々の規定で不統一に行われていた。奏任文官特別任用令施行と同時に六六の奏任文官についての特別任用令が廃止されたように、従来個々の規定で不統一に行われていた特別任用を一本にまとめたという意味を強く持っていた。かつ、特別任用が許容されたのは、奏任文官年俸表中の第二号表、第三号表の諸官であり、高等官四等以下（第二号表）、同五等以下（第三号表）を最高官等とする官に限られていた（和田善一「文官銓衡制度の変遷（Ⅳ）」四〇頁）。つまり、エリートコースである高等官三等まで昇ることができる（勅任官への可能性がある）第一号表（有資格者＝高等試験合格者）の諸官は除外されていたのである。

銓衡任用は、文官任用令第七条による技術官その他特別の学術技芸を要する文官を高等試験委員の銓衡を経て任用するというルートである。小作官は、この文官任用令第七条による銓衡任用の対象官職に含まれていた（和田善一「文官銓衡制度の変遷（Ⅴ）」四〇頁）。小作官は、奏任文官特別任用令の対象官職ではなかったので、吉田正廣は、この文官任用令第七条により奏任文官に昇ったと思われる。吉田正廣の奏任文官への昇叙は、属官時代の小作慣行調査・朝鮮農地令制定への貢献が評価されたためであったことは明らかである。

(1)　小作官時代

小作官への補職

吉田正廣が補職された小作官は、「上官の命を承けて小作に関する事務を掌る」のが職務であった。小作官官制は昭和四年（一九二九）九月の朝鮮総督府地方官官制改定に基づいている。小作官（奏任官）・小作官補（判任官）は、まず小作争議が多く小作関係が複雑な地域から設置され、昭和四年（一九二九）に、小作官が全羅南道、全羅北道、慶尚南道、慶尚北道、黄海道の五道に、小作官補が

表8-1　久間健一の官歴

大正9年（1920）4月	朝鮮総督府水原農林専門学校入学許可*
大正12年（1923）3月	朝鮮総督府水原農林専門学校第一回卒業*
大正15年（1926）10月31日	朝鮮総督府水原高等農林学校助教授(昭和4年12月23日まで)*
昭和8年（1933）1月21日	忠清南道小作官、高等官7等
昭和9年（1934）7月27日	黄海道小作官
昭和10年（1935）6月29日	高等官6等
昭和11年（1936）12月21日	京畿道小作官
昭和13年（1938）3月31日	高等官5等
昭和15年（1940）12月28日	高等官4等
昭和18年（1943）1月6日	農業計畫委員會幹事
昭和18年（1943）9月30日	食糧部農務課
昭和19年（1944）3月31日	依願免本官（道小作官久間健一・高等官4等）

出典：『朝鮮総督府官報』。
注1）*は朝鮮総督府水原高等農林学校『朝鮮総督府水原高等農林学校一覧』（昭和6年、145頁、168頁）。
2）昭和8年（1933）1月に小作官任官するまで、昭和5年（1930）より小作官補（判任官）。
3）昭和19年（1944）退官後は、朝鮮農会調査部長。戦後は佐賀県農地部長・農林部長、農林省農業技術研究所経営第二科長（木村誠他『朝鮮人物事典』359頁）。

京畿道、忠清南道の二道に設置された。その後、朝鮮小作調停令と朝鮮農地令の施行を契機に全道へ拡大した（朴ソプ「植民地朝鮮における小作関係政策の展開」四六―五〇頁）。

吉田正廣は、小作争議が多かった黄海道の小作官に補職された。黄海道では小作官は内務部農務課に配置された。吉田正廣の前任小作官は、久間健一であった。吉田正廣より七つ年下である。久間健一は、朝鮮総督府水原高等農林学校（京畿道水原郡）を卒業し、昭和八年（一九三三）一月に忠清南道小作官になった。その後、黄海道・京畿道の小作官を務め、昭和一九年（一九四四）三月に高等官四等で退官している（表8―1）。高等官四等での免官なので、道小作官として最高位まで上り詰めていた。在官中に、久間健一『朝鮮農業の近代的様相』（昭和一〇年）、久間健一『朝鮮農政の課題』（昭和一八年）の名著を刊行している。これらに収められた論稿は、近年の研究水準からみても理論的にも資料的にも、いたるところ鋭い分析に満ちており、群を抜いている。現在でも先行研究として引用される優れた研究書である。

昭和一八年（一九四三年）一二月に刊行された『朝鮮農政の課題』について久間健一は、「全面的に当局の忌諱に触れ、発禁」となり、「昭和一九年三月、私は軍部と官憲の弾圧のため、行政・司法の両処分を受けざるをえない事態」となり「漸く依願免官の形式で退官となつた」と、昭和二一年（一九四六）秋に記している（久間健一『朝鮮農業経営地帯の研究』一―二頁）。久間健一は、農林当局への厳しい批判も辞さないという研究姿勢を貫いており、その点が戦時下の当局の忌諱に触れたのであろう。ただ、従来の研究は上述の昭和二一年（一九四六）における久間健一自身の証言を事実として久間健一への評価を下してきているが、「軍部と官憲の弾圧」や「行政・司法の両処分」については、具体的内容を確認する必要がある。

(1)　小作官時代

吉田正廣は、すでに昭和八年（一九三三）から京畿道小作官補を兼任していた（表3―2）。小作官の具体的な仕事は、小作関係について調査研究をなすこと、地主・小作を善導し地主会・農会などの活動を勧奨して小作関係の維持改善をなすこと、小作条件の改定など当事者から依頼があれば適当なる判定を下すこと、道知事の任命する小作委員会の委員を銓衡すること、小作委員会に対し意見を開陳すること、争議が発生したときはその調停をなすこと、調停裁判所に対し意見を開陳すること、調停成立後の調停条項の履行を監視すること、であった（朝鮮総督府『小作立法及之ニ伴フ各種機関設置ノ理由』）。

（２）農村振興課での勤務

農村振興課への配属

吉田正廣は、昭和一四年（一九三九）三月七日、慶尚南道産業部農村振興課長となる。慶尚南道の道庁（第８章扉写真）は釜山にあり、釜山府書記であった吉田正廣にはなじみの地であった。続いて、昭和一五年（一九四〇）二月一三日に、本府農林局農村振興課理事官となっている（表３―２、表３―３）。したがって、この時期は、いずれも道庁と本府の農村振興課に勤務していることになる。

もともと農村振興運動は、宇垣総督の主導のもと、昭和七年（一九三二）九月、本府に朝鮮総督府農村振興委員会を設置したところから始まった。農村振興委員会は農村振興運動の中央指導機関で、政務総監を委員長に関係局課長などを委員としており、そのもとに道・郡・島・邑面にそれぞれの長を委員長とする各級の農村振興委員会が設置されていた（朝鮮総督府編『施政二十五年史』七一八頁）。農村振興運動は農林局が主掌していたため、主管局長であった渡邊忍が宇垣総督の意を受けて奔走した（山口盛「宇垣総督の農村振興運動」四七頁）。

しかし、農村振興運動を推進した宇垣総督は昭和一一年（一九三六）八月に朝鮮総督府を去り、代わって朝鮮軍司令官の経験もある元陸軍大臣・関東軍司令官の南次郎が朝鮮総督についた。南次郎は「宇垣直系」と呼ばれた陸軍大将で、宇垣の「分身」として宇垣の忠実な後継者とみなされていた

（大西比呂志・李圭倍「昭和期の朝鮮総督府支配」二六七―二六八頁）。

南総督は、昭和一一年（一九三六）一〇月一六日に本府農林局に農村振興課を新設し、昭和一三年（一九三八）以降各道に農村振興課を設置するなど（表8―2）、宇垣から引き継いだ農村振興運動を精力的に展開していった。しかし、日中戦争勃発など時局の変化もあり、その熱意や関心は次第に失われていった（八尋生男「朝鮮における農村振興運動を語る」二一二―二一四頁）。吉田正廣が慶尚南道の農村振興課長となったのは、ちょうどそのような時期である。

国民総力運動と農村振興課の廃止

日本内地で新体制運動が展開され、大政翼賛会が創立されると、朝鮮では、内地の大政翼賛運動に呼応する形で国民総力運動が始まった。昭和一五年（一九四〇）一〇月、総督を総裁、政務総監を副総裁とする国民総力朝鮮連盟を国民総力運動実践機構の中央組織として設置し、道以下各行政機関にそれぞれの長を会長・理事長とする地方連盟を結成した（朝鮮総督府編纂『朝鮮総督府施政年報　昭和十五年版』六二二―六二四頁）。

本府では、昭和一五年（一九四〇）一〇月一六日、国民総力運動を主管する国民総力課を総督官房に新設した（『朝鮮総督府官報』四一二三、昭和一五年一〇月一九日）。それに合わせ本府農林局では、昭和一五年（一九四〇）一〇月一六日、農村振興課と農務課を廃して農政課と農産課を復活させた（昭和一一年一〇月に本府農林局に農村振興課を新設した際、それまでの農政課と農産課が廃止されていた）。農

(2)　農村振興課での勤務

全羅北道	全羅南道	慶尚北道	慶尚南道	黄道道
内務部農務課	内務部農務課	産業部農務課	産業部産業課	内務部農務課
内務部農務課	産業部農務課	産業部農務課	産業部産業課	**内務部農務課**
○産業部農振課	産業部農務課	○産業部農振課	産業部農務課	**産業部農務課**
○産業部農振課	○産業部農振課	○産業部農振課	○**産業部農振課**	○産業部農振課
○産業部農振課	○産業部農振課	○産業部農振課	○産業部農振課	○産業部農振課
産業部農政課	産業部農政課	産業部農政課	産業部農政課	産業部農政課

村振興課の廃止に伴い、その主な業務は農政課に引き継がれていった（朝鮮総督府編纂『朝鮮総督府及所属官署職員録』各年。『朝鮮総督府官報』各号）。

要するに、それまでの八か年余りの農村振興運動における精神運動面は国民総力課（国民総力運動）に、経済指導面は農政課に引き継ぐことになったのである。農村振興運動を推進してきた八尋生男《やひろいくお》は、後年、農村振興運動では精神運動と経済運動を一つにして物心一如の更生を指導してきたのであるから、これを分けるのはよくなかった、と振り返っている（八尋生男「朝鮮における農村振興運動を語る」二一七頁）。本府における国民総力課の新設と農村振興課の廃止にともない各道の農村振興課も廃止され、その業務は主に産業部農政課に移されていった（表8―2）。

ちなみに、従来の研究では、本府農村振興課の廃止時期は不明で、昭和一六年（一九四一）三月まで存続したと考えられてきたが（本間千景「一九三〇年代慶尚北道における農村振興運動と農民教育」二七五頁）、実際は、それよりも半年ほど前の農林局の官制改革で農村振興課は廃止されていたのである。

(2)　農村振興課での勤務

表8-2　本府・道庁における農務課・農村振興課・農政課の設置と廃止

	本府	京畿道	忠清北道	忠清南道	平安南道	平安北道	江原道	咸鏡南道	咸鏡北道
昭和11年7月1日	農林局農政課	**産業部農務課**	内務部産業課	内務部農務課	内務部農務課	内務部農務課	内務部農務課	内務部農務課	内務部農務課
昭和12年8月1日	○農林局農振課	産業部農務課	内務部産業課	内務部農務課	内務部農務課	内務部農務課	内務部農務課	内務部農務課	内務部農務課
昭和13年8月1日	○農林局農振課	○産業部農振課	産業部農務課	○産業部農振課	産業部農務課	○産業部農振課	○産業部農振課	産業部農務課	○産業部農振課
昭和14年7月1日	○農林局農振課	○産業部農振課	○産業部農振課	○産業部農振課	○産業部農振課	○産業部農振課	○産業部農振課	産業部農務課	○産業部農振課
昭和15年7月1日	**○農林局農振課**	○産業部農振課	○産業部農振課	○産業部農振課	○産業部農振課	○産業部農振課	○産業部農振課	○産業部農振課	○産業部農振課
昭和16年7月1日	農林局農政課	産業部農政課	産業部農政課	産業部農政課	産業部農政課	産業部農政課	産業部農政課	産業部農政課	産業部農政課

出典：朝鮮総督府『朝鮮総督府及所属官署職員録』（各年）。
注1）農務課・農村振興課・農政課は小作事務を掌った部署である。○印は、農村振興課。
2）ゴシックは、吉田正廣が在籍していた課。

農村振興課での業務

前述のように、吉田正廣は、この時期、慶尚南道農村振興課長と本府農村振興課理事官を務めている。表8―2のゴシックが、吉田正廣が属していた課である。昭和一一年（一九三六）七月から一年ごとにみると、京畿道産業部農務課、黄海道内務部農務課、黄海道産業部農務課、慶尚南道産業部農村振興課、本府農林局農村振興課と異動している。退官前最後となった本府農村振興課は昭和一五年（一九四〇）一〇月に廃止になっているので、その後昭和一六年（一九四一）六月三〇日に退官するまで、本府農林局農政課理事官として籍を置いていたと思われる。理事官は、有力な判任官が奏任官に昇った場合につくポストの一つで、退官前の最後のポストとなる場合が多かった。

道の「事務分掌規程」によると、農村振興課は農山漁村振興に関する事項とともに、小作関係と自作農創設維持に関する事項を職掌している。また、本府の「事務分掌規程」によると、本府農村振興課における事務として、農村振興や農村更生計画とともに小作関係と自作農創設維持に関する事項が入っている。吉田正廣が農村振興課に配属されたのは、農村振興運動が斜陽化していくなかで、課内で相対的に比重を増してきていた小作関係・自創事業や小作料統制令、臨時農地等管理令、臨時農地価格統制令など農地政策に関する事項を担当するためではなかったかと思われる。『毎日新報』（昭和16年4月12日）は、吉田正廣について、理事官として本府へ再び戻り「このたび実施された臨時農地等管理令や臨時農地価格統制令などに全力を尽くしてきた」と報じている。

ちなみに表8—2で、産業部がある道とない道があるが、これは地方官官制第十二条第二項に基づき昭和五年（一九三〇）四月に、産業発達が著しい京畿道など一部の道に産業課を置いたためである。その後、昭和一三年（一九三八）六月からは内務部の管掌事務量が過多となったので、各道に産業部を設置している（朝鮮総督府編『施政三十年史』四三一頁）。

朝鮮総督府農村振興課の同僚

朝鮮総督府農村振興課は吉田正廣にとって退官前最後の勤務先となったが、その課長はかつて政府に対する朝鮮農地令了解工作でともに奔走した岸勇一（写真8—1）であった。同課には、古参嘱託（高給嘱託）として、農村振興運動で活躍していた八尋生男がいた（八尋生男については〈人物注記〉

を参照）。八尋生男は、吉田正廣が京畿道内務部農務課技手だった折（大正一三年）、京畿道農務課長（技師）だった人物であり、上官として旧知だった。また、農村振興課には、すぐ後に『朝鮮の市場』（昭和一六年）や『朝鮮農村団体史』（昭和一七年）を刊行することになる文定昌が属で勤務していた。文定昌『朝鮮の市場』には、東京帝国大学助教授・近藤康男と上官の朝鮮総督府農村振興課長・岸勇一が、『朝鮮農村団体史』には岸勇一がそれぞれ序文を寄せている。文定昌は昭和一七年（一九四二）六月に高等官七等の待遇を受けた（『朝鮮総督府官報』四六一三、昭和一七年六月一六日）。

（3）　朝鮮農村における人口の増加

写真8-1　岸勇一
出典：『朝鮮行政』3(6)（昭和14年6月）79頁。

農村人口の増加

退官後の吉田正廣については、多くの情報がない。『朝鮮総督府及所属官署職員録』では、昭和一六年（一九四一）七月一日外事部拓務課嘱託、昭和一七年（一九四二）七月一日司政局拓務課嘱託であることが分かるのみである。後に述べるように、拓務課は朝鮮人の満支開拓・移民や拓殖会社の監督・指導を業務としていた。ここでは、拓務課での事業活動の前提として、満支開拓・移民の背景となった朝鮮における農村人口の増加と朝鮮農業の動きをみておきたい。

近代朝鮮における構造的な農村問題は、膨大な農村過剰人口といわれている。土地所有規模において一町以上層が急減し、逆に五反未満層（零細所有層）が増加していくことや、小作農が急増し自小作農が急減すること、それにともない農業経営規模が縮小していったであろうことが、朝鮮農民の困難な生活実情の紹介とともに、これまでから通説として指摘されてきた（堀和生「日本帝国主義の朝鮮における農業政策」二一―二三頁など）。そこでは、零細農の増加や低賃金労働など多就業形態による農村住民（「土地なし農」）の増加が示唆され、そのような現象が農村過剰人口の存在と把握されてきたのである。

問題はその要因である。通説としては一九一〇年代の土地調査事業と農村における商品経済の浸透が急激な農民層分解をもたらし、零細農の増加や貧困農村住民の増加、つまり膨大な農村過剰人口を生み出した、と説明されてきた。ここでは、朝鮮における人口動態と人口移動の視点からこの点をみておきたい。

朝鮮では、明治四三年（一九一〇）以降、比較的大きい人口増加がみられた。人口は、明治四三年（一九一〇）の一六三四万人から昭和一五年（一九四〇）の二四三〇万人へと一・五倍に増加した。年率では一・三三％の増加である。一般に人口成長率が一％を超えると、比較的大きな人口増加をもたらすことになる。時期別には、明治四三年（一九一〇）から大正一四年（一九二五）が一・一九％、

(3) 朝鮮農村における人口の増加

表8-3 出生率・死亡率・自然増加率の推移 単位：‰

	日本			朝鮮		
	出生率	死亡率	自然増加率	出生率	死亡率	自然増加率
明治44-大正4年	33.6	20.1	13.5	42.0	32.0	10.0
大正5-大正9年	33.1	23.6	9.5	42.0	34.6	7.4
大正10-大正14年	34.8	22.0	12.8	42.8	25.7	17.1
大正15-昭和5年	33.6	19.4	14.2	42.6	25.0	17.6
昭和6-昭和10年	31.6	17.9	13.7	42.4	21.6	20.8
昭和11-昭和15年	30.8	17.3	13.5	42.3	21.4	20.9

出典：金哲『韓国の人口と経済』68頁、97頁。

大正一四年（一九二五）から昭和一五年（一九四〇）が一・四七％であった（推計を含む。金洛年編『植民地期朝鮮の国民経済計算一九一〇―一九四五』三二八頁）。同時期の日本は一・〇％から一・三％で、産業化期先進国はおおむね一％前後であったから（坂根嘉弘「地主制の成立と農村社会」二二九頁）、朝鮮のそれは比較的高いといえる。

表8―3が日本と朝鮮の出生率・死亡率・自然人口増加率を示している。同時期の日本と比べると、朝鮮では出生率・死亡率ともに日本よりも一〇‰（パーミル、千分率）ほど高い。高出生率、高死亡率の状況を示している。日本では、出生率が昭和に入ると低下し始めているが、それよりも大正後半以降大きく死亡率が低下したため、自然増加率が高まっている。朝鮮では、出生率はほぼ横ばいで推移したが、死亡率が大正後期以降急速に低下したため、自然増加率が大正前期までのほぼ二倍と急増している。この人口動態が朝鮮農村における人口増加の基本要因であった。

出生率が下がらずに死亡率が急激に低下することによる自然増加率の飛躍的拡大は、戦後アジア諸国でみられた人口現象であった。戦後アジア諸国では、国際的な枠組みのもとで「外生的」に大規模に導入された一連の防疫・医療・衛生・啓蒙の施設・事業によって、経済発展（所得向上）に伴う「内生的」でない形での死亡率の急激な低下がみられた。それが人口の急増をもたらしたのである（渡辺利夫『開発経済学』二〇―二四頁）。朝鮮の場合も、朝鮮総督府が「外生的」に一連の近代的な防疫・医療・衛生・啓蒙の施設・事業を朝鮮農村に導入した（朝鮮総督府学務局社会教育課『朝鮮社会教化要覧』三九頁。松本武祝『朝鮮農村の〈植民地近代〉経験』四九―九四頁。木村光彦『北朝鮮経済史一九一〇―六〇』一〇一―一〇七頁）。そのことが、戦後アジア諸国の人口現象とよく似た状況を生じさせていた可能性がある。

農村人口の移動

一般に農村部で急激な人口増加が起こると、即効的に取りうる農村住民の生存水準を維持する方途は、①農村での人口扶養力の拡充、②農外への流出、の二つしかない。①は可耕地の開墾（農地面積の増加）が現実的である。しかし、農地面積の拡大は年率〇・二％未満であり（表8―5）、農村人口増加をカバーできる水準ではなかった。となると、②農外への流出が手っ取り早い方途となる。これが、朝鮮農村部人口の朝鮮内外への流出の背景にあった農村状況である。

表8―4が朝鮮人の地域別人口推移を示している。府域を都市部、郡域を農村部とすると、農村部は、大正九年（一九二〇）の一七〇六万人から昭和一五年（一九四〇）の二一一七万人と増加し、この間の増加人口の五一％を引き受けている。基本的に農村部に増加人口を抱え込んでいたことが分か

る。このような絶えざる農村人口の増加は、朝鮮の伝統的相続慣行（分割相続）と地主・舎音の収奪も加わり、農民層の下方への分解を促進することになる。その結果、零細農や雑業的多就業農村住民を多く生み出すこととなったのである。これが農村過剰人口といわれているものの正体である。その中には当然ながら、土地所有がなく小作人にもなれない「土地なし層」が多く生じていたはずである。「土地なし層」は、途上国研究で使われる概念であるが、途上国における農村貧困問題の象徴的存在で、就業が不安定で就業できても低生産性（低賃金）の多就業農村住民のことをさしている。このような農村人口増加に対して稀少な耕地をめぐる「土地なし層」の競争が第6章・第7章でみた小作問題深刻化の背景であり、農村側から労働力を常に農外へプッシュする強い力であった。

農外流出は、朝鮮内都市部への流出と朝鮮外への流出が主であった。表8—4によると、増加人口のうち、都市部が二三%、朝鮮外が二六%を引き受けている。都市部（特に京城府）への急激な流出は、戦後の途上国における過剰都市化と類似の現象を生んでいた。過剰都市化とは、就業機会や住宅・保健衛生施設などの生活関連資本の供給が増加人口に追いつけない状況のことである。経済発展に伴って力強く拡大する都市部の商工業部門が強い労働力需要を

(3) 朝鮮農村における人口の増加

表8-4　地域別朝鮮人人口の推移

単位：万人、%

	大正9年 a	昭和15年 b	増加 b−a
朝鮮府域	49	238	188
朝鮮郡域	1,706	2,117	411
朝鮮外	50	263	213
合計	1,805	2,618	813
（割合）	大正9年	昭和15年	増加
朝鮮府域	3%	9%	23%
朝鮮郡域	94%	81%	51%
朝鮮外	3%	10%	26%
合計	100%	100%	100%

出典：堀和生『朝鮮工業化の史的分析』117頁。
注：外国人などを含まない朝鮮人人口。

表8-5-1　朝鮮農業生産の推移

	耕地面積			稲作（玄米）	農産物実質生産額	土地生産性	
	田	畑	計			稲作（玄米）	農産物実質生産額
	千町 b	千町 c	千町 d	千石 e	千円 f	石/反 e/b	円/町 f/d
大正９年	1,548	2,825	4,373	14,039	892,857	0.91	204
大正14年	1,578	2,847	4,425	16,017	947,844	1.01	214
昭和５年	1,641	2,816	4,457	17,924	1,045,789	1.09	235
昭和10年	1,706	2,794	4,501	21,882	1,195,991	1.28	266
昭和13年	1,748	2,765	4,513	21,246	1,183,080	1.22	262

表8-5-2　朝鮮農業生産（成長率）　単位：％

大正9-昭和5年	0.53	-0.03	0.17	2.25	1.45	1.69	1.27
昭和5-昭和13年	0.70	-0.20	0.14	1.91	1.38	1.22	1.24
大正9-昭和13年	0.64	-0.11	0.17	2.20	1.49	1.56	1.33

出典：金洛年編『植民地期朝鮮の国民経済計算1910-1945』。
注1）表示年を中央年とする5か年移動平均。
2）農産物実質生産額は1935年基準でデフレートした数値。農産物は米麦類、その他穀類、野菜、果物、特用作物、家畜・養蚕。
3）成長率（年率）は、各年次を中点とする5か年移動平均値に基づいて複利計算。

生み出し農村労働力を都市部に吸収するのではなく、農村における就業機会の不足とそれによる農村の貧困が、農村人口を都市部に押し出すという構造である。都市部への流入人口の多くは、日雇労働者・商店手伝い・行商人など参入が容易なサービス部門（都市インフォーマル部門）への就業を余儀なくされていた。京城では「土幕民」（スラム）が急増し、社会問題となっていたのである（渡辺利夫『アジア経済をどう捉えるか』九四―一〇八頁。橋谷弘『帝国日本と植民地都市』四八―六五頁）。

もう一方の朝鮮外への流出であるが、その流出先は、主に日本内地と中国（満洲、華北など）であった。日本内地と中国への流出が生じたのは、日本や中国に何らかの仕事（就業先）があり、その稼ぎ（報酬）

が朝鮮農村のそれよりも良かったためであろう。中国では、満洲への流出が多くを占めていたが、一九四〇年代に入ると減少していくことになる。戦時体制下の日本・朝鮮で労働力需要が急拡大し、農村労働力の不足へと基調変化が生じたためである（堀和生『朝鮮工業化の史的分析』一一五―一一七頁）。

朝鮮農業の発展方向

朝鮮農業の土地生産性は著しく伸びた。表8―5によると、大正九年（一九二〇）から昭和一三年（一九三八）の稲作生産は年率二・二％の成長をみせ、農産物生産額でみても一・四九％の高い成長率であった。稲作の土地生産性の伸びも一・五六％と高い。農業の高成長がみられた明治期日本よりも高い成長率である。これは、日本内地の高米価米穀市場を背景に、内地から高収量品種を導入し、それに対応した肥料投入・灌漑設備を整えた結果である。しかし、それは必ずしも労働生産性の飛躍的上昇（ひいては農村住民の厚生水準の向上）には結びつかなかった。なぜであろうか。

戦後のアジア諸国では、多肥多収性の高収量品種が導入され（「緑の革命」）、土地生産性が著しく上昇した。しかし、それは労働生産性の大きな伸び（農民の厚生水準の上昇）には結びつかなかった。農村人口の爆発的増加により農業就業者一人当たりの耕地面積が減少したためである（渡辺利夫『開発経済学』八二―一〇〇頁）。それと同じ現象が朝鮮でも生じていたと考えられる。つまり、「緑の革命」に比すべき土地生産性の上昇がありながらも、労働力一単位当たりの土地投入量が減少し、飛躍

(3)　朝鮮農村における人口の増加

的な労働生産性の伸びに結果しなかったのである。その根本原因は、絶えざる農村人口の増加にあった。農村人口の増加が農業就業者一人当たりの耕地面積の減少を招いていたからである。絶えざる農村人口の増加が農村住民の厚生水準の上昇を阻み、農村の貧困を再生産していくという状況を生んでいたと言える。これに、地主や舎音の収奪が加わっていたのである。

（4）拓務課嘱託時代の吉田正廣

拓務課の変遷とその仕事

吉田正廣は、退官後、外事部拓務課嘱託、司政局拓務課嘱託についていた。昭和一六年（一九四一）六月三〇日に退官し、引き続いて外事部拓務課嘱託に就任した。外事部拓務課、司政局拓務課では、ともに七人いる嘱託のうち最高額の手当てを受けていた。朝鮮総督府編纂『朝鮮総督府及所属官署職員録』は「昭和一七年七月一日現在」までしか刊行されていないので、その後は確認できないが、『毎日新報』の記事によると、吉田正廣は昭和一六年（一九四一）四月一八日に蘆台模範農村協同組合の組合長に就任し、その後、蘆台《ろだい》模範農村の農場長となっている（後述）。

まず、吉田正廣が属していた拓務課の事務分掌とその官制上の変遷を確認しておこう。外事部が総督官房の外務部から独立したのは昭和一四年（一九三九）八月である。日中戦争による朝鮮人避難民に関する業務や外国領事館との折衝業務が増えたためである。その外事部は、在外朝鮮人や朝鮮に関係する海外商況の調査などを担った外務課と、満支開拓・移民や拓殖会社の監督・指導が業務の拓務課、の二課に分かれていた。拓務課の事務分掌は、「満支開拓民の移植計画、満支移住適地調査、開拓民の輸送、開拓民の訓練、安全農村、鮮満拓殖株式会社・満鮮拓植株式会社の監督・指導」である（アジ歴グロッサリー「拓務課」、「外事部」。金永哲『「満洲国」期における朝鮮人満洲移民政策』一六九頁）。

その後、昭和一六年（一九四一）一一月に外事部が廃止となる。その業務は司政局に引き継がれた。司政局は、それまでの内務局の地方行政に関する業務と外事部（外務課、拓務課の二課）の業務を統括するために、内務局と外事部が統合して昭和一六年（一九四一）一一月に発足した（アジ歴グロッサリー「司政局」）。司政局には、地方課、国民総力課、外務課、拓務課、土木課の五課が置かれ、その拓務課の筆頭嘱託が吉田正廣であった（朝鮮総督府編纂『昭和十七年七月一日現在朝鮮総督府及所属官署職員録』三―四頁）。さらに昭和一七年（一九四二）一一月、日本政府の行政簡素化の方針により、拓務課が外務課に統合され、その外務課が在外朝鮮人の保護撫育、満支開拓民を扱うようになった。行政一元化・簡素化がさらに進められた昭和一八年（一九四三）三月には官制改革で新設された農商局の農務課で開拓民に関する事務が処理されることになった。その後は、そのまま敗戦を迎える（金永哲『「満洲国」期における朝鮮人満洲移民政策』二四六―二四七頁）。吉田正廣は、司政局拓務課、外務課、農商局農務課の嘱託だった。

ちなみに、拓務課の事務分掌にでてくる「安全農村」とは、満洲事変により避難した朝鮮人並びに満洲北部の大水害による朝鮮人罹災民のうち、原地帰還不能者を定着させ自作農とするために創設された村落である。五か所の安全農村があった（朝鮮総督府司政局『昭和十六年十二月第七十九回帝国議会説明資料』一八九―一九〇頁）。同様に事務分掌にある鮮満拓殖株式会社とは、朝鮮西北部への朝鮮人移住者のための拓殖事業の経営、満洲国における朝鮮人移住者のための拓殖事業に対する資金供給を目的とした特殊国策会社である。満洲国の新京（現・長春）には、鮮満拓殖株式会社が全額出資する満鮮拓植株式会社が設立された。その事業は、在満朝鮮人の統制・生活安定と新規の朝鮮人満洲移民の指導・援助であった（高見成『鮮満拓殖株式会社・満鮮拓植株式会社五年史』二〇―二五頁、四〇頁、四五頁、二八三頁。同盟通信社編纂『昭和十四年版時事年鑑』六五四頁）。

蘆台模範農村の建設

さて、昭和一六年（一九四一）四月に吉田正廣が派遣された蘆台《ろだい》模範農村とは、どのようなところであったろうか。興亜院文化部『北支農政一般問題ニ関スル対策』（昭和一六年、一八頁）は、蘆台模範農村建設の目的を朝鮮総督府による「朝鮮人不正業者ノ帰農及事変ニヨル避難鮮人ノ救済並北支農業再建」としている（李海訓『中国東北における稲作農業の展開過程』二八八頁より再引用）。日中戦争の勃発により天津などへの朝鮮人避難民が多数にのぼり、かつ日本の侵攻に伴い華北在留朝鮮人が増加し、朝鮮総督府は外務省とともに華北在留朝鮮人の「善導・保護・撫育」にあたることになった。朝鮮人のなかには多数の「不正業者」（アヘン・麻薬など禁制品密売者）が存在し、これらの取締り・対策が急務となっていた（朝鮮総督府編纂『朝鮮事情昭和十八年版』三〇九―三一二頁。朴橿『阿片帝国日

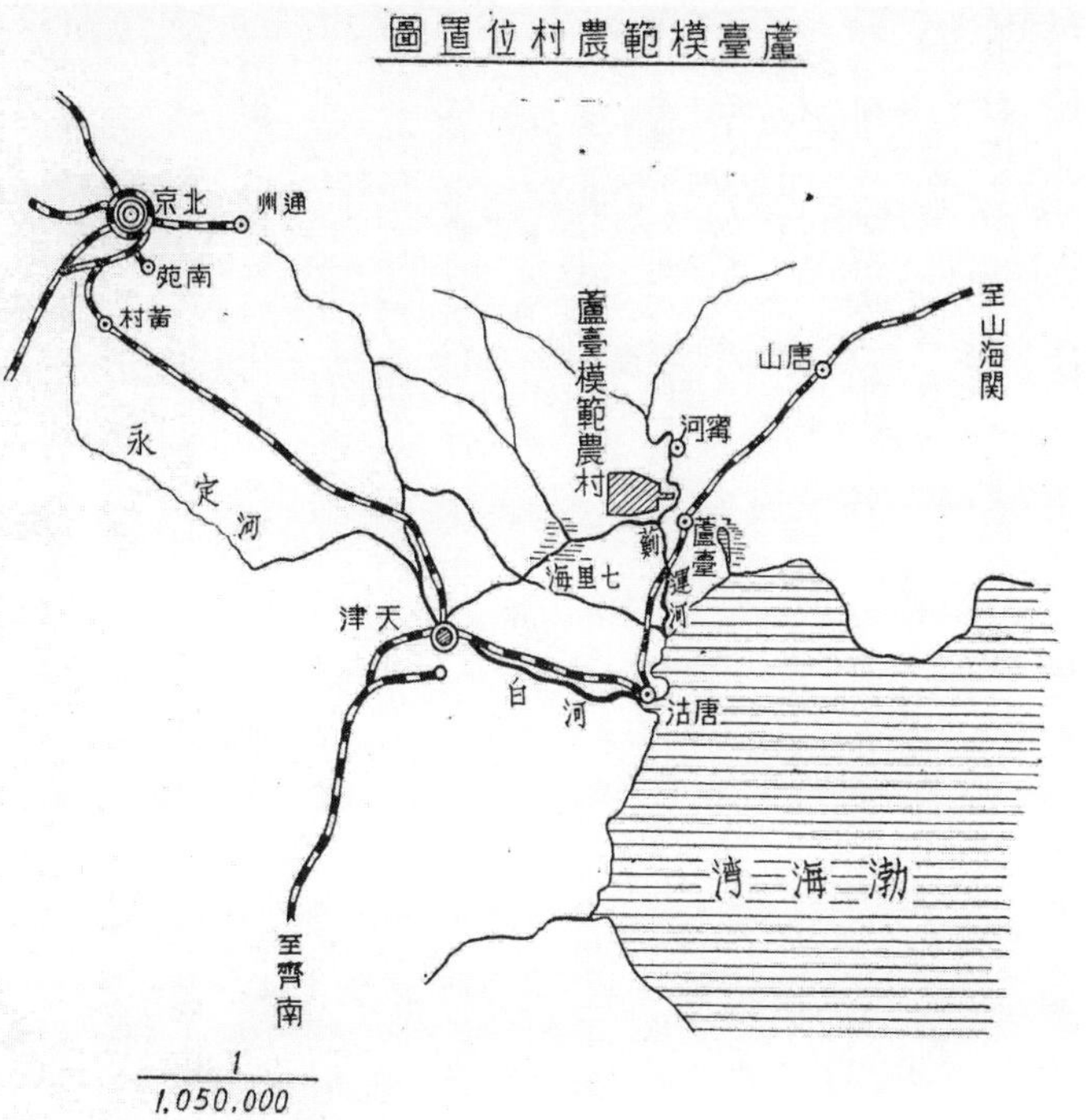

図8-1　盧台模範農村位置図

出典：東洋拓殖株式会社『盧台模範農村建設事業概況』

注：盧台は天津から約55km、京山線盧台駅西方約8km、薊運河右岸に位置した（東洋拓殖株式会社『盧台模範農村建設事業概況』2頁。運河は日本でいう運河ではなく川）。水陸の便が良く、付近一帯は広漠たる豊沃な平野で農耕適地であった。緯度は仙台と同じ、気候は南朝鮮に相当し、夏季はやや高温なるも冬季は温暖であった（小林元裕「華北在留朝鮮人と盧台模範農村」54頁。大河内一雄『幻の国策会社東洋拓殖』71-72頁）。

本と朝鮮人』一一八―一五〇頁）。

当初、「北支安全農村」と呼ばれた盧台模範農村の構想は、もともとは朝鮮人の「不正業者」（禁制品密売者）を盧台模範農村に入植させ、彼らを更生させるという発想から始まった。冀東防共自治政府（昭和一〇～一三年）の成立後、特にこのような「不正業者」が目立って来ており、その取締りが課題となっていた。蘆台模範農村のモデルとなったのは、上述した満洲の安全農村である（朝鮮総督府編纂『朝鮮総督府施政年報昭和十六年版』四九三頁。小林元裕「華北在留朝鮮人と蘆台模範農村」五〇―五三頁）。朝鮮人避難民と「不正業者」の職業斡旋施設として蘆台模範農村建設が構想されたのである。寗河県蘆台は天津の近郊で、冀東防共自治政府の南端に位置した（図8―1）。

昭和一二年（一九三七）五月以降、冀東政府、特務機関、総領事、朝鮮総督府が協議し、華北の寗河県蘆台に安全農村を建設する計画を固めていった。朝鮮総督府の援助のもとに東洋拓殖株式会社（東拓）が建設工事を担当し、総督府と外務省がそれへ補助金を支出するという内容であった。土地は冀東政府が買上げ、東拓に貸下（三十年間を一期に永租）する形式を採用した。昭和一三年（一九三八）に入り、土地買収、農場建設が進められたが、中国人の反対、治安の悪化（「匪賊」の活動）、夏の洪水があり、昭和一三年（一九三八）夏の起工予定が一二月に遅延した。起工後も物価暴騰、労働者不足の難関に逢着し、土地改良工事・建物・施設が完成したのは昭和一五年（一九四〇）五月であった。

昭和一四年（一九三九）になると入植が始まり、昭和一五年度（一九四〇）から本格的な農耕が開始された。朝鮮人入植者の斡旋、選定、指導を担当したのは朝鮮総督府である。華北（山海関、北京、天津、石家荘、太原、青島、済南、唐山）の在留朝鮮人と朝鮮から「指導農家」が入植した。朝鮮人入植者数は、昭和一六年（一九四一）一〇月現在で、九三三戸、四〇八八人である。これが、吉田正廣が赴任したころの入植者数である。朝鮮総督府と東拓天津支店は、業務遂行と監督のために係員を蘆

台に常駐させていた（朝鮮総督府司政局『昭和十六年十二月第七十九回帝国議会説明資料』四〇八―四一七頁。朝鮮総督府編纂『朝鮮総督府施政年報昭和十六年版』四九四頁。東洋拓殖株式会社『蘆台模範農村建設事業概況』一―二頁。小林元裕「華北在留朝鮮人と蘆台模範農村」五四―六五頁）。

蘆台模範農村への赴任

蘆台模範農村は、総面積三五六〇町歩（開田二五〇〇町歩、開畑四〇〇町歩、宅地・工事潰地其他面積六六〇町歩）という広大なものであった。農場の周囲二三キロメートルを防水堤で囲み、大規模な用排水施設により幹支線七二条の水路で灌排水を行っていた。農家戸数一〇〇〇戸、五〇〇〇人を擁する大農場で、入植農民はいくつかの集落に居住し（昭和一九年五月の集落数は三〇）、中央の集落には協同組合事務所、小学校（蘆台日本国民学校）、領事館警察署・自衛団、郵便局などが置かれていた（東洋拓殖株式会社『蘆台模範農村建設事業概況』二―三頁。猪又正一『私の東拓回顧録』一三二頁。『官報』四七二七号。『毎日新報』昭和一九年五月一三日）。図8―2がその平面図である。

昭和一九年（一九四四）五月、蘆台模範農村を訪れた『毎日新報』の記者はその様子を次のように伝えている。

北京を離れ約五時間で蘆台駅に降りた。農場までは駅前にある町・蘆台鎮から薊運河を渡って農場に着いた。農場で最初びっくりしたのは、そこに施設されているすべての現代的設備であった。赤いレンガで建てた協同組合、国民学校、警察署、病院、組合員の住宅まですべて堂々とし

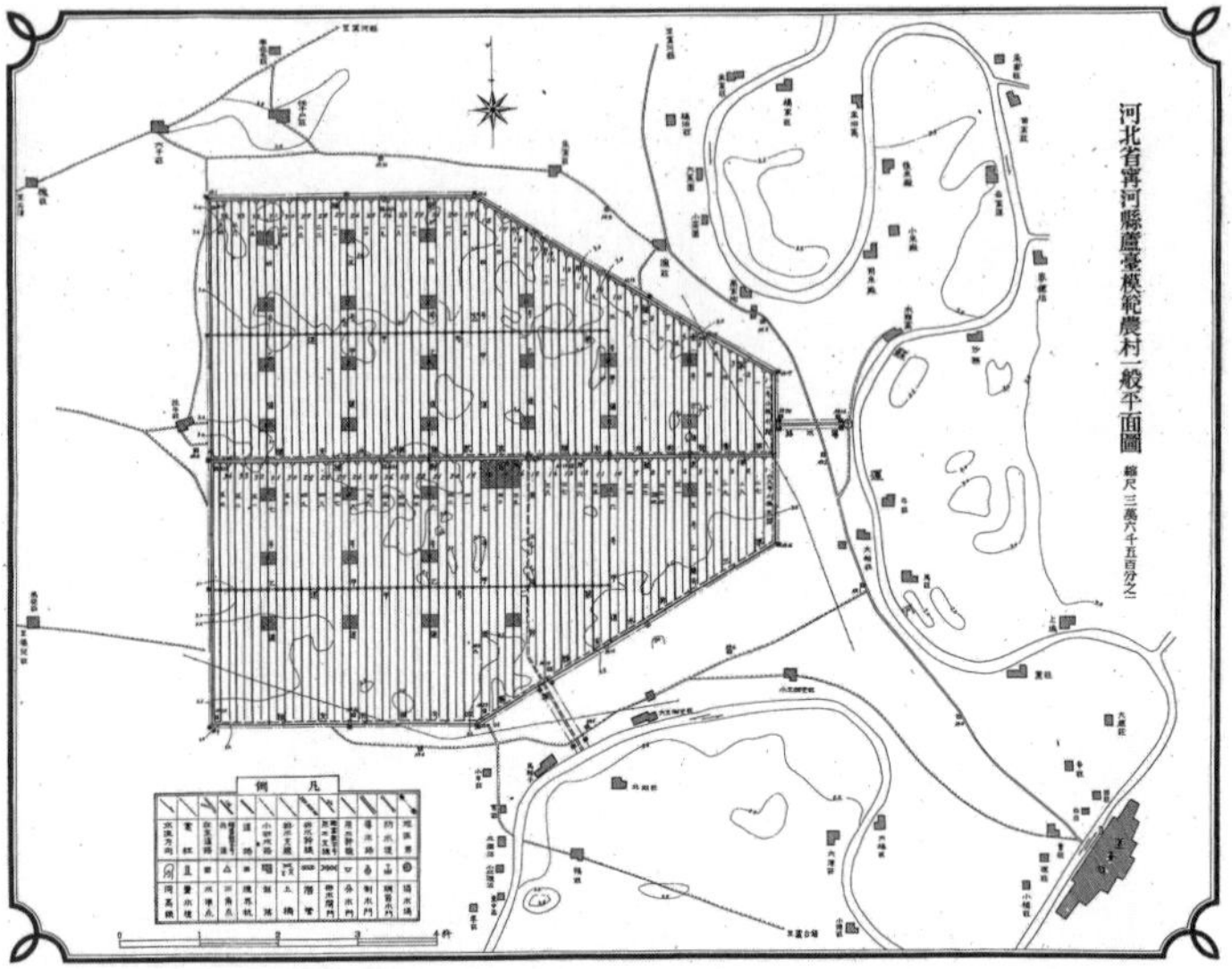

図8-2　蘆台模範農村平面図

出典：東洋拓殖株式会社『蘆台模範農村建設事業概況』。

注：農場の周囲に水害防止用の延長23kmの防水堤を築造。東方の薊運河に導水路を設け連結し（揚水場を設置）、排水幹線を地区の南方に閘門を設置し薊運河に連結排水する。農家集落（図中の黒くみえる四角）を堤防内に設け、中央の集落には、協同組合事務所、領事館警察署、郵便局、小学校、病院、警備部隊などを設置。中央集落に地下300mの深井戸を掘削、砂利層より良質の飲料水を確保した。主な作付品種は日本種の銀坊主中生である（東洋拓殖株式会社『蘆台模範農村建設事業概況』3頁。無署名「蘆台の東拓経営模範農場の現況」14-18頁。猪又正一『私の東拓回顧録』131頁。大河内一雄『幻の国策会社東洋拓殖』71-73頁。李海訓『中国東北における稲作農業の展開過程』285-298頁）。吉田正廣は中央集落の事務所に勤務し、傍らの宿舎に住んでいた。

た建物であり、電灯まで煌々と点いているのを見ると、ここがたった四年の短い歴史を持つ開拓農場なのか、疑わざるを得ない。(『毎日新報』昭和一九年五月一一日)

蘆台模範農村の運営は、蘆台模範農村協同組合が仕切っていた。協同組合が農場の教育、衛生、農事、金融など一切の施設経営にあたっていたのである。協同組合には、庶務部、農教部、金融部、翼賛部、教育部、体育部、文化部が置かれていた（『毎日新報』昭和一九年五月一三日）。東拓は組合諸般の事業に協力するとともに、主に所要資金の融通を分担していた（東洋拓殖株式会社『蘆台模範農村建設事業概況』五頁）。蘆台模範農村協同組合の初代組合長は、朝鮮総督府からの派遣員である高島正太郎（朝鮮総督府外事部外務課嘱託）である（朝鮮総督府編纂『昭和十五年七月一日現在朝鮮総督府及所属官署職員録』一五頁。小林元裕「華北在留朝鮮人と蘆台模範農村」六六頁）。高島正太郎は、当初の実地測量からこの事業に関わっていた（「蘆台模範農村事業月例報告ノ件」）。蘆台模範農村の運営・管理・監督には、朝鮮総督府があたっていたのである。朝鮮総督府嘱託・吉田正廣は、高島正太郎の後を受け、第二代の組合長に就任した（『毎日新報』昭和一六年四月一二日）。吉田正廣は赴任に際し次のように述べている。

二十年間も朝鮮の農民とともに過ごし、この度はまた北支にある朝鮮農業と縁を結ぶことになるのは、私としては感無量である。今後は蘆台の農民とともに日常の苦楽をともにすることを考えると、過去の仕事は卓上の仕事であったが、これからは実際の仕事なのでさらに責任の重さを感じる。（『毎日新報』昭和一六年四月一二日）

吉田正廣が蘆台に赴任した昭和一六年（一九四一）四月は、蘆台模範農村の工事が完成し、主な入植者が入植を完了していたころであった。昭和一七年（一九四二）八月現在の朝鮮人入植者数は一〇二四戸、四三七七人なので（東洋拓殖株式会社『蘆台模範農村建設事業概況』二頁）、工事完成後も、入植者が少しずつ増加していた。ちなみに、蘆台模範農村の日本人は、昭和一六年（一九四一）

揚水場内面全景

排水閘門内面

注：揚水場では、渦巻ポンプ1台、軸流ポンプ2台をディーゼルエンジン200馬力1台及120馬力2台で運転し、幹支線水路72条によって地区内の田畑2900町歩の除塩及灌漑をなす(東洋拓殖株式会社『蘆台模範農村建設事業概況』3頁)。

用水幹線ノ一部（昭17.8月）

建築せし國民學校全景（昭15.10月）

写真8-2　蘆台模範農村写真（右上：揚水場、右下：排水閘門、左上：用水路、左下：国民学校）

出典：東洋拓殖株式会社『蘆台模範農村建設事業概況』口絵写真

一月で二六人、昭和一七年（一九四二）一月で四〇人である（木村健二他「戦時下における朝鮮人の中国関内進出について」八三頁）。

吉田正廣の肩書は、昭和一九年（一九四四）五月時点では、農場長となっている（『毎日新報』昭和一九年五月一一日）。蘆台模範農村の職制は不明であるが、『毎日新報』（昭和一九年五月一一日）の新聞記事では吉田正廣一人が登場し、もっぱら彼が語っており、農場長・吉田正廣が蘆台模範農村を代表する最高責任者であったことを示している。吉田正廣は、昭和一六年（一九四一）四月から敗戦まで、蘆台模範農村の最高責任者の地位（組合長・農場長）にあったのではないかと思われる。

なお、国民学校は、昭和一九年（一九四四）五月現在、一四学級、生徒数七八〇人であった。音楽室のピアノはドイツのハンブルク製で、吉田正廣農場長の自慢であったという。当時、国民学校講堂は増築中で、これが完成すれば充実した設備を備えることになるであろうと報じている（『毎日新報』昭和一九年五月一三日）。

蘆台農民の生活

蘆台模範農村についての関連資料や先行文献は少ない。先行文献のなかで、最も詳しくかつ纏まっているのは、小林元裕「華北在留朝鮮人と蘆台模範農村」（二〇一四年）である。ただし、この論稿でも主な記述は、昭和一五年（一九四〇）までの農場建設過程にとどまっている。先行研究では、昭和一六年（一九四二）以降の農場経営や農民生活についての記述や資料は今のところ見出せない。本書で使用している『毎日新報』の記事は、これまで使われていない。このような研究状況、資料状況であるので、ここでは少し長くなるが、『毎日新報』の記事のなかで、蘆台農民の生活について述べているところをそのまま掲載しておきたい。現段階では、関連する他の資料が得られないため、この記事内容の検証はできない。『毎日新報』は、ハングルによる朝鮮総督府の機関紙である。

四年間の農民の貯金額をみると、一五年に二万円、一六年に二一万九千余円、一七年度に四二万七千余円、一八年度に□四万二千余円で、一八年度は収穫高が減少したにもかかわらず貯金額が高くなったのはその分、高価の副収入があったからだ。この農場の収入全体をみると、農場の家計は二つに分けられる。一つは経営主体である協同組合の財政、二つ目は農民各自の生活である。組合の財政としては一六年一七年までは農民の全収入の三割五分をもらって組合の費用または農村教育その他文化施設に充ててきたのを、一八年度には四割に上げた。それは、一八年度からは農民の個人生活がかなり豊かになったため、五分を上げてその一部を土地代金に回すようにしたのである。農民個人の収入を標準で見ると、一戸で平均二町歩の水田を耕すので、約一〇〇石の収穫があるとすれば、収入は一万五千円でその四割を組合に出すと九千円が手中に残る。組合の農民指導政策は、この九千円の収入をそのまま現金で使ってしまうように放置するものではない。まずは個人の貯金として五千円を目標とし、その四分の一を貯金させ、その代わりに二銭五厘の高い利子をつける。その次にまた四分の一は翌年の営農費用として組合に保管し、残りの二分の一は現金として農民に渡すが、この現金もなるべく組合に貯金することを勧めていた。これが将来、彼らが故郷に帰るときに大きな財産になるからだ。もし農民たちに臨時の収入が必要なら、がんばって副業でカマスを作るか、縄をなうと相当な収入がある。これは一八年度のこの農場の副収入が三五万円になることからもわかる。単にこの経済的立場からみても、この農場は相当の収入を得られる。このような条件から、蘆台農場は現在三五〇〇町歩のうち約七〇〇町歩は未開墾地として残していたのを、今年はすべて開墾するが、そうするとまだこの農場には約三〇〇戸の新しい農民の立村が可能である。(『毎日新報』昭和一九年五月一一日)

吉田正廣は、農場設備について次のように述べている。

この農場の組合側と農民の関係は、よく見る地主と農民の関係のように農場の収入がすべて地主の懐に入るのではなく、組合はただ農民の使いに過ぎません。実費を使って残るのはすべて農場の文化施設に充てるので、四年目になる農場にこれほどの設備があるのはもちろん努力もあったけど、決して奇跡ではありません。この農場は今年から更なる飛躍をします。農場の機械ももっと完備させ、あと一か月でこの農場三〇部落すべてに電灯が点きます。そして数年後は、部落全部がレンガ家の文化村になります。(『毎日新報』昭和一九年五月一一日)

この記事によると、昭和一九年(一九四四)に未墾地約七〇〇町歩を新たに開墾し、約三〇〇戸の農家を入植させる計画であったことが分かる。新たに入植者を受け入れるについて、吉田正廣は次のように述べている。

ふつう農村というと、みんなあまり喜んで来ないようですが、これだけのところだと誰でも競

(4)　拓務課嘱託時代の吉田正廣

表8-6　蘆台模範農村の稲作生産高

区分		沓作付面積		収穫高（籾）		反当収穫高（籾）	
年次	年度	計画	実績	計画	実績	計画	実績
		町	町	石	石	石	石
1	昭和15	1,500	1,752	22,500	15,038	1.50	0.86
2	昭和16	1,750	1,856	35,000	52,574	2.00	2.83
3	昭和17	2,000	1,968	48,000	57,346	2.40	2.91
4	昭和18	2,250		60,750	45,000	2.70	
5	昭和19	2,500		75,000		3.00	

出典：東洋拓殖株式会社『蘆台模範農村建設事業概況』6頁。東洋拓殖調査課『東洋拓殖株式会社要覧昭和18年版』36頁。『毎日新報』昭和19年5月11日。

争して来ても良いでしょう。そして半分強制で立村させるという風説もあるようですが、決してそういうことはありません。われらは希望者に限って、質の高い農民を選んで立村させたいです。
（『毎日新報』昭和一九年五月一一日）

昭和一四年（一九三九）ごろの朝鮮総督府による「指定農家」の入植斡旋は、予定通りには進まなかった。華北の治安や蘆台での農耕の将来性などに不安を抱き、かつ入植しても一年間ほどは農業収入が得られないため（その間の生活費は東拓が貸付けていた）、躊躇する農民が少なからず存在したようである。農場を「脱走」した事例も指摘されている（小林元裕「華北在留朝鮮人と蘆台模範農村」六一―六二頁、七七頁）。このあたりの実態は、必ずしも明確にはできないが、吉田正廣のいう「半分強制で立村させるという風説」と関わっているのかもしれない。特に、戦時期には日本・朝鮮とも労働力需要が拡大し、労働力不足へと基調が変化していた。そのなかでの入植斡旋には困難が伴ったと思われる。

蘆台模範農村の収穫高実績

蘆台模範農村の米穀生産実績が表8—6である。生産実績のデータは、昭和一八年度（一九四三）までしか採れない。昭和一五年度（一九四〇）は、収穫高計画二万二五〇〇石に対して、実収高は一万五〇三八石（計画の六七％）であった。この年度は初年度ということもあり、水路・田の地均しなどが不十分で給水がうまくいかず、収量が少なかった。昭和一六年度（一九四一）は地均し不良などに改良工事を加えた結果、実収高は五万二五七四石（計画の一・五倍）、続く昭和一七年度（一九四二）の実収高は五万七三四六石（計画の一・二倍）と計画を大幅に上回る実績をあげている。この実績を踏まえ東拓は「本農村の稲作事業は正に北支に於ける模範たり得るもの」と自負している（東洋拓殖株式会社『蘆台模範農村建設事業概況』五—六頁）。ただ、昭和一八年度（一九四三）は、実収高は四万五〇〇〇石（計画の七四％）と計画を大きく下回っている。減収の原因は、動力源を重油から電力に変更したのに伴い、新しい設備の設置が遅れたためとしている（『毎日新報』昭和一九年五月一一日）。

もともと華北は畑作地帯であったが、蘆台付近では明治四三年（一九一〇）ころより次第に稲作が広がっていった。昭和一六年（一九四一）時点で、寗河県の水田一万町余のうち三五％を蘆台模範農村が占めていた（李海訓『中国東北における稲作農業の展開過程』二八五—二八七頁）。蘆台模範農村はすべてが水田であった（『毎日新報』昭和一九年五月一一日）。

蘆台模範農村の米穀取引

蘆台模範農村の収穫米は、日本陸軍が買い上げていたと思われる。中国戦線の日本陸軍は、糧食の補給を考えておらず、糧食の現地調達による現地自活主義を基本としていた。蘆台地区の米穀買収は、天津陸軍特務機関の監督のもと、昭和一五年度（一九四〇）、昭和一六年度（一九四一）は三井物産が、昭和一七年度（一九四二）は軍糧城精穀会社が、それぞれ買収業者に指定されていた。指定業者（三井物産など）は、指示された銘柄等級別買付価格で米穀を買い集め、買収手数料三％を取得した。生産者は、指定業者以外との取引を禁止されていた（浅田喬二「日本帝国主義による中国農業資源の収奪過程（一九三七〜一九四一年）」三六―三九頁。李海訓『中国東北における稲作農業の展開過程』二九四頁）。昭和一八年（一九四三）以降は、華北墾業股份有限公司と米穀統制会（軍糧城精穀会社の系列）の統制下におかれた（李海訓『中国東北における稲作農業の展開過程』二九六頁）。蘆台模範農村は米穀の大口取引先であり、農場長の吉田正廣は、これらの業者との米穀取引交渉をしたはずである。

なお、『毎日新報』（昭和一八年三月二日）に掲載された「至誠奉公乗切れ時局」という広告に、吉田正廣は「社団法人農事協会会長」という肩書で登場する。昭和一六年（一九四一）ごろ、天津近郊の日本人農場経営者が組織した「天津農事協会」という団体が存在していた（浅田喬二「日本帝国主義による中国農業資源の収奪過程（一九三七〜一九四一年）」三七頁）。「社団法人農事協会」は、この系統の団体ではなかろうか。

蘆台模範農村と東洋拓殖会社（東拓）

さて、東拓が蘆台模範農村に投資した農村建設費は、土地改良及建物工事費二一〇万円、警察庁舎及宿舎建築費二〇万円、共同井戸其他建設費一〇万円、灌漑改善工事費一七万円、総計二五七万円である。東拓は、蘆台模範農村協同組合に年賦譲渡又は貸付という形で処理していた。このうち土地改良及建物工事費二一〇万円は一五年賦であったが、戦時インフレのため二年そこそこで完済した。また、協同組合員（農民）への営農資金（毎年一〇〇万円程度）の貸付、協同組合への協同組合経費（一〇から三〇万円）・籾摺工場建設資金（昭和一六年度七万円）の貸付も東拓が行っている。組合員からの返済は、農産物売却処分後に回収していた（東洋拓殖株式会社『蘆台模範農村建設事業概況』六―八頁。大河内一雄『幻の国策会社東洋拓殖』七三頁）。

一方、東拓の会計帳簿における特殊事業収入（蘆台模範農村）をみると、昭和一八年（一九四三）下期五三〇万円、昭和一九年（一九四四）上期七九八万円、同下期七一二万円、昭和二〇年（一九四五）上期四四九万円となっている（黒瀬郁二『東洋拓殖会社』二七四頁）。戦時インフレの影響があるが、かなり大きな数字が計上されている。昭和一八年（一九四三）以降の時期は、吉田正廣が農場長であった時期である。蘆台模範農村の特殊事業収入が具体的に何を示しているのかその内訳は分からないが、この数字の動きを素直にみる限り、農場の経営は順調であったようである。

ちなみに、蘆台模範農村は、戦後、国共内戦を経て中国の国営農場となった（立石昌広「中国国営農場研究」九五頁）。昭和三〇年代、農林省から中国に派遣された日本の農村青年が蘆台農場を見学して、「中国の農業土木技術は素晴らしい。その大きさも言語に絶する」と帰国後に報告したという（大河内一雄編著『国策会社・東洋拓殖の終焉』一五九頁）。蘆台模範農村の施設は、当時の一般的な中国農家からすると、並外れた近代設備をもった広大な農場であったに違いない。

昭和一九年九月の吉田正廣家

戦時中の吉田正廣家の動向は、十分に把握できない。吉田拓郎は「一家は朝鮮の羅南というところで暮らしていたらしい」と語っているが（重松清「ロングインタビュー吉田拓郎」一二三頁）、吉田正廣家はずっと戦争中も京城府で暮らしていた。ただ、吉田正廣は仕事による蘆台への出張は多く、京城を離れることは常であったと思われる。

写真8-3　針持健一郎
出典：針持健一郎『秋乙挽歌』口絵写真。
注：昭和20年（1945）5月平壌・秋乙の偕行社で撮影。

ちなみに、松尾宏子の教示によると、羅南は吉田正廣の妻・朝子が育った場所という。咸鏡北道・羅南は軍都で、道庁や第十九師団司令部の所在地である。他方、吉田朝子は、父親は軍医で、自らは京城生まれで、京城で育ち、旧制高等女学校を卒業した、と語っている（毒蝮三太夫「シリーズおふくろ吉田朝子さん」一五五頁）。旧制高等女学校は、京城公立高等女学校であろう。「朝鮮一のエリート女学校」である（広瀬玲子『帝国に生きた少女たち』六一頁）。針持和郎によると、朝子の母親の実家が羅南にあったのではないかという。

さて、昭和一九年（一九四四）九月、針持健一郎（写真８―３）が平壌の第四十一聯隊入営のため、京城府の吉田正廣宅に立ち寄っている。針持健一郎は吉田正廣の妹スマの長男である。針持健一郎は、平壌の平壌師範学校本科を卒業期の繰り上げで卒業した後、入営までの短期間を郷里の鹿児島県西太良村で過ごしていた。昭和一九年（一九四四）九月三〇日に第三十師団歩兵第四十一聯隊（平壌）に入営しなければならないため、九月二三日鹿児島を発ち、平壌に向かった。その途上、京城の吉田正廣宅を訪ねたのである。針持健一郎は平壌までの途上、親戚に立ち寄りながら京城に着いている。戦死を覚悟した訪問であった（針持健一郎『秋乙挽歌』一―四頁）。

昭和一九年（一九四四）九月二七日、京城駅で降車し、吉田正廣宅で旅装を解いた。京城駅と吉田正廣宅は歩いていける距離である。針持健一郎はその時の様子を次のように記している。「フォーク歌手で「結婚しようよ」等数々のヒットを放った作詞作曲の吉田拓郎はまだ生まれていなかった。彼の姉二人が仲良く庭先のブランコで遊んでいた」（針持健一郎『秋乙挽歌』四頁。吉田正廣家については後述するが、「彼の姉二人」は正確には「彼の兄姉二人」で、長男・哲郎と次女・宏子である）。吉田正廣宅で一泊し、翌二八日に京城を発ち、二九日平壌師範学校で卒業証書を受け取り、三〇日予定通り入営した（針持健一郎『秋乙挽歌』五―九頁）。

針持健一郎は、昭和二〇年（一九四五）八月二三日、平壌で武装解除され、そのままソビエト（ウクライナ)に三年余り抑留された(針持健一郎『秋乙挽歌』七七―一六四頁)。郷里・鹿児島に帰ることができたのは、昭和二三年(一九四八)一一月五日である。その時の様子を次のように記している。「鹿児島本線水俣駅で乗り替えて大口駅で降りた。駅頭には親戚達が集まっていた。吉田の叔父は北支から京城の自宅を経て帰るまでの苦労を話してくれた。軍人ばかりでなく、一般邦人の苦労も偲ばれる。夕方帰宅して父母との四年ぶりの対面ができてうれしい」(針持健一郎『秋乙挽歌』一六六頁)。「吉田の叔父」とは、吉田正廣のことである。「北支から京城の自宅を経て帰る」とあり、蘆台模範農村関係で「北支」にいたのであろう。

針持健一郎は、戦後、鹿児島県で教員をつとめた。文化人で、『秋乙挽歌』(平成六年)、『白き炎‥歌集』(平成二五年)などの著作がある。戦後の吉田正廣家との交流については、本書の針持和郎「寄稿 吉田正廣の思い出」を参照いただきたい。

第9章
鹿児島県庁時代
—戦後の吉田正廣—

旧鹿児島県立図書館

出典：鹿児島県立図書館編『鹿児島県立図書館新築落成記念誌』口絵写真（上写真）。撮影：坂根嘉弘（平成30年3月）（下写真）。

注：上が昭和2年（1927）に竣工した鹿児島県立図書館。下が現在の鹿児島県立博物館。吉田正廣が仕事をしていた鹿児島県立図書館は、現在の鹿児島県立博物館にあたる。鹿児島県立博物館は昭和56年（1981）に改装、開館。

（１）『鹿児島県農地改革史』の編纂事務局

『鹿児島県農地改革史』の発刊

吉田正廣は、一九四五年（昭和二〇）敗戦の冬まで、家族とともに京城府で暮らしていた。家族四人は敗戦の冬に鹿児島県伊佐郡羽月村（正廣の実家）に引き揚げたが、正廣は少し遅れて引き揚げたという（後述）。吉田正廣は昭和二〇年（一九四五）一二月八日でちょうど五〇歳である。引き揚げ後、郷里の伊佐郡で農業などを営んでいたと思われるが、昭和二五年（一九五〇）に鹿児島県の嘱託になっている。吉田正廣の戦後については、鹿児島県の職員（嘱託など）として吉田正廣が編纂にかかわった刊行物の「あとがき」「はしがき」の類から跡付けるしか、今のところ根拠資料がない。吉田正廣の戦後については、これらを中心に、当時の鹿児島地域史の研究状況を踏まえながらみておきたい。

吉田正廣が『鹿児島県職員録』に初めて登場するのは、農地部農地管理課嘱託としてである（表９―１）。嘱託としての仕事は、『鹿児島県農地改革史』の編纂事業であった。同編纂事業は、昭和二四年（一九四九）にその議がもちあがり、昭和二五年（一九五〇）六月末に編纂委員会が発足した。編纂委員会には、岩片磯雄（九州大学農学部教授）、山田龍雄（九州大学農学部助教授）、三浦虎六（鹿児島大学教授・農学部長）、服部満江（鹿児島大学農学部助教授）、中野哲二（鹿児島大学農学部講師）、田中

(1)『鹿児島県農地改革史』の編纂事務局

表9-1　『鹿児島県職員録』にみる吉田正廣の官歴

昭和25年（1950）	1月15日	（登載なし）
昭和27年（1952）	7月1日	農地部農地管理課嘱託（鹿児島郡谷山町）
昭和29年（1954）	6月1日	農地部農地開拓課嘱託（鹿児島郡谷山町）
昭和31年（1956）	7月15日	農政部農務課嘱託（兼）（鹿児島郡谷山町）
昭和32年（1957）	6月15日	農政部農務課主事補（兼）（鹿児島郡谷山町）
昭和33年（1958）	7月1日	農政部農務課主事補（兼）（谷山市）
昭和34年（1959）	8月	企画調査室主事補（谷山市）
昭和35年（1960）	8月	企画調査室主事補（谷山市）
昭和36年（1961）	8月	企画調査室臨時事務補佐員（鹿児島市下荒田町）
昭和37年（1962）	8月	企画調査室臨時事務補佐員（鹿児島市下荒田町）
昭和38年（1963）	8月以降	（登載なし）

出典：『鹿児島県職員録』各年。
注：鹿児島県立図書館所蔵の『鹿児島県職員録』による。昭和24年（1949）以前並びに昭和26年（1951）、昭和28年（1953）、昭和30年（1955）を欠いている。（　）内は居所。

茂穂（鹿児島県議会農政委員長）、久保田彦穂（椋鳩十、鹿児島県立図書館長）、赤路友蔵（鹿児島県農地委員）が名を連ねていた。そのなかで、吉田正廣は編纂委員会の事務局の重責を担った（鹿児島県『鹿児島県農地改革史』一―二頁）。『鹿児島県農地改革史』は一二四九頁に及ぶ大部なもので、吉田正廣は、鹿児島県における農地改革の過程を跡付けた「後編　農地改革史」と農地改革関係の統計表や法規をまとめた「付録」を担当している（一二四九頁のうちの六六一頁分、五三％を担当）。同書のほぼ半分を一人で執筆したことになる。

『鹿児島県農地改革史』の刊行は昭和二九年（一九五四）三月であるが（鹿児島県『鹿児島県農地改革史』奥付）、原稿は、鹿児島県知事・重成格《かく》の「序」（鹿児島県『鹿児島県農地改革史』一―二頁）や岩片磯雄の「序」（鹿児島県『鹿児島県農地改革史』三―五頁）によると、昭和二八年（一九五三）五月には出来上がっていたと思われる。昭和二五年（一九五〇）六月の編纂委員会発足以来、三年弱の編纂期間であったことになる。

吉田正廣自身は次のように述べている。

最初から最後まで、私を焦燥にかりたてていた急速執筆の無言の制約であつた。県農地課が九州大学に依嘱していた、この改革史編纂事業から、本編が切りはされて、自らの手で行うことになつてから、この一ケ年私は前編の執筆を追いかけ、昼夜を分たず専念して見たが、月日のたつのみが早く、充分な資料の咀嚼もおちついた思索も、又書きあげた草稿の心おきない反芻も、見送らざるを得なかつた。（鹿児島県『鹿児島県農地改革史』九二九頁）

ここには、㋐編纂期間が短く（吉田正廣の言う「急速執筆の無言の制約」）、納得のいく執筆が出来なかったこと、㋑基幹部分である「本編」（吉田正廣が執筆した「後編　農地改革史」のこと）は吉田正廣一人に任されたこと（九州大学の岩片磯雄と山田龍雄は、「前編」＝江戸時代から太平洋戦争期までの執筆を担当したにとどまった）、㋒「本編」の調査・執筆とともに山田龍雄・岩片磯雄執筆部分の資料探索も担当したこと、が述べられている（岩片磯雄・山田龍雄については〈人物注記〉を参照）。これと並行して、『鹿児島県農地改革史資料』の刊行も進められており、編纂事業の中核を担った吉田正廣は極めて多忙であった。

『鹿児島県農地改革史資料』は「其の一」から「其の七」まで刊行された。それらには、芳即正校《かんばし・のりまさ》註『薩摩国谷山郷士名越《なごや》家耕作万之覚』や大山彦一『鹿児島県熊毛郡種子ヶ島マキの研究』など、その後の研究に大きな影響を与えることになる文献が含まれている（大山彦一は社会学者で鹿児島大学教授。芳即正については〈人物注記〉を参照）。

『鹿児島県農地改革史』の大きな意義

その後の鹿児島地域史研究において、『鹿児島県農地改革史』は絶大な影響をもった。特に大きな貢献は、山田龍雄が執筆した藩政期の分析である。薩摩藩は外城制度と門割制度という特異な農村支配体制をしいていた。農地改革当時、門割制度についての先行研究は、小野武夫執筆の農商務省農務局編『旧鹿児島藩の門割制度』（大正一一）と鹿児島県『鹿児島県史』第二巻（昭和一五）があるのみで、薩摩藩農政史研究は大きく遅れていた。特に、在地資料（郷士《ごうし》文書や名頭《みょうず》《みょうとう》文書）の発掘・検討や故老よりの聞き取り調査が不十分で、薩摩藩の記録による研究の段階にとどまっていたのである。『鹿児島県農地改革史』の貢献は、在地資料の発掘とそれによる門割制度の具体的な分析にあった。その在地資料の発掘を担当したのが、事務局の吉田正廣であった。

このように『鹿児島県農地改革史』は、戦後の薩摩藩農村分析にとって重要な礎石となり、戦後の薩摩藩研究は、『鹿児島県農地改革史』を前提に開始されることになる。藩政期農業を執筆した九州大学の山田龍雄は、在地資料の発掘における吉田正廣の貢献を次のように述べている。

> とにもかくにもこゝまでこぎつけたのは、岩片教授の不断の御鞭撻と吉田嘱託の熱心な御援助の賜物であつて、深く御礼を申上げたい。従来少いとされていた鹿児島藩民政史料をこれまで探していただいたのは吉田氏の御尽力によるところ多く、これを充分利用し得なかつたことを憾むのみである。（鹿児島県『鹿児島県農地改革史』二八一頁）

その後、山田龍雄は、この『門割組織の崩壊過程』（昭和三四年）と山田龍雄『明治絶対主義の基礎過程：鹿児島藩の農業構造』（昭和三七年）を世に問うことになる。両書には、当然ながら資料発掘者・提供者であった吉田正廣への謝辞が記されている。

（２）単著『鹿児島県農民組織史』と『鹿児島県史』第五巻の編纂

戦後初めての単著

吉田正廣の戦後初めての単著は、吉田正廣『鹿児島県農民組織史』（昭和三五年）である。吉田正廣は六五歳になっていた。同書には、福元清輝（鹿児島県農政部長）、岩片磯雄（九州大学教授）、久保田彦穂（鹿児島県立図書館長）、有馬勝夫（鹿児島県農務課長）、淵村久典（鹿児島県農政部農産蚕糸課）、湯地信夫（鹿児島県農政部農務課）が「序」や推薦文を寄せている。

『鹿児島県農民組織史』は、「前編　藩政時代の農民組織「門と与《くみ》（組）」」、「後編　明治以降の農民組織「小組合」」、「付録」（農事小組合の規約など資料）からなっている。『鹿児島県農民組織史』の研究史上の意義は、鹿児島県における明治以降の農事小組合政策を論じた点にある。『鹿児島県農民組織史』刊行の当時、明治以降の鹿児島県農事小組合についての先行研究は、『産業組合』誌に掲載された我妻東策「農家小組合の概念とその発生期の形態」（昭和一三）がある程度で、本格的な分析が進んでいなかった。その後も同様の状況が続き、筆者（坂根嘉弘）が「鹿児島地方における農家小組合政策の展開」（坂根嘉弘『分割相続と農村社会』第四章）を執筆した折には、先行研究として吉田正廣『鹿児島県農民組織史』を大いに参照した（坂根嘉弘『分割相続と農村社会』一三〇―一三三頁、一九四頁）。

鹿児島県の農事小組合設立は、わが国における農家小組合政策の嚆矢として特筆される。鹿児島県の農家小組合は日清戦争後に県の指導で設立が開始され（大方の府県では第一次世界大戦後に設立が進む）、その後急速に拡がっていった。その設立の時期の早さとその拡がりの速さに特徴があった。日露戦後のころには、県下ほぼ全域に農家小組合が設立されていたのである。吉田正廣『鹿児島県農民組織史』は、このような状況を的確にとらえ、主に鹿児島県や鹿児島県農会が発行した刊本類をもとに、鹿児島県の農家小組合政策を詳細に跡付けた。

ただ、残念であったのは戦前の鹿児島県行政文書を使用できなかったことである。吉田正廣は鹿児島県嘱託であり、鹿児島県行政文書にアクセスが可能であったが、その吉田正廣がそれをなしえていないのは、すでに鹿児島県行政文書が戦災（昭和二〇年鹿児島大空襲）で焼失してしまっていたためである（児玉幸多「近世史研究と私（上）」二八頁）。鹿児島県行政文書の焼失は、今日にいたるまで、鹿児島地域史研究の最大のアポリアとなっている。

(2)　単著『鹿児島県農民組織史』と『鹿児島県史』第五巻の編纂

『鹿児島県史』第五巻の編纂

鹿児島県は、鹿児島県教育会会長の大久保利武（大久保利通・三男）を顧問に、東京帝国大学名誉教授・黒板勝美を監修として、『鹿児島県史』の編纂事業を昭和九年（一九三四）から始めた。その成果が、『鹿児島県史』第一巻（昭和一四年刊。地理、神代から豊臣時代）、第二巻（昭和一五年刊。江戸時代）、第三巻（昭和一六年刊。幕末維新から明治一〇年）、第四巻（昭和一八年刊。明治・大正・昭和）、別巻（昭和一八年刊。補任表、諸氏系図、統計表、諸表）、『鹿児島県史年表』（昭和一九年刊）として刊行された。この一連の『鹿児島県史』は、その後の鹿児島地域史研究のゆるぎない礎石となった。

戦後、高度経済成長のさなか、昭和三〇年代後半になると、その続編の刊行の声が高まり、鹿児島県ではその準備を開始した。昭和三八年（一九六三）一一月二五日に鹿児島県史編纂協議会が発足し、この協議会で事業計画を決定、監修者、編纂委員（執筆責任者）を選任した。監修者二人、編纂委員（執筆責任者）六人、執筆者一七人の陣容であった。昭和三九年度（一九六四）に資料調査、昭和四〇年度（一九六五）に資料調査・執筆、昭和四一年度（一九六六）に監修・印刷と、比較的短期間に編纂が進められた。監修者の一人には、大久保利武の長男で歴史学者（国立国会図書館憲政資料室、立教大学教授）の大久保利謙《としあき》がついている（『南日本新聞』昭和三八年一一月二六日。鹿児島県『鹿児島県史』第五巻「あとがき」）。『鹿児島県史』第五巻は昭和四二年（一九六七）三月に予定通り刊行された。対象時期は、昭和一一年（一九三六）から昭和三八年（一九六三）の二八年間である。昭和一一年（一九三六）からとなったのは、『鹿児島県史』第四巻が昭和一〇年（一九三五）までの記述だったことによる。

吉田正廣は、六人の編纂委員（執筆責任者）の一人であった。肩書は、「県非常勤職員、日本学術会議会員」となっている。吉田正廣の分担は、「衛生、福祉、戦争復員、引き揚げ、占領政策、復興、開発担当」である（『南日本新聞』昭和三八年一一月二六日）。ただ、刊行物からは、吉田正廣がどこを執筆したかは分からない。分担分の執筆と合わせて、事務局の役割を担ったと思われるが、具体的な活動状況は不明である。なお、昭和三九年（一九六四）一二月五日の『毎日新聞』に、この編纂事業に関連して、「歴史編集室吉田正広氏に聞く　庶民の姿を浮き彫り　市町村史にもよい刺激」という新聞記事が掲載されている（原口泉氏の教示）。

『鹿児島県史』第五巻と同時に、昭和四二年（一九六七）三月、『鹿児島県史年表』が刊行されている。同書は、既刊の『鹿児島県史年表』（昭和一九）の復刻に、それ以降（昭和三八年まで）を付け加えた年表である。『鹿児島県史年表』における鹿児島県知事・寺園勝志の「発刊にあたって」は、「本年表の編集にあたっては、吉田正広氏に資料の収集整理に多大の御苦労を願い……」と記している。吉田正廣は、『鹿児島県史』第五巻の編纂事業で、分担箇所の執筆・取り纏め、年表の作成並びに事務局の役割に従事したと思われる。

(3) 『鹿児島明治百年史年表』と鹽田正洪

『鹿児島明治百年史年表』の刊行

『鹿児島県史年表』とは別途、吉田正廣は、昭和四三年（一九六八）三月に、『鹿児島明治百年史年表』を自費出版（A５判四〇〇頁、定価五五〇円）で刊行している。自費出版とはいえ、鹿児島県知事・金丸三郎が題字と「知事のことば」を寄せ、鹿児島県立図書館長の新納《にいろ》教義も「書によせて」を寄稿している。かなり公的な性格を帯びた出版であった。吉田正廣は、昭和四一年（一九六六）夏、『鹿児島県史』第五巻の編纂にたずさわっていた時に、この年表の作成を思い立ったという（『南日本新聞』昭和四二年一一月一〇日）。昭和四一年（一九六六）夏から一年余りで完成させている。刊行時、吉田正廣は七二歳になっていた。

『鹿児島明治百年史年表』の刊行は、下記のように、鹿児島地方紙で報道された。

「流行歌まで取り入れ　明治百年史年表を編集」『南日本新聞』昭和四二年一一月一〇日

「特色ある鹿児島明治百年史　一老学究の手で近く出版」『鹿児島新報』昭和四二年一二月二日

「新刊紹介　読んで楽しい年代「鹿児島明治百年史年表」」『鹿児島新報』昭和四三年三月一一日

これらの新聞記事切り抜きは吉田正廣の次女・松尾宏子からの提供によるが、この切り抜きは、生前に吉田正廣が針持健一郎に託していた遺品の一部である。言うまでもなく、同書の刊行は、昭和四三年（一九六八）が明治百年であったことにちなむものである。

新聞各紙は、この『鹿児島明治百年史年表』は、ペリーの来航から吉田茂元首相の死去までをとりあつかい、「世相をよく反映している身近な事件、出版、文芸、流行語、流行歌・歌謡、その他各種の流行なども取り入れ、大衆性をもつ年表」で「ユニークな年表」と好意的に紹介している（『南日本新聞』昭和四二年一一月一〇日、『鹿児島新報』昭和四二年一二月二日）。吉田正廣については、「県立図書館内にある県議会史編さん室勤務」と記している（『鹿児島新報』昭和四二年一二月二日）。当時の鹿児島県立図書館は、現在の鹿児島県立博物館にあった（第9章扉写真）。

なお、『鹿児島明治百年史年表』の刊行を報じる新聞記事が写真9―1で、人物写真が執筆中の吉田正廣（七一歳）である。

流行歌まで取り入れ

明治百年史年表を編集

下荒田町の吉田さん

年表の最後の手入れをする吉田さん

明治百年を来年に控え、鹿児島県でもいろいろな記念行事が計画されているが、長年の研究を生かし「鹿児島明治百年史年表」を編さんした人がいる。

鹿児島市下荒田町、吉田正広氏(七一)で、戦後鹿県が刊行した「鹿児島県農地改革史」や今春発刊の「鹿児島県史」第五巻の執筆に関係し、さらに現在編さん中の「鹿児島県議会史」の執筆に当たっている人。昨年夏、県史の編さんにたずさわっているとき、年表の作成を思い立ったもので、嘉永六年（一八五三年）ペリー来航からことし十月吉田茂元首相の死去までの鹿県史年表と日本史年表を組み合わせ、それに世相をよく反映している身近な事件、出版、文芸、流行語、流行歌、歌謡、その他各種の流行なども取り入れ、大衆性をもつ年表にしたのが大きな特色。A五版四百㌻で、すでに原稿は完成、十二月末発刊の予定。

吉田氏は「現代は過去と未来のかけはしであり、明治百年を機会に過去をふり返り、郷土鹿児島を理解し、未来にそなえるかてになればと思い編集した」といっている。

写真9-1　執筆中の吉田正廣（昭和42年11月）

出典：『南日本新聞』昭和42年（1967）11月10日。

戦後における鹽田正洪との交流

ところで、学習院大学東洋文化研究所の友邦文庫（朝鮮総督府資料など朝鮮関係資料文庫）に、この『鹿児島明治百年史年表』が所蔵されている。その『鹿児島明治百年史年表』の表表紙の見開きに、「受贈　昭和四十三年十一月二十二日　塩田正洪殿」とボールペンで記されている（写真9―2）。吉田正廣が朝鮮総督府時代の上官であった鹽田正洪に同書を献呈したと思われる。鹽田正洪が友邦文庫にそれを寄贈したので、友邦文庫に『鹿児島明治百年史年表』が残ったのであろう。鹽田正洪がいつ寄贈したかは分からないが、昭和四七年（一九七二）一二月刊行の近藤釼一編『財団法人友邦協会・社団法人中央日韓協会保管　朝鮮関係文献・資料総目録二』（一六頁）には、『鹿児島明治百年史年表』が登載されている（『鹿児島明治百年史年表』の刊行は昭和四三年三月、鹽田正洪は昭和四七年八月死去）。

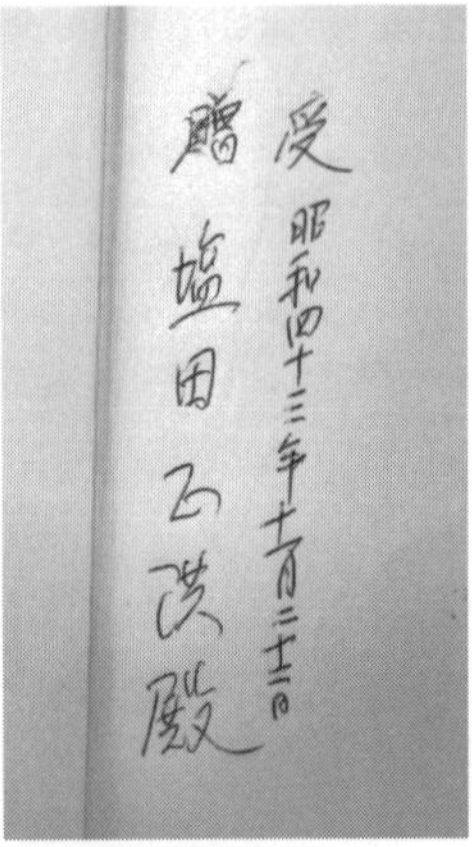

写真9-2
吉田正廣の筆跡
出典：学習院大学東洋文化研究所所蔵の吉田正廣『鹿児島明治百年史年表』。

昭和三四年（一九五九）、鹽田正洪は吉田正廣について次のように述べている。昭和三四年（一九五九）一二月一〇日の財団法人友邦協会・朝鮮近代史料研究会第八〇回研究集会（於：東京丸の内、中央日韓協会会議室）で、鹽田正洪が「朝鮮農地令について：小作立法としての意義と制定のいきさつ」という講演を行ったが、その後の質疑の中での発言である。

穂積（真六郎）君の後任はどなたでしたか。

鹽田（正洪）　古庄（逸夫）さん（鹽田正洪の後任の農政課長）です。農政課長でした。しかし、こういうこと（朝鮮小作関係法規並にその施行）を一番よく知つているのは、現在、鹿児島にいる吉田正広という人です。朝鮮の小作慣行の調査要項を作つたのもこの人です。上京された時に来て頂いて話してもらうといい。

穂積（真六郎）今、何をしていられますか。

鹽田（正洪）　島津藩の農政史を編纂している。もう大部の年で僕よりも上だが、元気です。この人は最後迄総督府の小作官だつたから数字のことなども見当がつくと思う。（鹽田正洪「朝鮮農地令について」二九二頁。カッコ内は坂根が補足）

この研究集会が行われた当時、吉田正廣は六四歳、鹽田正洪は六〇歳で、両者は四歳違いであった。鹽田正洪は吉田正廣について「島津藩の農政史を編纂している」とほぼ正確に述べているので、戦後も交流はあったと思われる。吉田正廣が鹽田正洪に自著『鹿児島明治百年史年表』を送付しているので、お互いの連絡先は知っていたのであろう。ただ、残念ながら、財団法人友邦協会・朝鮮近代史料研究会による吉田正廣への聞き取り調査は行われなかった（穂積真六郎、古庄逸夫については〈人物注記〉を参照）。

(3)『鹿児島明治百年史年表』と鹽田正洪

（4）『鹿児島県議会史』の編纂

最後の仕事

吉田正廣の最後の仕事になるのが、『鹿児島県議会史』の編纂であった。執筆者は、芳即正と吉田正廣の二人で、明治時代を芳即正が、大正・昭和時代（昭和四三年まで）を吉田正廣が担当した。監修は、『鹿児島県史』第五巻と同様、大久保利謙がつとめた。芳即正、吉田正廣が執筆依頼を受けたのは、昭和四二年（一九六七）と思われる。刊行計画は、昭和四二年度（一九六七）は資料調査・収集、昭和四三年度（一九六八）は補充調査・執筆、昭和四四年度（一九六九）は監修・印刷配本であった。しかし、資料収集は予想以上に困難を極めたようである。昭和二〇年（一九四五）の鹿児島大空襲による県庁舎・県議事堂の焼失によって、県議会関係資料が灰燼に帰しており、会議録の収集にも事欠いたようである。そのため、刊行は一年遅れ、昭和四六年（一九七一）三月となった。

『鹿児島県議会史』は、昭和四六年（一九七一）に、第一巻、第二巻、別巻の構成で刊行された。第一巻（一三七六頁、図表一八枚）が明治期、大正期、昭和戦前期を扱っており、第二巻（九九五頁）が戦後である。吉田正廣は、大正期・昭和期が担当だったので、第一巻の半分と第二巻のすべてを執筆している。合計一六〇〇頁あまりにわたる執筆であった。加えるに、資料編である別巻（七三二頁）も吉田正廣が編纂したものと思われ、これを加えると、この三、四年ほどの間に、膨大な量の資料調査・収集、本編の執筆、資料編の編纂の作業をこなしたことになる。すでに七〇歳を大きく超えていた吉田正廣にとって、大変な作業であったと思われる。

広島市への引っ越し準備

吉田正廣は、『鹿児島県議会史』刊行当時、七五歳になっていた。すでに体力の限界を感じたのであろう。吉田正廣は『鹿児島県議会史』の刊行で仕事にも区切りがつき、翌年（昭和四七年）三月には広島市に引っ越し、家族と一緒に暮らすことを考えていたという。そのため、『鹿児島県議会史』刊行後、郷里・大口市をはじめ鹿児島の旧知の人々に暇乞いの挨拶に回っていた（松尾宏子氏の教示）。広島市の吉田家には正廣が自らの書籍を送ってきており、正廣用の書斎も用意していたとのことである（毒蝮三太夫「シリーズおふくろ　吉田朝子さん」一五三頁）。

終　章
—吉田正廣家について—

裏表紙文様
出典：吉田正廣『朝鮮に於ける小作に関する基本法規の解説』裏表紙。
　注：この紋章は吉田正廣の家族への思いを示している。

吉田正廣の家族

吉田拓郎のインタビュー記事（重松清「ロングインタビュー吉田拓郎」）によると、吉田正廣は、妻・朝子との間に四人の子供にめぐまれた。長女・恭子《ゆきこ》、長男・哲郎、次女・宏子、次男・拓郎である。次女・宏子までは朝鮮で生まれたが、次男・拓郎は昭和二一年（一九四六）鹿児島県伊佐郡の生まれである。長女と次女と次男がそれぞれ七つずつ離れている。長女と長男は一歳違いである。長女の恭子は小学校一年の折、病気により朝鮮で早世している。昭和八年（一九三三）生まれの長男・哲郎は、ラ・サール高等学校（鹿児島郡谷山町）卒業後、立教大学をへて、ジャズ・ピアニストとなった。次男・拓郎は、広島商科大学（現、広島修道大学）を経て、「若者のカリスマ」と呼ばれた著名なミュージシャンとなった（重松清「ロングインタビュー吉田拓郎」一二三―一二七頁。山本コウタロー『誰も知らなかったよしだ拓郎』一〇―四四頁。松尾宏子氏・針持和郎氏の教示）。

吉田拓郎は、昭和四〇年（一九六五）四月に広島商科大学商学部入学、一年間の休学を挟んで昭和四五年（一九七〇）三月の卒業である。山本コウタロー『誰も知らなかったよしだ拓郎』（八三―一六〇頁）が、この間の事情を詳述している。広島商科大学商学部では大崎富士夫（中国経済史）ゼミに所属していた。

朝鮮からの引き揚げ

朝鮮・京城府からの引き揚げは、昭和二〇年（一九四五）敗戦の一二月、朝子、長男・哲郎、次女・宏子、朝子の母親の四人が先に帰国した。正廣は釜山まで家族を送り届けた後、再び京城に戻り、昭和二一年（一九四六）一月に遅れて帰国した（松尾宏子氏の教示。毒蝮三太夫「シリーズおふくろ吉田朝子さん」一五五頁）。京城から鉄路（貨車）で釜山へ行き、釜山から興安丸で博多に渡った（図終—1参照）。釜山では野宿をしたという。引き揚げ後は、正廣の郷里・鹿児島県伊佐郡の堂前家（正廣の実家）に落ち着いた（松尾宏子氏の教示）。

伊佐郡での生活の一端を示すと思われる記述が、吉田拓郎『気ままな絵日記』（昭和四七年）にある。

鹿児島の家は農家で、サトウキビ、とうもろこし、落花生といったものを作っていた。かなり大きな家で、二十畳なんていうバカでかい部屋があり、土蔵というのか倉というのか、そういうものもあった。その土蔵に寝起きしていたのだが、これがまた、ドデカイ土蔵で、十畳の部屋と、最近あまり見かけなくなった、やはり十畳ぐらいある土間があった。（吉田拓郎『気ままな絵日記』二二頁）

鹿児島に住んでいた頃の、ある時期、僕の家ではブタを飼っていた。「ブタ小屋へ入れるぞ！」何か悪いことをすると、親父はすぐこう怒鳴った。（吉田拓郎『気ままな絵日記』二三頁）

引き揚げ後の暮らしは楽ではなかったらしい（重松清「ロングインタビュー吉田拓郎」一二三頁）。戦後、妻・朝子は「お父さんの働きだけではとてもやっていけなくて…、わたしも働きに出ようと思ったんですよ」と語っている（山本コウタロー『誰も知らなかったよしだ拓郎』一一頁）。朝子は栄養士や茶道師匠の資格をとり、家計を支えることになる（山本コウタロー『誰も知らなかったよしだ拓郎』

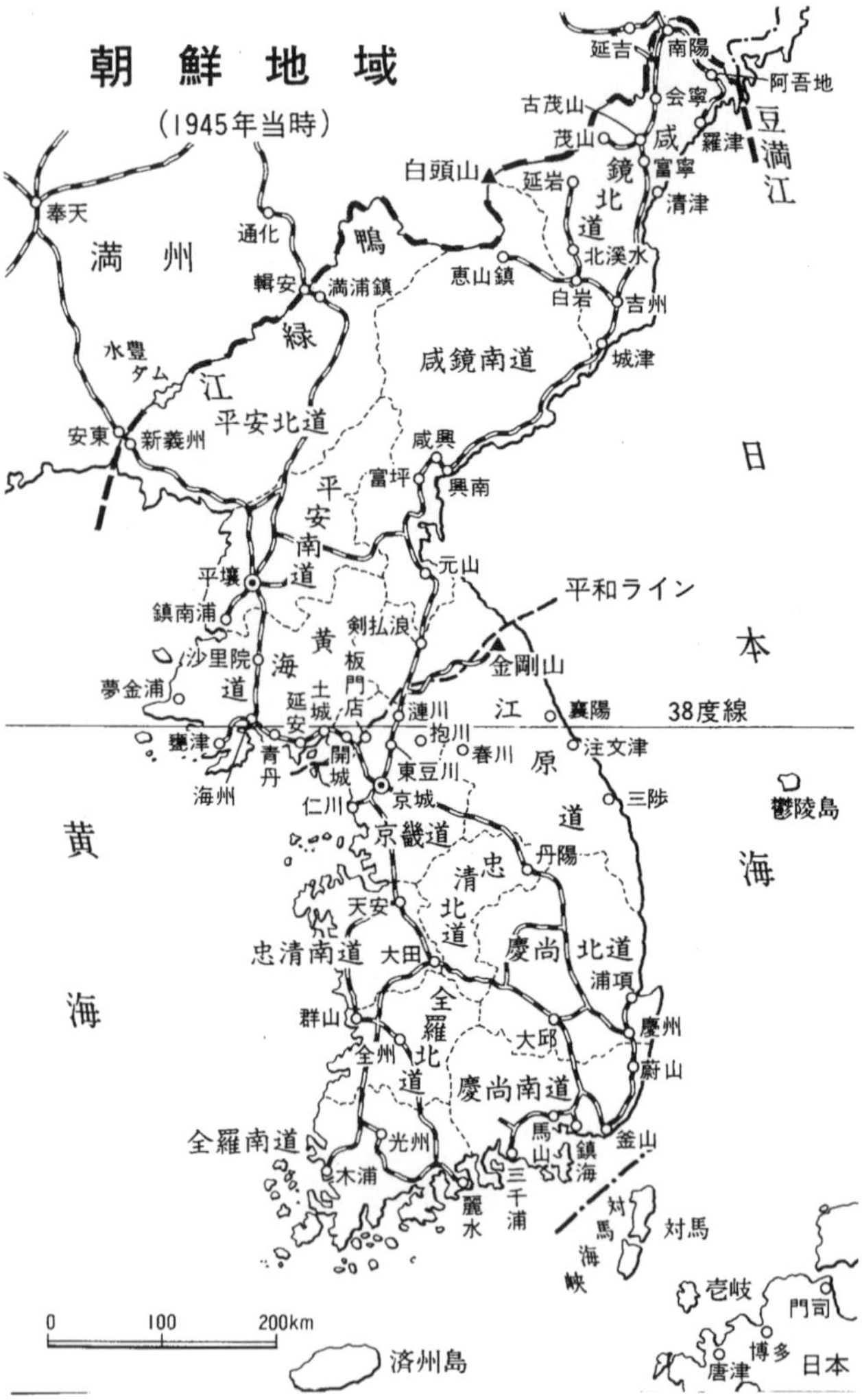

図終-1　朝鮮地域の地図（昭和20年）
出典：若槻泰雄『戦後引揚げの記録』時事通信社、1991年、口絵地図。

一九頁。重松清「ロングインタビュー吉田拓郎」一二三頁。毒蝮三太夫「シリーズおふくろ　吉田朝子さん」一五四頁、一五六頁）。

鹿児島郡谷山町への引っ越し

吉田正廣家は、昭和二五年（一九五〇）春には、鹿児島郡谷山町に居を移していたと思われる（毒蝮三太夫「シリーズおふくろ　吉田朝子さん」一五五頁）。吉田正廣は、『鹿児島県農地改革史』編纂事業のため、昭和二五年（一九五〇）六月までに鹿児島県嘱託になっていた。居所は谷山町立谷山小学校（現、鹿児島市谷山小学校）のそばで、道路を挟んで郵便局（現、鹿児島南郵便局）があった（松尾宏子氏の教示）。昭和二七年（一九五二）七月一日現在の『鹿児島県職員録』によると、吉田正廣の住所は「谷山町上福元郵便局前東郷方」となっている。

吉田正廣家が居を谷山に構えたのは、長男・哲郎がラ・サール高等学校に入学し、妻・朝子がラ・サール高等学校の舎監になったためである（毒蝮三太夫「シリーズおふくろ　吉田朝子さん」一五六頁）。でなければ、わざわざ鹿児島県庁から遠い谷山町に住む必要はなかった。居所の谷山小学校付近からラ・サール高等学校は、少し距離はあるが、歩いてでも行ける距離である。

ラ・サール高等学校は昭和二五年（一九五〇）四月の開校で、中学校を併設するのは昭和三一年（一九五六）四月からである。同校は「ベストスクールの中のベスト」を教育方針としていた（ラ・サール学園創立三十周年記念誌編集委員会『ラ・サール学園創立三十周年記念誌』九―一二頁）。吉田拓郎によると、父親・吉田正廣は息子たちの進学（高い学歴）に強い関心をもっていたという（重松清「ロングインタビュー吉田拓郎」一二五頁）。長男をラ・サール高等学校に進学させたのは、その考えによるものであろう。あるいは、ラ・サール高等学校創立時の教職員の主要メンバー三人が大口出身であったこと（鮫島正英『わがラ・サール高校』i頁）もかかわっていたのかもしれない。吉田朝子は、ラ・サール高校の校長と面識があったと語っている（毒蝮三太夫「シリーズおふくろ　吉田朝子さん」一五六頁）。昭和二五年（一九五〇）四月に入学した生徒の中には、当時の鹿児島県知事・重成格や南日本新聞社長・畠中季隆《はたなかすえたか》の長男がおり、ラ・サール高等学校の開校は一つのブームになっていた（ラ・サール学園創立三十周年記念誌編集委員会『ラ・サール学園創立三十周年記念誌』九―一〇頁）。

単身生活の吉田正廣

吉田正廣家は、昭和三〇年（一九五五）春、正廣を鹿児島に残し、広島市へ引っ越すことになった（山本コウタロー『誰も知らなかったよしだ拓郎』一九頁。重松清「ロングインタビュー吉田拓郎」一二三―一二四頁）。次女・宏子の高等学校進学に合わせたものである（松尾宏子氏の教示）。同時に次男・拓郎は、谷山町立谷山小学校（二年）から広島市立皆実《みなみ》小学校（三年）へ転校した（山本コウタロー『誰も知らなかったよしだ拓郎』一九頁。重松清「ロングインタビュー吉田拓郎」一二三頁）。当時、吉田正廣は、『鹿児島県農地改革史』の編纂事業が一段落した時期にあたっていた。

この後、正廣は一人暮らしとなり、年に一、二度広島市に行き、家族と顔を合わせるという状況になる（吉田拓郎『気ままな絵日記』八八頁）。仕事の関係とはいえ、広島に来て一緒に暮らそうとしない父親・正廣に対し、宏子や拓郎は大いに不満であった。宏子は、何度か長文の手紙を父親に送り広島で一緒に暮らすように促したが、実現しなかった（松尾宏子氏の教示）。のちに、拓郎は父親に対し、「家庭人としても最悪だし、男としても尊敬できない」と述べることになる（重松清「ロングインタビュー吉田拓郎」一二六頁）。

山本コウタローは、広島市立皆実小学校五年生の吉田拓郎日記（昭和三三年一月）を借覧し、次の一節を紹介している。「一月九日（木）ほんとなら今日、父は鹿児島に帰ることになっていたが、「明日にのばす」といったのでぼくは大喜びだ。／一月十日（金）いよいよ今日は父とおわかれだ。なんとなくさびしい思いがする。汽車が動きはじめると、ぼくは悲しくて涙が出た。さようなら…。／一月二十日（月）父が鹿児島に帰ってから一〇日たつ。なんとなくさびしい。父も広島に来て仕事をすれば一緒に暮らせるのに…。どうしてだろう…?」。山本コウタローは「その頃の拓郎の日記には、はなればなれに暮らしている父への想いが、しばしば複雑な心の屈折をとりながら登場している」と評している（山本コウタロー『誰も知らなかったよしだ拓郎』二八頁、三〇頁）。

吉田拓郎は、父親・吉田正廣について、自著『気ままな絵日記』で次のように記している。

鹿児島県の県史編纂の仕事に没頭していた父は、西郷隆盛をひどく尊敬している鹿児島男児であった。最高のガンコ者であった。／常に正義派をめざす父と僕との関係は、〝正義〟と〝悪〟の対立のように、いつでも僕が悪にされ、どう反発しようと父は、自分をゆずらなかった。（吉田

拓郎『気ままな絵日記』八八―八九頁）

吉田正廣逝く

昭和四七年（一九七二）一月一〇日朝、吉田正廣は息を引き取った（松尾宏子氏の教示。山本コウタロー『誰も知らなかったよしだ拓郎』三〇頁は昭和四八年一月一〇日としているが、間違いである）。鹿児島県立図書館で執務中に倒れたという。死因は脳卒中であった（山本コウタロー『誰も知らなかったよしだ拓郎』三〇頁）。ほとんど図書館に寝泊まりするような状態だったらしい（田家秀樹『小説吉田拓郎いつも見ていた広島ダウンタウンズ物語』一八七頁）。山本コウタローによると、「父は生前、仕事場で死ぬのでなければ腹を切って死ぬ、と拓郎にもらしていた」という（山本コウタロー『誰も知らなかったよしだ拓郎』三〇頁）。

最期を看取ったのは、針持和郎（針持健一郎・次男）であった。朝食でみんなが病室をあとにし、針持和郎のみが病室で付き添っていた。葬儀は、吉田正廣の甥・針持健一郎が差配し、鹿児島市唐湊《とそ》の針持家からだされた（針持和郎氏・松尾宏子氏の教示。本書の針持和郎「寄稿　吉田正廣の思い出」参照）。享年七六歳。鹿児島から朝鮮へ、そして朝鮮から鹿児島へと波乱の人生であった。かつて朝鮮小作慣行調査や朝鮮農地令制定でともに奔走した上官・鹽田正洪も肝硬変のため、後を追うように同年八月一四日鬼籍に入った（辻弘範「未公開資料朝鮮総督府関係者録音記録（六）解説　朝鮮総督府時代の農政」三八〇頁）。時代は確実に動いていた。次男・拓郎が「結婚しようよ」で大ブレークをはたすのは、それからすぐ後のことであった。

紋章に込めた思い

最後にエピソードを一つ紹介しておきたい。松尾宏子から借覧した『朝鮮に於ける小作に関する基本法規の解説』（昭和九年）の裏表紙の見開きに、同書の裏表紙の中央にある紋章（終章扉写真）について吉田正廣自身による説明が記されている。吉田正廣は、これは「当時ノ家族員ヲ表示ス」としている。つまり、吉田の「Y」に、正廣の「M」、妻・朝子の「A」、長女・恭子《ゆきこ》の「Y」、長男・哲郎の「T」を組み合わせ、梅の図柄を加えたものであった。吉田正廣の家族に対する強い思いを示しているといえよう。

寄　稿
吉田正廣の思い出

針持和郎

鹿児島県伊佐市元町実業のタノカンサアー対。左が石柱田之神、右が木造田之神。

撮影：中禮めぐみ（令和2年5月）

注：タノカンサアは田の神様のことで、鹿児島県には広く存在する。石像で一体のタノカンサアが一般的であるが、この石柱田之神（写真左）に添えられた碑文には、元町実業地区の木造田之神（写真右）と一対であるとの言い伝えが記されている。木造田之神は地域の十軒ほどの家々を、一軒一年で巡回する。令和2年（2020）3月までの一年間、中禮の家が当番であった。

はじめに

本書の著者坂根嘉弘先生（広島修道大学商学部教授、図書館長）からのご依頼により、本稿「吉田正廣の思い出」を寄稿することになりました。

私は吉田正廣の遠縁に連なる者ですが、吉田正廣から下ること三代、正廣の子、孫、曾孫にそれぞれ広島修道大学（次男拓郎の頃の校名は広島商科大学）に学んだ者がおり、また私自身も同じ大学・大学院に学びかつ奉職している次第で、専門分野の歴史資料を広く猟歩される中で昭和六二年（一九八七）からの鹿児島大学在任中から吉田正廣の名に目を留められ、広島大学を経て広島修道大学で教鞭を取っておられる坂根先生とは奇しきご縁があったことになります。

親縁関係

吉田正廣は私の父方の祖母である針持スマの兄にあたります。祖母は幼いころに「正廣あんさん」と遊び、「ビビンコ（肩車）」してもらうなど可愛がられた記憶があると話していました。その長男健一郎（大正一三年一〇月生まれ）が私の父ですが、父が鹿児島県伊佐農林学校（現、鹿児島県立伊佐農林高等学校）を卒業してすぐに海を渡り平壌師範学校へ進学したのは、すでに朝鮮に渡っていた伯父正廣の勧めあってのことでした。

正廣が学校教育を受ける時代には地元の伊佐には農学校がなく、小学校を終えた正廣は鹿屋市にあった鹿児島県立鹿屋農学校（現、鹿児島県立鹿屋農業高等学校）に進学しています。伊佐の地から見ると、当時としては、鹿屋はかなりの遠隔の地の感があったことと思われます。正廣は別校ながら同じく農業関係の学校を出た父健一郎に目をかける気持があったらしく、上記のように日本統治下の朝鮮へ呼び寄せています。昭和一九年（一九四四）の学徒出陣・入営の直前には、父は京城にあった正廣一家の住まいに投宿していますし、敗戦後のウクライナ抑留を経て昭和二三年（一九四八）一一月に復員となった時には、先に引き上げていた正廣も大口駅（宮之城線と山野線の廃線に伴い、昭和六三年廃駅）まで出迎えたと記録されています（針持健一郎（平成六）『秋乙挽歌』、私家版）。その後も正廣と父の交流は正廣が亡くなるまで続きました。

中学以前の思い出

吉田正廣に関する私の最初の記憶は海辺の散歩なのですが、それが本当に「記憶」と言えるのか、それとも後々周囲の話を聞いて作り出した想像なのか、当時まだ幼かった私には実は判然としません。その薄ぼんやりとしたイメージの中では、私は正廣に肩車してもらって海岸を散歩しています。父が並んで歩いていたようですが、母はどうだったのか記憶ははっきりしません。私は子供の頃鹿児島市で何度か転居していますが、いずれの住まいからも小さい子供を連れて歩いていける範囲に海はありませんでしたから、海岸というのはおそらく谷山市（昭和三二年の市制施行以前は鹿児島郡谷山町、昭和四二年鹿児島市と新設合併）にあった吉田の住まいの近くの海だったのではないかと思います。

その後家族を広島に送り出して単身残留となった正廣は、谷山から鹿児島市に移り住みます。今度の住まいは鹿児島市電の電停でいうと谷山線の騎射場《きしゃば》と荒田八幡《あらたはちまん》の間で、線路西側の「荒田町」にありました。私の家は正廣の住まいとは逆の線路東側で、線路沿いの下荒田《しもあらた》町三丁目一七番に今もある（株）鹿児島熔材の北隣りでした。正廣の家と私の家は子どもの足でも五分ほどの距離だったと思います。私たち一家がこの下荒田の家に越してきたのは私が八歳か九歳の時ですから、この頃からの記憶は割合しっかりしています。

この荒田町の住まいで正廣は虫垂炎を患い、同じ電車道沿いで私の家のブロックの隣のブロックにある外科の豊島《とよしま》病院（下荒田三丁目七番）で手術を受けました。入院直後は母が伯父の世話をしたことと思いますが、数日のうちに正廣の妻朝子が広島から駆け付け世話を引継ぎました。

その際のことだと思いますが、広島で子供（おそらく正廣の長男哲郎）がもう使わなくなったからということで、朝子から小型のカメラをもらいました。このカメラは小学校の修学旅行に持って行ったように思いますから何年か使ったことになりますが、フィルムの購入や現像・印刷にかかる費用は子供の小遣いで賄える範囲を超えていたので、年に一、二度の使用に留まりました。

その後退院した正廣が訪ねてきて、また私を散歩に連れて行ってやりたいが、退院後間もないためまだ腹に力が入らないという旨の話をしたように思います。

中学時代の思い出

その後私の家族は真砂《まさご》に転居し、中学に入る時にはさらに唐湊《とそ》へ引っ越していました。唐湊の家の場所は紫原《むらさきばる》の一本桜からうねうねと曲がる坂道を鹿児島純心女子中・高等学校の裏門あたりまで降りたところで、県外に住む遠縁の所有者から住む者がいないから住んでくれないかという話があったものです。

中学二年生の時に父が西桜島村（当時は鹿児島郡西桜島村、昭和四八年町制施行並びに改称して鹿児島郡桜島町、平成一六年鹿児島市へ編入）の西桜島村立西桜島中学校（現、鹿児島市立桜島中学校）へ転勤になったのに伴って、私も鹿児島大学附属中学校に在学のまま西桜島村へ転居しました。そのため空き家となっていたこの唐湊の家には親戚の一家がしばらく住みましたが、この一家も自宅を建てて転居しましたのでその後は再び空き家になりました。後に正廣の葬儀を執り行い見送ることになったのは空き家となっていたこの家でした。

下荒田から真砂、唐湊、桜島と転居がありましたので先述の正廣の住まいからは遠くなるばかりでしたが、中学生時代に当時私たち一家が住んでいた西桜島中学校の教員住宅へ正廣が訪ねてきたことがありました。その折、吉田正廣著『鹿児島明治百年史年表』をもらいました（写真1）。

その折にか、また別の機会にか、正廣は父を誘ってタノカンサア（田の神様）を見に出かけたと母から聞いています。タノカンサアというのは田を見守る神様で、多くは農民・武士・神官などの姿をした小さな石像ですが、中には自然石をそのまま田の神として祭っているものや、岩に彫り込まれた田の神もあります（寄稿扉写真参照）。共に農業学校出身という共通点がある二人ではありますが、農政畑を歩いた正廣とは違って父は師範学校を経て教育畑を歩きましたから、タノカンサアに特段の関

写真1　吉田正廣からもらった『鹿児島明治百年史年表』と手作りのカバー
（針持和郎所蔵）
撮影：針持和郎（令和2年5月）
注：見開きには、「1969年4月28日日曜　吉田正広氏寄贈」とのメモ書きがある。

心を持っていたとは考えられません。

かつて自分を朝鮮の師範学校へ誘ってくれた伯父が今度は田の神を巡る小旅行に誘ってくれたのも、行先が二人の出身地の伊佐・大口だったのも嬉しかったことでしょう。当時の父は中学校の教頭でしたから、中間管理職にある者が任地を一時的にでも離れるにあたっては、たとえそれが週末や休暇中であっても校長への届け出や認可が必要だったはずで、いそいそとその手続きをする父の姿が想像できます。

正廣の実家である堂前家には二体一対の仁王像や伊佐菱刈の石工、海老原源左衛門の手になる地蔵尊が伝わっていますが、その海老原源左衛門の作品を巡る旅だったのかも知れません。もしそうなら、見て回ったのは田の神だけではなく、箱崎神社（伊佐市菱刈《ひしかり》市山・国指定重要文化財）にある市指定文化財の龍形石灯篭や仁王像、南方神社（伊佐市菱刈田中）の仁王像の他、出水《いずみ》市や霧島市その他北薩を中心に広く散在する海老原の作品群の一部も含まれていたかも知れません。

高校時代の思い出

高校一年生だった昭和四四年（一九六九）に同級生一人を伴って正廣の仕事場を訪ねたことがありました。当時正廣は鹿児島県の嘱託で県議会史か空港史か何かの執筆に取り掛かっていました。仕事場は旧県立図書館（鹿児島市城山町一番一号。昭和五四年の新館竣工に伴い、昭和五五年からは鹿児島県立博物館になっている）の二階か三階の一室で、板張りの廊下や階段を通って行った記憶があります。真鍮のドアノブを押して入ると、図書館の一室なので天井は高く、すぐ右手に流しがあり、正廣は奥の窓辺に置かれた大型の机に資料や原稿用紙を広げていました。

訪問していいかどうかは父に伺いを立てたと思いますが、何か目的を定めて行ったわけではなく、事前に連絡をして行ったのでもなく、執筆中の仕事についての話は多分出たと思いますが、それ以外には何の話をしたのか記憶にありません。親戚に書き物をしている人がいるという事実を、友人と共有したかっただけかも知れません。ストーブに湯が沸いていて、二人にコーヒーを入れてもらったのを覚えています。

正廣死去の思い出

正廣は私が高校三年生だった昭和四七年（一九七二）一月に亡くなりました。先述の仕事部屋で脳溢血が起き、当時は加治屋町新屋敷にあった鹿児島市立病院（平成二七年に上荒田町へ移転、現在跡地は「加治屋町の杜公園」となっている）に搬送され、母と見舞った時にはすでに意識はありませんでした。後に正廣の仕事部屋を片付けに訪れた母の話では、原稿執筆中の発作であったとみられ、最後の文字は途中まで書きかけた平仮名の「は」で、近くにはキャップがされていないままの万年筆があったそうです。

広島からはまず娘の宏子が病院に駆け付け、後日宏子の夫である松尾昭彦に付き添われて妻朝子もやってきましたが、意識が戻ることはありませんでした。

亡くなった日は私も朝から病院に行っており、広島から駆け付けた三人と母が病院の食堂へ朝食を摂りに行っている間は私一人が病室に残りました。その間にそれまで動かなかった正廣の手が動きだし、驚いて見ているとだんだんとその動きが大きくなって点滴の管が外れるのではと心配になるほどで、私の手でそれを制して病院の人が来るのを待ちました。正廣の力が強く、高校生の私とちょっとした腕相撲のようになったのを覚えています。食事に行っていた家族が病室に戻った時には正廣の手の動きは収まっていましたが、医者が臨終を告げたのはそれから間もなくのことでした。

正廣の一人暮らしの住まいでは手狭だったのか、前述のように以前私たち家族が住んでその時は空き家になっていた唐湊の家を開けて葬儀が営まれました。市役所等での手続きや届け出のためにバスと電車を使って松尾昭彦と私の二人が出かけました。

正廣の郵便貯金の口座から預金を引き出して口座を閉じる手続きには、高校生の私一人が西鹿児島駅（現、鹿児島中央駅）北側にある鹿児島中央郵便局へ使いに出されました。しかし高校生の生徒手帳では本人証明が不十分であり、故人との関係も特定できないため当然といえば当然なのですが、窓口の局員ではなく奥から出てきた年配の男性に断られたのを覚えています。「難しいことを言うようで済みませんが」と丁寧な応対で、所定の手続きの仕方を教えられて帰りました。

坂根教授の吉田正廣研究のために、平成二九年（二〇一七）一二月二三日に、正廣の次女宏子にインタビューして知ったところでは、正廣は亡くなった時に手掛けていた仕事の完成をもって集大成と為し年度末には広島の家族の元へ引き上げることとなっていて、住居では荷物の整理なども始まっていたとのことでした。第一線から退いて鹿児島での単身残留の生活を終え、家族と共に暮らす広島での日々を目前にしての死去でした。

広島の吉田家と妹スマ

私は広島修道大学に入学しましたので広島でも吉田家との縁は続いています。さすがに正廣の没後半世紀近く経った今はもう無いようですが、当分の間、吉田家の玄関を入った正面にあるガラス戸棚にはマンドリン一丁が飾られてありました。これは正廣が鹿児島で単身暮らしていた頃に弾いていたもので、次男拓郎の芸能記事の切り抜きやLPレコードと共に、マンドリンの楽譜も若干残されていたそうです。鹿児島時代には、音楽活動をやっていた拓郎の仕事を周囲に対してはあまり良くは言っていなかったとのことですが、その名が広まりレコードが出回るようになるとやはり嬉しさが勝ったのか、レコードを買いに楽器屋へ足を運んだものと思われます。鹿児島市で楽器屋というと、やはり当時は天文館のアーケード街にあった十字屋だったでしょうか。

正廣の家系は音楽の色濃い家系です。次男の拓郎はプロのミュージシャンですが、亡くなった長男の哲郎もジャズピアニストでした。広島修道大学で学んだ孫もプロのキーボーディストですし、同じく広島修道大学で学んだ曾孫もアマチュアながら歌い、奏で、録音も手掛けるミュージシャンです。

一方、私の祖母、正廣の妹であるスマから下る家系には、これといったミュージシャンはありません。祖父母の家には楽器は何もなかったと思いますが、「ゴッタン」という楽器の名前をスマの口から聞いたことはありました。あり合わせの材料で手作りした粗末な三味線のことだそうですが、祖母がゴッタンを弾いたということではありません。

祖母も高齢ではありましたが、私の両親に伴われて生前一度だけ正廣の初盆の法事に臨むため広島の吉田家を訪れたことがありました。法事が終わって当時は二階にあった仏間から一階に降りるときに、階段で「おばあちゃん、ほら、危ないよ」と言って後ろから抱えるように手を貸したのは拓郎でした。

生前の兄正廣が、高齢になった妹スマに、「お前も年を取った」とはさすがに言えなかったのか、「スマ、ワイモ　フツナッタネェ」（スマ、お前も大きくなったね）と言ったので、祖母は吹き出してしまったと、笑いながら教えてくれたことがありました。幼少の頃から晩年まで、正廣は妹に優しい兄だったようです。

現在の鹿児島では

坂根先生から吉田正廣研究への協力依頼をいただきましたので、まず私が相談したのは父健一郎でした。正廣の実家は堂前家ですから、姓の違いを理解するためにはまず戸籍を調べる必要がありますが、針持スマが正廣の妹というだけでは、正廣をよく知り葬儀の差配までした父にも個人情報保護の壁は乗り越えられませんでした。そこで父が堂前家の当主である堂前武門（正廣の甥、父の従弟、令和二年二月没）に依頼したところ、伊佐市役所に出向いて堂前の原戸籍の写しを取り、それを自ら運転して父のもとへ届けてもらうことができました。

正廣の死後半世紀に近い時間が経過していますから、朝鮮時代の足取りや業績を詳しく知るものなどなく、堂前家や針持家の親族とはいえども、正廣のことは「分厚い鹿児島県議会史を書いたおじさん」というほどの認識しか持っていなかったと言っていいと思います。しかし坂根教授の「朝鮮総督府官吏・吉田正廣の経歴と業績（上・下）」（広島修道大学『経済科学研究』二一（一・二）、二二（一））が刊行されると、親族も驚くような業績が詳しく分かり、改めて「ヨヒダンオジサンナ ヤッパイエラカイヤッタッジャ」（吉田のおじさんはやっぱり偉かったんだ）との認識が広まっています。

この寄稿の筆を置くにあたり、農家の跡取りとして迎えたであろう養子正廣を鹿屋へ、そして朝鮮へまで送り出した吉田の養父母の胸中に思いを致すと共に、正廣に再び光を当ててくださった坂根教授と、その研究にご協力いただいた堂前家の皆様に心よりお礼を申し上げげます。

〈人物注記〉（五十音順）

今井田清徳《いまいだきよのり》（一八八四―一九四〇）

朝鮮総督府政務総監・逓信官僚。岡山県出身。明治四二年（一九〇九）東京帝国大学政治学科卒業後、逓信省へ入る。通信属（逓信省通信局）を振り出しに昭和二年（一九二七）逓信省貯金局長（高等官一等）で退官。大阪市電気局長、逓信次官の後、朝鮮総督府政務総監（宇垣一成朝鮮総督時代）に就任。それまで、政務総監は大臣級の内務省大物官僚が就任していたため、四十代中ごろの逓信官僚であった今井田の総監就任は異例であった。当時、「如何にも青二才」、宇垣の思い通りになる同郷出身者を選任した、と評された。昭和一五年（一九四〇）五七歳で死去。（今井田清徳伝記編纂会『今井田清徳』三―一〇頁。大西比呂志・李圭倍「昭和期の朝鮮総督府支配」二五八―二五九頁）

宇垣一成《うがきかずしげ》（一八六八―一九五六）

朝鮮総督・軍人。岡山県出身。陸軍士官学校を経て、明治二四年（一八九一）陸軍少尉任官。以後進級し大正一四年（一九二五）陸軍大将。その間、陸軍省軍務局軍事課長、参謀本部第一部長、第十師団長、陸軍次官を経て、大正一三年（一九二四）陸軍大臣に就任。加藤高明内閣の陸軍大臣の折、宇垣軍縮を実行。昭和六年（一九三一）六月予備役編入と同時に朝鮮総督に親任された。農村振興政策を推進し、その重要な一環として朝鮮農地令を制定した。吉田正廣は宇垣総督のもと朝鮮農地令の前提となる小作慣行調査をまとめるとともに、朝鮮農地令を立案した。歴代総督の中で朝鮮各地を農村集落まで踏み込んで視察したのは宇垣総督一人といわれる。昭和一二年（一九三七）組閣大命を承けながらも陸軍に反対され組閣が流産したことは有名である。その後、外務大臣、拓務大臣を歴任。戦後、参議院議員選挙（全国区）でトップ当選を果たした。（人事興信所編『第十三版人事興信録』ウ二頁。井上清『宇垣一成』二五七頁。堀真清編『宇垣一成とその時代』四三三―四三五頁）

小野武夫《おのたけお》（一八八三―一九四九）

農村史・農業史研究者。大分県出身。大分県農学校農科卒業後、小学校代用教員、農学校助教諭、東京

大学農学部農場見習生、国民英学会高等科（夜間）等卒業、法政大学専門部政治科（夜間）卒業。農商務省雇、帝国農会嘱託、農商務省嘱託、海外興業株式会社調査部、東京商科大学講師、法政大学講師を経て、昭和六年（一九三一）に法政大学教授となる。農学博士（東京帝国大学）。六〇を超える編著作がある。とりわけ、土地制度史、農村社会史、農学史、農業技術史に多くの業績を残した。吉田正廣は自ら収集した資料を小野武夫に提供した（『朝鮮新聞』昭和五年一〇月二四日）。小野武夫の蔵書は鹿児島大学附属図書館が小野文庫として所蔵している。年譜や著作目録は小野武夫博士還暦記念論文集刊行会『東洋農業経済史研究』一六五―一八一頁、鹿児島大学小野文庫目録編集委員会『小野文庫目録』六―一八頁を参照。（野村兼太郎「小野武夫博士を憶ふ」一一〇―一一四頁。古島敏雄「小野武夫博士の学的業績」一一四―一二一頁。入交好脩「小野武夫先生の思い出」一二一―一二三頁）

岩片《かたいわ》磯雄《いそお》（一九〇九―一九八九）
農業経済学者。東京帝国大学農学部を卒業後、東京帝国大学助手、宇都宮高等農林学校教授を経て、昭和二二年（一九四七）一二月九州大学農学部教授となった。昭和四七年（一九七二）三月退官。この間、福岡県、佐賀県、山口県など近隣諸県の農林関係行政委員を多数つとめている。『鹿児島県農地改革史』編纂事業の執筆責任者で、吉田正廣はその事務局をつとめていた。（岩片磯雄教授退官記念出版編集委員会編『農業経営発展の理論』五一一頁）

小田内《おだうち》通敏《みちとし》（一八七五―一九五四）
人文地理学者。秋田市出身。東京高等師範学校地理歴史科専修科を卒業後、私立早稲田中学校に奉職。新渡戸稲造や柳田國男、石黒忠篤の郷土会に加わり、早稲田中学校辞職後は早稲田大学、慶應義塾大学で地理学、人文地理学概論や聚落地理を講じた。大正一五年（一九二六）には今和次郎などとともに人文地理学会を創立、機関誌『人文地理』を創刊した。並行して農商務省農家経済調査（道家斉農務局長、石黒忠篤農政課長）など政府関連の仕事を多く引き受けている。吉田正廣とは、朝鮮総督府の依頼で朝鮮農村の実地調査（「朝鮮部落調査」）をともに実施した。吉田正廣が信頼していた人物で、吉田正廣の求職活動にも尽力した。一九三〇年代には、郷土研究や郷土地理教育で活躍し、高く評価されるようになる。戦時期には、満洲国国務院総務庁企画処嘱託、建国大学兼務講師をつとめた。（小田内通敏「小田内通敏略歴」四〇五—四〇六頁。関戸明子「昭和初期までの村落地理学研究の系譜」一六七—一八七頁。岡田俊裕『日本地理学人物事典　近代編一』二四九—二五九頁。柴田陽一『帝国日本と地政学』二一六—二九三頁）

芳即正《かんばしのりまさ》（一九一五—二〇一二）

歴史学者。鹿児島県出身。昭和一三年（一九三八）東京帝国大学文学部国史学科卒業後、鹿児島県内の高等学校教諭・校長を経て、昭和四九年（一九七四）鹿児島県立図書館長兼維新史料編纂所長に就任。その後、鹿児島県立短期大学教授、鹿児島純心女子短期大学教授、尚古集成館館長などを歴任。鹿児島に関する多数の著作がある。戦後における鹿児島地域史研究の第一人者である。（鹿児島県『鹿児島県風土記』執筆者紹介。日外アソシエーツ株式会社編集『現代日本人名録　上』一六〇九頁）

岸勇一《きしゆういち》（一九〇〇—？）

朝鮮総督府官僚・天理大学学長。奈良県出身。大正一五年（一九二六）東京帝国大学法学部卒業後、朝鮮総督府へ入る。官房審議室・土地改良部を経て昭和三年（一九二八）事務官。総督官房審議室（文書課兼務）、農林局農村振興課長、農政課長、慶尚南道内務部長、農林局糧政課長を経て、日本統治下最後の咸鏡南道知事となった。吉田正廣とは朝鮮農地令の了解工作でともに奮闘し、岸勇一が農林局農村振興課長の折、吉田正廣は同課理事官であった。岸勇一「旱害対策問題管見」、岸勇一「食糧戦に勝抜く心構へ」などの論稿がある。戦後、天理大学学長・朝鮮学会会長。（人事興信所編『第十三版人事興信録』キ五六頁。帝国秘密探偵社編『大衆人事録第十四版外地・満支・海外篇』朝鮮三五頁。日本官界情報社編『日本官界名鑑第五版』キ一四頁。白石宗城「朝鮮における重化学工業の建設」四四九頁）

今和次郎《こんわじろう》（一八八八—一九七三）

建築学者・早稲田大学教授。青森県弘前の出身。東京美術学校卒業後、早稲田大学助手となり、大正九年（一九二〇）三三歳の若さで早稲田大学教授。民家探訪・農村景観調査・農村住宅調査を行い、名著として今日まで読み継がれる『日本の民家』（大正一一年）を刊行。大正一一年（一九二二）三五歳の時、小田内通敏に誘われ、小田内通敏が朝鮮総督府から委嘱されていた「朝鮮部落調査」の一環として朝鮮民家を調査した。その折、吉田正廣は小田内通敏とともに今の調査に協力した。その成果が、朝鮮総督府編『朝鮮部落調査特別報告第一冊（民家）』（大正一三年）である。その後、考現学を創始し、服飾や住生活の研究へ向かった。（岡田俊裕『日本地理学人物事典　近代編一』四〇〇―四〇五頁）

鹽《しお》田《た》正洪《まさひろ》（一八九九―一九七二）

朝鮮総督府官僚。東京府出身。大正一三年（一九二四）東京帝国大学法学部卒業後、朝鮮総督府へ入る。忠清北道内務部地方課属を振り出しに警察官講習所教授、黄海道内務部学務課、忠清北道内務部地方課を経て、昭和三年（一九二八）八月八日に本府殖産局農務課に勤務。ここで吉田正廣と出会うことになる。小作関係事務の専任として吉田正廣とコンビを組んで、小作慣行調査の実施と朝鮮農地令の立案・制定に奔走した。当時から高等官としての行政能力は高く評価されていた。吉田正廣とは強いつながりがあった。その後、農林局林政課長、文書課長、江原道内務部長、殖産局鉱山課長、企画部長を経て、農商局長、鉱工局長（高等官一等）まで昇った。鉱工局長で敗戦を迎え、朝鮮総督府終戦事務処理本部整理部長、朝鮮関係残務整理事務所長などを務めた。鹽田正洪の経歴については表6―1を参照いただきたい。（阿部薫編『朝鮮功労者銘鑑』三四七頁。人事興信所編『第十三版人事興信録』シ一三頁。萩原彦三「未公開資料朝鮮総督府関係者録音記録（三）」二三一頁。辻弘範「未公開資料朝鮮総督府関係者録音記録（六）解説　朝鮮総督府時代の農政」三七五―三八〇頁）

善《ぜん》生《しょう》永助《えいすけ》（一八八五―一九七一）

朝鮮総督府嘱託。香川県出身。早稲田大学卒業後、ジャーナリストを経て、大正一二年（一九二三）朝鮮総督府官房調査課嘱託。昭和一〇年（一九三五）に嘱託を解任されるまでの一三年間に著書三一冊・論稿二二八篇という膨大な調査報告、著作を書き残した。その対象領域は、人口、商業、小作慣行、契、集落、同族部落、農村経済など多方面にわたっており、彼の著作はその後の朝鮮近代史研究の基礎資料として大きな役割を果たした。朝鮮総督府嘱託後は、満鉄経済調査会、日本拓殖協会、満洲国国務院総務庁の各嘱託をへて、昭和一六年（一九四一）に帰国。戦後は、昭和女子大学教授。昭和二年（一九二七）に『朝鮮の小作慣習』を調査・刊行しているが、鹽田正洪・吉田正廣の朝鮮小作慣行調査とは没交渉であった。（善生永助「朝鮮の小作慣習について」二〇―三六頁。碓井和弘「朝鮮総督府の調査事業　善生永助の調査研究」一六四―一六五頁。木村誠他『朝鮮人物事典』三五六―三五七頁）

久間《ひさま》健一《けんいち》（一九〇二―一九七〇）

朝鮮総督府官僚。愛媛県出身。大正一二年（一九二三）朝鮮総督府水原高等農林学校を卒業後、大正一五年（一九二六）朝鮮総督府水原高等農林学校助教授となるが、昭和五年（一九三〇）に小作官補に転じた。昭和八年（一九三三）一月に忠清南道小作官（高等官七等）に昇り、その後、黄海道・京畿道の小作官を務める。黄海道小作官は吉田正廣の前任者であった。昭和一九年（一九四四）三月三一日免官（高等官四等）。戦後は、佐賀県農地部長などを歴任。実務の傍ら研究者として多くの論稿・著書を発表。『朝鮮農業の近代的様相』（昭和一〇）、『朝鮮農政の課題』（昭和一八）、『朝鮮農業経営地帯の研究』（昭和二五）は名著として、現在でも引用されることが多い。官歴は表8―1を参照いただきたい。（木村誠他『朝鮮人物事典』三五九頁）

古庄《ふるしょう》逸夫《いつお》（一八九五―？）

朝鮮総督府官僚。熊本県出身。大正八年（一九一九）東京帝国大学卒業後、朝鮮総督府へ入る。鹽田正洪が昭和九年（一九三四）四月一一日に農林局農政課長を免ぜられた後の農政課長。鹽田正洪に代わり吉田正廣の上官となった。土地改良部土地改良課長、税務監督局長などを歴任。退官後は朝鮮中央無尽会社社長となり、戦後は昭和女子大学教授。（阿部薫編『朝鮮功労者銘鑑』三三八頁。貴田忠衛『朝鮮人事興信録』四〇八頁。藤本修三・君島一郎「未公開資料朝鮮総督府関係者録音記録（三）」三四七頁）

穂積《ほづみ》真六郎《しんろくろう》（一八八九―一九七〇）

朝鮮総督府官僚。東京都出身。東京帝国大学法科大学卒業後、京畿道財務部長、釜山税関長、本府会計

課長、外事課長などを経て、昭和七年（一九三二）から昭和一六年（一九四一）まで一〇年にわたり殖産局長。退官後、朝鮮商工会議所会頭、京城電気株式会社社長などを経て敗戦を迎え、敗戦時には日本人引揚げのために京城日本人世話会を組織。戦後は、参議院議員、財団法人友邦協会理事長、社団法人中央日韓協会副会長。父親は東京帝国大学教授・穂積陳重、母親は渋沢栄一の長女・歌子、長兄は東京帝国大学教授・穂積重遠。著書に『わが生涯を朝鮮に』（昭和四六年）がある。（宮田節子「未公開資料朝鮮総督府関係者録音記録（一）解説　穂積真六郎先生と「録音記録」」七―一五頁。広瀬貞三「未公開資料朝鮮総督府関係者録音記録（一一）解説　朝鮮の工業化」三〇九―三四六頁）

守屋《もりや》栄夫《さかお》《えいふ》（一八八四―一九七三）
朝鮮総督府官僚・内務官僚。宮城県出身。東京帝国大学法科大学卒業後、千葉、愛知各県理事官、内務監察官、内務省参事官、朝鮮総督府秘書課長、同庶務部長、内務省社会局社会部長を歴任。昭和三年（一九二八）一月退官後、衆議院議員、宮城県塩竈市長。水野錬太郎政務総監（斎藤実朝鮮総督時代）の片腕として辣腕を振るった。吉田正廣が本府庶務部調査課属（兼任）として小田内通敏の朝鮮部落調査の補助者となっていた時の庶務部長事務取扱・庶務部長が守屋栄夫であった。吉田正廣は守屋日記（国文学研究資料館）に登場し、守屋栄夫文書（国文学研究資料館）に吉田正廣の守屋栄夫宛手紙が残されている。（人事興信所編『第十三版人事興信録』モ一八。木村健二「朝鮮総督府経済官僚の人事と政策」二六九―三〇一頁。松田利彦「朝鮮総督府官僚守屋栄夫と「文化政治」」一〇七―一五六頁）

安井《やすい》誠一郎《せいいちろう》（一八九一―一九六二）
朝鮮総督府官僚・東京都知事。岡山県出身。東京帝国大学法科大学卒の内務官僚。茨城県属を振り出しに昇進、昭和六年（一九三一）六月同郷の宇垣総督に請われ総督秘書官となる。宇垣総督の信頼厚く、宇垣の「懐刀」といわれた。以後、秘書課長、文書課長、専売局長、京畿道知事、拓務省拓務局長などを歴任。吉田正廣とは、審議室首席事務官（文書課長）の折、朝鮮農地令の拓務省・法制局への了解工作でともに奮闘した。戦後は東京都知事、自由民主党の衆議院議員。一二年にわたる都知事時代に戦災復興・食糧問題の解決とともに、東京オリンピック誘致にも力を入れた。父親は朝鮮で安井農場を経営。次弟は安井謙参議院議長。(阿部薫編『朝鮮功労者銘鑑』三七頁。貴田忠衛『朝鮮人事興信録』四八二頁。安井誠一郎「私の履歴書」二六一頁。松園俊太郎「未公開資料朝鮮総督府関係者録音記録(三)」三〇二頁)

八尋生男《やひろいくお》(一八八一―?)
朝鮮総督府官僚。福岡県出身。明治四〇年(一九〇七)東京帝国大学農科大学卒業後、熊本県技師などを経て、明治四四年(一九一一)八月五日に朝鮮総督府技師(高等官六等。農商工部殖産局農務課勤務)。昭和六年(一九三一)一二月二一日免官(高等官一等)後、昭和七年(一九三二)より朝鮮総督府嘱託。農村振興運動に尽力した。吉田正廣とは、昭和一五年(一九四〇)に本府農林局農村振興課で同僚となった。性格的には地味で、仕事となると我を忘れて倦むことを知らない仕事の虫というタイプといわれている。戦後は、故郷の福岡県筑紫郡御笠村《みかさ》(現、筑紫野市)に帰省し、『御笠村小史』を執筆している。(山口盛「宇垣総督の農村振興運動」四七頁。荒木信子「八尋生男ら内鮮一丸の農村振興運動」一六四頁、一七三頁。本間千景「農村振興運動と八尋生男の政策思想」三二七―三二八頁)

山田龍雄《やまだたつお》(一九一三―一九八六)
農業史研究者・農業経済学者。九州帝国大学農学部を卒業後、九州大学農学部講師・助教授・教授、下関市立大学学長を歴任。日本農学賞・読売農学賞を受賞。農学部卒業直後の昭和一三年(一九三八)五月から昭和一六年(一九四一)二月に農学部講師に就任するまでの間、朝鮮総督府全羅北道小作官補(判任官)。その折の論稿に、山田龍雄「全羅北道に於ける農業経営の諸相」がある。『鹿児島県農地改革史』の執筆者の一人で、吉田正廣はその事務局を務めていた。(日外アソシエーツ株式会社編集『二〇世紀日本人名事典　そ〜わ』二六五一頁。山田龍雄『九州農業史研究』奥付)

湯村辰二郎《ゆむらたつじろう》(一八九二―一九七四)
朝鮮総督府官僚。宮城県出身、東京帝国大学法科大学卒業後、朝鮮総督府試補を振り出しに、殖産局土地改良課長、開墾課長、忠清北道内務部長を経て、昭和四年(一九二九)から農務課長。吉田正廣が小作慣行調査・朝鮮小作令（のちの朝鮮農地令）の起案を進めていた時の上官。その後、農林局農産課長、咸鏡南道知事、京畿道知事を経て、昭和一二年（一九三七）農林局長。昭和一六年（一九四一）退官後、国民総力朝鮮聯盟常務理事、朝鮮蚕糸株式会社社長。戦後、宮城県食糧事業協同組合連合会長、全国食糧事業協同組合連合会理事などを歴任。（帝国秘密探偵社編『大衆人事録第十四版外地・満支・海外篇』一一一頁。井上則之『朝鮮米と共に三十年：湯村辰二郎半生の記録』一四二頁）

渡邊忍《わたなべしのぶ》（一八八三―一九五五）

朝鮮総督府官僚。新潟県出身。東京帝国大学法科大学卒業後、福井県学務課長、神奈川県商工課長、忠清北道第一部長、全羅北道知事、京畿道知事、殖産局長兼山林部長などを経て、昭和七年（一九三二）七月新設された農林局長（初代）に就任、鹽田正洪や吉田正廣の上官となった。宇垣総督時代の農林局長で、朝鮮農地令制定とともに、農村振興運動の主管局長としてこの運動に心魂をかたむけた。内剛外柔、熟慮断行型で、それぞれの任地で話題と業績を残した。昭和一〇年（一九三五）退官後は東洋拓殖会社理事、朝鮮農地開発営団理事。敗戦後は朝鮮引揚同胞世話会理事。鹽田正洪が「新潟の大地主の出」と述べているように、新潟県岩船郡関谷村の四〇〇町歩地主であった渡邊三左衛門（新潟県多額納税者）の甥にあたる。渡邊忍が持ち帰った渡邊忍文書（学習院大学東洋文化研究所友邦文庫）は、朝鮮総督府の行政文書として貴重である。（阿部薫編『朝鮮功労者銘鑑』六五頁。河田竈三郎編輯『新潟県人会鮮満名鑑録』三二一―三二三頁。貴田忠衛『朝鮮人事興信録』五四三頁。渡辺豊日子「未公開資料朝鮮総督府関係者録音記録（二）」三二一四頁。鹽田正洪『朝鮮農地令とその制定に至る諸問題』四頁。山口盛「宇垣総督の農村振興運動」四六頁。人事興信所編『第十三版人事興信録』ワ四〇頁。農林省農務局「大正十三年六月調査五十町歩以上ノ大地主」七五二頁）

渡邊豊日子《わたなべとよひこ》（一八八五―一九七〇）

朝鮮総督府官僚。熊本県出身。東京帝国大学法科大学卒業後、宮城県・愛知県理事官を経て、大正八年（一九一九）朝鮮総督府事務官となる。大正一一年（一九二二）から昭和四年（一九二九）農務課長。農務課長が長く、「万年農務課長」といわれた。吉田正廣が昭和二年(一九二七)釜山府書記から農務課属に配置換えになった時の上官である。その後、慶尚南道知事などを歴任し退官。退官後、鮮満拓殖株式会社理事・監事。敗戦後、京城内地人世話役会副会長・文化局長。宏弁達識、手腕も力量も抜群と評されていた。(阿部薫編『朝鮮功労者銘鑑』三四—三五頁。貴田忠衛『朝鮮人事興信録』五四五頁。田中隆一「未公開資料朝鮮総督府関係者録音記録(二)解説　朝鮮統治における「在満朝鮮人」問題」一六三頁)

〈文　献〉

あ行

青野正明『朝鮮農村の民族宗教：植民地期の天道教・金剛大道を中心に』社会評論社、二〇〇一年
秋葉隆「朝鮮の同姓部落」『季刊社会学』四、一九三二年七月
秋葉隆「同族部落とは何か：京畿道抱川郡蘇屹面直洞里踏査報告(上)」『朝鮮』三四九、一九四四年六月
秋葉隆「同族部落とは何か：京畿道抱川郡蘇屹面直洞里踏査報告(下)」『朝鮮』三五一、一九四四年八月
朝倉敏夫「植民地期朝鮮の日本人研究者の評価：今村鞆・赤松智城・秋葉隆・村山智順・善生永助」山路勝彦編『日本の人類学：植民地主義、異文化研究、学術調査の歴史』関西学院大学出版会、二〇一一年
浅田喬二「日本帝国主義による中国農業資源の収奪過程(一九三七～一九四一年)」『駒沢大学経済学部研究紀要』三六、一九七八年
阿部薫編『朝鮮功労者銘鑑』民衆時論社朝鮮功労者銘鑑刊行会、一九三五年
天野郁夫『学歴の社会史：教育と日本の近代』新潮社、一九九二年
荒木信子「八尋生男ら内鮮一丸の農村振興運動」『別冊正論』二七、二〇一六年
有川国千賀編『北伊佐史』有川国千賀、一九二六年
安西巧『広島はすごい』新潮社、二〇一六年
飯塚一幸「明治の技師山本小源太の軌跡：府県農事試験場から韓国統監府へ」今西一・飯塚一幸編『帝国日本の移動と動員』大阪大学出版会、二〇一八年
池田秀雄「朝鮮農会の成立に就て」『朝鮮』一四三、一九二七年四月
池田雅則「明治の判任文官層：キャリア形成としての教育史における研究対象」『兵庫県立大学看護学部・地域ケア開発研究所紀要』二二、二〇一五年
池田雅則「判任文官たりえる資格：一九一三年改正「文官任用令」までの官吏任用制度」『〈教育と社会〉研究』二五、二〇一五年
伊佐郡羽月村編『経済更生計画』伊佐郡羽月村、一九三三年
市野澤酉之助「小作慣行調査に就て」『朝鮮農会報』四(五)、一九三〇年五月

伊藤之雄『立憲国家と日露戦争：外交と内政　一八九八～一九〇五』木鐸社、二〇〇〇年
井上清『宇垣一成』朝日新聞社、一九七五年
井上則之『朝鮮米と共に三十年：湯村辰二郎半生の記録』米友会、一九五六年
猪又正一『私の東拓回顧録』龍溪書舎、一九七八年
今井田清徳伝記編纂会『今井田清徳』武田泰郎、一九四三年
入交好脩「小野武夫先生の思い出」『社会経済史学』一六(一)、一九五〇年
岩井長三郎「総督府新庁舎の計画及実施に就て」『朝鮮』一三一、一九二六年四月
岩片磯雄教授退官記念出版編集委員会編『農業経営発展の理論』養賢堂、一九七三年
岩崎継生「朝鮮民俗学界への展望」『ドルメン』二(四)、一九三三年四月
印刷局『官報』印刷局、各年
印刷局編『大正十一年七月一日現在職員録』印刷局、一九二二年
印刷局編『大正十三年七月一日現在職員録』印刷局、一九二四年
印刷局編『職員録』印刷局、各年
宇垣一成『宇垣一成日記』二(角田順校訂)みすず書房、一九七〇年
宇垣一成「朝鮮農地令公布に就て」『朝鮮総督府官報』二一七三、一九三四年四月一一日
宇垣一成「朝鮮農地令公布に就て」『自力更生彙報』八、一九三四年四月三〇日
宇垣一成「朝鮮農地令公布に就て」『朝鮮農会報』八(五)、一九三四年五月
宇垣一成「朝鮮農地令公布に就て」『朝鮮』二二八、一九三四年五月
宇垣一成「朝鮮農地令公布に就て」吉田正廣『朝鮮に於ける小作に関する基本法規の解説』朝鮮農政研究同志會、一九三四年
宇垣一成『伸び行く朝鮮：宇垣総督講演集』一九三五年
氏家康裕「旧日本軍における文官等の任用について：判任文官を中心に」『防衛研究所紀要』八(二)、二〇〇六年
碓井和弘「朝鮮総督府嘱託善生永助の調査研究」『札幌学院商経論集』七(二・三)、一九九一年
江口主計監修『目で見る鹿屋・垂水・肝属の一〇〇年』郷土出版社、二〇〇五年

〈文　献〉

大江志乃夫『昭和の歴史三　天皇の軍隊』小学館、一九八二年
大口市郷土史誌編さん委員会『資料第十一集　羽月村郷土誌』(『羽月村郷土誌』一九四六年の復刻)大口市教育委員会、二〇〇七年
大口市郷土誌編さん委員会編『大口市郷土誌』上巻、大口市、一九八一年
大口市郷土誌編さん委員会編『大口市郷土誌』下巻、大口市、一九七八年
大河内一雄『幻の国策会社東洋拓殖』日本経済新聞社、一九八二年
大河内一雄編著『国策会社・東洋拓殖の終焉』績文堂出版、一九九一年
大崎富士夫「履歴と研究業績」『修道商学』三四(二)、一九九四年
大西比呂志・李圭倍「昭和期の朝鮮総督府支配：宇垣一成を中心に」『青丘学術論集』一一、一九九七年
大山彦一『鹿児島県熊毛郡種子ヶ島マキの研究』鹿児島縣農地部農地課、一九五二年
岡田俊裕「小田内通敏の地理学・地理教育研究」岡田俊裕『日本地理学史論：個人史的研究』古今書院、二〇〇〇年
岡田俊裕『日本地理学人物事典　近代編一』原書房、二〇一一年
岡本真希子「未公開資料朝鮮総督府関係者録音記録(三)解説　朝鮮総督府・組織と人」『東洋文化研究』四、二〇〇二年
岡本真希子『植民地官僚の政治史：朝鮮・台湾総督府と帝国日本』三元社、二〇〇八年
押野昭生「「麓」集落に関する二・三の検討」『史林』四〇(四)、一九五七年
小田内通敏「朝鮮部落調査私案」一九二一年四月一二日付、国文学研究資料館・守屋栄夫文書・整理番号九―二四―二五
小田内通敏「朝鮮部落調査予察概況」一九二一年四月一二日付、国文学研究資料館・守屋栄夫文書・整理番号九―二四―二五
小田内通敏「朝鮮部落調査踏査日程表」一九二一年一〇月二五日付、国文学研究資料館・守屋栄夫文書・整理番号五―二九―一二
小田内通敏「朝鮮部落調査資料(一)」『朝鮮』八一、一九二一年一一月
小田内通敏「朝鮮の生活観」『東洋』一九二二年八月
小田内通敏「朝鮮部落調査の過程」『東洋』一九二二年

四月
小田内通敏「朝鮮部落調査の過程」『朝鮮』八六、一九二二年五月
小田内通敏『朝鮮之地方住家』朝鮮総督府、一九二三年
小田内通敏「朝鮮部落調査資料(二)」『朝鮮』九五、一九二三年二月
小田内通敏「朝鮮部落調査資料」『朝鮮』九七、一九二三年四月
小田内通敏「朝鮮火田民の社会的考察」『東洋』一九二四年一一月
小田内通敏「朝鮮の地方的研究」『朝鮮』一二一、一九二五年六月
小田内通敏「朝鮮の人文地理学的諸問題」『朝鮮』一二四、一九二五年九月
小田内通敏「武蔵野の一隅から」『東洋』一九二六年七月
小田内通敏「朝鮮社会の動向」『東洋』一九二六年八月
小田内通敏『聚落と地理』古今書院、一九二七年
小田内通敏「小田内通敏略歴」『経済学全集第三八巻商業学(下)』改造社、一九三一年
小野久太郎「小作人から観たる朝鮮小作令」『朝鮮農会報』八(一)、一九三四年一月
小野重朗「薩摩の山村にみる養子慣行」『日本民俗学』一一四、一九七八年
小野武夫『旧鹿児島藩の門割制度』帝国農会、一九二二年
小野武夫『農村社会史論講』巌松堂書店、一九二七年
小野武夫『土地経済史考證』巌松堂書店、一九三一年
小野武夫博士還暦記念論文集刊行会『東洋農業経済史研究』日本評論社、一九四八年
小野武夫『永小作論』(明治大正農政経済名著集一五)農山漁村文化協会、一九七七年(原著：一九二四年)

か行

下級判任官「判任官の進路を開き鬱積せる空気を一新せよ」『朝鮮行政』一(一)、一九三七年一月
学習院大学東洋文化研究所編『友邦文庫目録』勁草書房、二〇一一年
景山宣景「未公開資料朝鮮総督府関係者録音記録(一〇)　朝鮮総督府林野調査委員会の事業」『東洋文化研究』一一(一九六八年一一月のテープ録音の復刻)、二〇〇九年

鹿児島県私立教育会編纂『薩隅日地理纂考』鹿児島県私立教育会、一八九八年
鹿児島県知事加納久宜「訓令第九十七号」『鹿児島県公報』一六四一、一八九八年一一月一八日
鹿児島県知事「鹿児島県農学校学則」『鹿児島県公報』一九〇〇年三月一九日
鹿児島県編『明治三十五年鹿児島県統計書』鹿児島県、一九〇四年
鹿児島県知事「鹿児島県立鹿屋農学校規則」『鹿児島県公報』一九〇六年一月一九日
鹿児島県編『明治三十八年鹿児島県統計書』鹿児島県、一九〇七年
鹿児島県知事「県令第三十六号」『鹿児島県公報』一九〇七年五月一日
鹿児島県編『鹿児島県公報』鹿児島県
鹿児島県編『明治三十九年鹿児島県統計書』鹿児島県、一九〇九年
鹿児島県編『明治四十二年鹿児島県統計書』鹿児島県、一九一二年
鹿児島県編『大正三年鹿児島県統計書』第三編、鹿児島県、一九一六年
鹿児島県大島々庁編『大正三年鹿児島県大島郡統計書』鹿児島県大島々庁、一九一六年
鹿児島県編『大正五年鹿児島県統計書』鹿児島県、一九二一年
鹿児島県伊佐郡役所編『郡勢を中心とせる伊佐郡史』鹿児島県伊佐郡役所、一九二五年
鹿児島県伊佐郡役所編『伊佐郡史』鹿児島県伊佐郡役所、一九二五年
鹿児島県立図書館編『鹿児島県立図書館新築落成記念誌』鹿児島県立図書館、一九二七年
鹿児島県知事官房『鹿児島県職員録昭和十年六月一日現在』鹿児島県、一九三五年
鹿児島県『鹿児島県史』第二巻、鹿児島県、一九四〇年
鹿児島県『鹿児島県史』第四巻、鹿児島県、一九四三年
鹿児島県『鹿児島県史年表』鹿児島県、一九四四年
鹿児島県『鹿児島県農地改革史』鹿児島県、一九五四年
鹿児島県社会科教育研究会高等学校歴史部会編『鹿児島県の歴史』鹿児島県社会科教育研究会高等学校歴史部会、一九五八年
鹿児島県教育委員会編『鹿児島県教育史』上巻、鹿児

島県立教育研究所、一九六〇年
鹿児島県教育委員会編『鹿児島県教育史』下巻、鹿児島県立教育研究所、一九六一年
鹿児島県『鹿児島県史』第五巻、鹿児島県、一九六七年
鹿児島県『鹿児島県史年表』鹿児島県、一九六七年
鹿児島県議会編『鹿児島県議会史』第一巻、鹿児島県議会、一九七一年
鹿児島県議会編『鹿児島県議会史』第二巻、鹿児島県議会、一九七一年
鹿児島県議会編『鹿児島県議会史』別巻、鹿児島県議会、一九七一年
鹿児島県史料刊行委員会編『鹿児島県史料集第十七輯　鹿児島県地誌　下』鹿児島県立図書館、一九七六年
鹿児島県歴史資料センター黎明館編集『薩摩七十七万石：鹿児島城と外城』鹿児島県歴史資料センター黎明館、一九九一年
鹿児島県『鹿児島県風土記』旺文社、一九九五年
鹿児島県編『鹿児島県統計書』各年、鹿児島県
鹿児島県知事官房『鹿児島県職員録』鹿児島県、各年
鹿児島大学小野文庫目録編集委員会『小野文庫目録』鹿児島大学附属図書館、一九六二年
片牧静江『大口市の仁王さま』私家版、一九九四年
加藤角一「後記」『民家論　今和次郎集』第二巻、ドメス出版、一九七一年
加藤陽子『徴兵制と近代日本』吉川弘文館、一九九六年
「角川日本地名大辞典」編纂委員会編『角川日本地名大辞典四六　鹿児島県』角川書店、一九八三年
鹿屋市史編集委員会『鹿屋市史』下巻、鹿屋市、一九七二年
鹿屋町教育会編『鹿屋郷土史』鹿屋町教育会、一九四〇年
亀井忠文「我が国において明治期（一八七二～一八八九年）に創設された旧制農業学校の起源とその類型化」『日本農業教育学会誌』四七（一）、二〇一六年
加用信文監修『都道府県農業基礎統計』農林統計協会、一九八三年
川瀬貴也「近代朝鮮半島における「宗教研究」の流れに関するメモ」『東京大学宗教学年報』三〇、二〇一三年
河田鶴三郎編輯『新潟県人会鮮満名鑑録』越佐新報社

鮮満支局、一九二六年
芳即正校註『薩摩國谷山郷士名越家耕作萬之覺』鹿児島縣農地部農地課、一九五一年
岸勇一「旱害対策問題管見」『朝鮮』二九五、一九三九年一二月
岸勇一「食糧戦に勝抜く心構へ」『朝鮮』三三四、一九四三年三月
岸勇一「在鮮二十年の思い出」『朝鮮近代史料研究集成』二、一九六〇年
貴田忠衛『朝鮮人事興信録』朝鮮人事興信録編纂部、一九三五年
鬼頭宏「近代日本の社会変動」溝口雄三他編『アジアから考える六　長期社会変動』東京大学出版会、一九九四年
橘川武郎『松永安左エ門：生きているうち鬼といわれても』ミネルヴァ書房、二〇〇四年
木村健二「朝鮮総督府経済官僚の人事と政策」波形昭一・堀越芳昭編著『近代日本の経済官僚』日本経済評論社、二〇〇〇年
木村健二・申奎燮・幸野保典・宮本正明「戦時下における朝鮮人の中国関内進出について」『青丘学術論集』二三、二〇〇三年
木村誠他『朝鮮人物事典』大和書房、一九九五年
木村光彦『北朝鮮経済史一九一〇-六〇』知泉書館、二〇一六年
九州聯合第二回馬匹第一回畜産共進会協賛会編『鹿児島県畜産史』下巻、九州聯合第二回馬匹第一回畜産共進会協賛会、一九一三年
清川郁子「「壮丁教育調査」にみる義務制就学の普及：近代日本におけるリテラシーと公教育制度」『教育社会学研究』五一、一九九二年
教育文化出版教育科学研究所編『鹿児島大学農学部七十年史』教育文化出版、一九八〇年
金永哲『「満洲国」期における朝鮮人満洲移民政策』昭和堂、二〇一二年
金哲『韓国の人口と経済』岩波書店、一九六五年
金斗憲「朝鮮の同族部落に就いて」『青丘学叢』一八、一九三四年
金洛年編『植民地期朝鮮の国民経済計算一九一〇-一九四五』東京大学出版会、二〇〇八年
宮内庁『昭和天皇実録』第五、東京書籍、二〇一六年
熊谷直『日本の軍隊ものしり物語一』光人社、一九九八年
熊谷直『日本の軍隊ものしり物語二』光人社、一九九

八年
熊谷光久「海軍士官の穴を埋めた特務士官」『政治経済史学』五七一、二〇一四年
球磨農業学校農場日誌編集委員会編『明治三十九年の農場日誌』同成社、二〇〇八年
黒石いずみ「今和次郎の「民家研究」と「朝鮮調査」」『青山学院女子短期大学紀要』五五、二〇〇一年
黒須里美・落合恵美子「人口学的制約と養子：幕末維新期多摩農村における継承戦略」速水融編『近代移行期の家族と歴史』ミネルヴァ書房、二〇〇二年
黒瀬郁二『東洋拓殖会社：日本帝国主義とアジア太平洋』日本経済評論社、二〇〇三年
黒田安雄「薩摩藩の土地政策と土地問題」『愛知学院大学文学部紀要』二〇、一九九〇年
京畿道内務部社会課編『京畿道農村社会事情』京畿道、一九二四年
京城日報社・毎日申報社編『朝鮮年鑑　昭和九年版』京城日報社・毎日申報社、一九三三年
啓法会編輯部編『判例体系　民法債権編　各論中』啓法会、一九三四年
啓法会編輯部編『判例体系　民法相続編　全』啓法会、一九三五年
講農会「講農会々則及会員一覧」『講農会々報』四三付録、一八九九年一〇月
国文学研究資料館調査収集事業部編『史料目録第一〇三集　守屋栄夫文書目録（その一）』人間文化研究機構国文学研究資料館、二〇一六年
国文学研究資料館調査収集事業部編『史料目録第一〇四集　守屋栄夫文書目録（その二・完）』人間文化研究機構国文学研究資料館、二〇一七年
国立教育研究所編『日本近代教育百年史九　産業教育一』教育研究振興会、一九七三年
国立教育研究所編『日本近代教育百年史四　学校教育二』教育研究振興会、一九七四年
児玉幸多「鹿児島県の町村制度」『鹿児島史林』創刊号、一九三九年
児玉幸多「近世史研究と私（上）」『日本歴史』五一一、一九九一年
小早川九郎編著『朝鮮農業発達史　資料篇』友邦協会、一九六〇年
小林元裕「華北在留朝鮮人と蘆台模範農村」松本ますみ編『中国・朝鮮族と回族の過去と現在：民族としてのアイデンティティの形成をめぐって』創土

社、二〇一四年
呉文星「札幌農学校と台湾近代農学の展開：台湾総督府農事試験場を中心として」台湾史研究部会編『日本統治下台湾の支配と展開』中京大学社会科学研究所、二〇〇四年
呉文星「札幌農学校卒業生と台湾近代糖業研究の展開：台湾総督府糖業試験場を中心として（一九〇三～一九二二）」松田利彦編『日本の朝鮮・台湾支配と植民地官僚』国際日本文化研究センター、二〇〇八年
小松謙堂編『加納久宜全集』子爵加納久宜遺稿刊行会、一九二五年
今和次郎『日本の民家』鈴木書店、一九二二年
今和次郎「朝鮮の民家（一）」『建築雑誌』四四五、一九二三年
近藤釼一編『財団法人友邦協会・社団法人中央日韓協会保管　朝鮮関係文献・資料総目録二』友邦協会、一九七二年
近藤康男「朝鮮農地令の役割：地主、小作、舎音への諸影響」『帝国大学新聞』一九三五年一〇月二八日

さ行

崔吉城「日本植民地時代の民俗学・人類学」崔吉城編『日本植民地と文化変容：韓国・巨文島』御茶の水書房、一九九四年
崔吉城「日帝植民地時代と朝鮮民俗学」中生勝美編『植民地人類学の展望』風響社、二〇〇〇年
蔡龍保「台湾総督府の土地調査事業と技術者集団の形成：技手階層の役割に着目して」老川慶喜・須永徳武・谷ヶ城秀吉編『植民地台湾の経済と社会』日本経済評論社、二〇一一年
坂田長愛・加藤雄吉共編『鹿児島県案内』篠原書肆、一九〇七年
坂根嘉弘『分割相続と農村社会』九州大学出版会、一九九六年
坂根嘉弘『日本伝統社会と経済発展：家と村』農山漁村文化協会、二〇一一年
坂根嘉弘編『軍港都市史研究Ⅵ　要港部編』清文堂出版、二〇一六年
坂根嘉弘・有本寛「工業化期の日本農業」深尾京司・中村尚史・中林真幸編集『岩波講座　日本経済の歴史三近代一　一九世紀後半から第一次世界大戦前（一九一三）』岩波書店、二〇一七年

坂根嘉弘「地主制の成立と農村社会」大津透・桜井英治・藤井譲治・吉田裕・李成市編集『岩波講座日本歴史第一六巻　近現代二』岩波書店、二〇一四年
坂根嘉弘「朝鮮総督府官吏・吉田正廣の経歴と業績（上）」『経済科学研究』二一（一・二）、二〇一八年
坂根嘉弘「朝鮮総督府官吏・吉田正廣の経歴と業績（下）」『経済科学研究』二二（一）、二〇一八年
坂根嘉弘「日本の「家」と鹿児島地域における分割相続：旧薩摩藩領における世帯の継承」永野由紀子編『年報村落社会研究五四　イエの継承・ムラの存続：歴史的変化と連続性・創造』農山漁村文化協会、二〇一八年
鮫島正英『わがラ・サール高校』教育出版センター、一九八三年
坂本悠一「一九二〇年代後半における釜山府政：広報誌『釜山』に見るその動向」坂本悠一・木村健二『近代植民地都市：釜山』桜井書店、二〇〇七年
櫻井義之「解題：朝鮮総督府「調査資料」」朝鮮総督府『朝鮮の聚落　前編』龍渓書舎、一九七九年
佐々木貞七校閲『現代青年子女職業の智識』日本公益社、一九二四年
札幌農学校編『札幌農学校一覧　明治二十四年十二月』札幌農学校、一八九四年
鹽田正洪「小作慣行調査に就て面調査担任者に望む」『朝鮮農会報』四（一〇）、一九三〇年一〇月
鹽田正洪「朝鮮の小作問題」『朝鮮』一八七、一九三〇年一二月
鹽田正洪「舎音を廻る朝鮮の小作慣習」『東洋』三四（五）、一九三一年五月
鹽田正洪・吉田正廣「昭和七年三月　打租法及執租法ノ法律的性質ニ関スル調査」学習院大学東洋文化研究所友邦文庫B三〇八、一九三二年
鹽田正洪「朝鮮の農業と農家の話」朝鮮総督府学務局社会課編『青年輔導講習会講演録』朝鮮総督府、一九三二年
鹽田正洪「朝鮮農地令解説（一）」『朝鮮農会報』八（五）、一九三四年五月
鹽田正洪「朝鮮農地令解説（二）」『朝鮮農会報』八（六）、一九三四年六月
鹽田正洪「朝鮮農地令解説（三）」『朝鮮農会報』八（七）、一九三四年七月
鹽田正洪「朝鮮農地令解説（四）」『朝鮮農会報』八（八）、一九三四年八月

鹽田正洪「朝鮮の小作慣習」朝鮮総督府社会課編『社会事業講習会講演録』朝鮮社会事業協会、一九三四年
鹽田正洪「朝鮮農地令解説」『法律時報』六(七)、一九三四年九月
鹽田正洪「朝鮮農地令の概要並に其の施行状況」『帝国農会報』二七(六)、一九三七年六月
鹽田正洪「朝鮮農地令について：小作立法としての意義と制定のいきさつ」『朝鮮近代史料研究集成』三、一九六〇年
鹽田正洪『朝鮮農地令とその制定に至る諸問題』(友邦シリーズ第一七号)友邦協会、一九七一年
鹽田正洪「未公開資料朝鮮総督府関係者録音記録(六)　朝鮮総督府時代の農政について」『東洋文化研究』七(一九六三年四月のテープ録音の復刻)、二〇〇五年
鹽田正洪『打租法及執租法の法律的性質に関する私見』刊行年未詳
重信虎之進「特別会員重信虎之進君通信」『講農会会報』一八、一八九四年一〇月
重松清「ダイアローグ二〇一〇ロングインタビュー吉田拓郎：家族・時代・仕事をめぐる対話」『すばる』三二(一二)、二〇一〇年(本文中では、重松清「ロングインタビュー吉田拓郎」と略)
時事新報社『昭和七年版時事年鑑』時事新報社、一九三一年
柴田陽一『帝国日本と地政学：アジア・太平洋戦争期における地理学者の思想と実践』清文堂出版、二〇一六年
清水唯一朗『政党と官僚の近代：日本における立憲統治構造の相克』藤原書店、二〇〇七年
下野敏見「内神・氏神考：南九州のウッガン信仰」下野敏見『鹿児島の民俗文化』丸山学芸図書、一九九〇年
下野敏見「かたちからみたウッガンサア」下野敏見『さつま路の民俗学』丸山学芸図書、一九九一年
週刊朝日編『値段史年表』朝日新聞社、一九八八年
庄司一郎『守屋栄夫：人、思想、近業、』北日本書房、一九二八年
白石房吉編『大正九年十一月調査　【鹿屋農学校】会員名簿』鹿児島県立鹿屋農学校学友会、一九二〇年
白石宗城「朝鮮における重化学工業の建設」『東洋文化研究』二(一九六五年八月のテープ録音の復刻)、

二〇〇〇年
愼英弘「朝鮮社会事業研究会の性格に関する一考察」『花園大学社会福祉学部研究紀要』八、二〇〇〇年
愼英弘「朝鮮社会事業研究会と朝鮮社会事業協会の設立」『戦前・戦中期アジア研究資料四　雑誌「朝鮮社会事業」別冊〈解説〉』近現代資料刊行会、二〇〇六年
人事院『国家公務員法沿革史（記述編）』人事院、一九七四年
人事興信所編『第十三版人事興信録』人事興信所、一九四一年
鈴木重持編纂『教育法規便覧』長崎書店、一八九九年
須麻守人「朝鮮官僚論」a『朝鮮行政』一（八）、一九三七年八月
須麻守人「朝鮮官僚論」b『朝鮮行政』一（九）、一九三七年九月
関戸明子「昭和初期までの村落地理学研究の系譜：小田内通敏の業績を中心に」『奈良女子大学地理学研究報告』四、一九九二年
全国農業学校長協会編纂『日本農業教育史』農業図書刊行会、一九四一年
善生永助『朝鮮の姓氏と同族部落』刀江書院、一九四三年
善生永助「朝鮮総督府の調査事業について」『朝鮮研究月報』一三、一九六三年
全京秀『韓国人類学の百年』（岡田浩樹・陳大哲訳）風響社、二〇〇四年
蘇淳烈「一九三〇年代朝鮮における小作立法と小作争議：全北地域の事例分析」『農林業問題研究』一一〇、一九九三年
蘇淳烈「一九三〇年代朝鮮における小作争議と小作経営：熊本農場争議を通して」『アジア経済』三六（九）、一九九五年
創立百周年記念誌編集委員会編『鹿児島県立鹿屋農業高等学校』創立百周年記念誌』鹿児島県立鹿屋農業高等学校創立百周年記念実行委員会、一九九六年

た行

高嶋朋子「大島農学校をめぐる人的移動についての試考」『日本語・日本学研究』〈東京外国語大学国際日本研究センター〉三、二〇一三年
高橋昇著、飯沼二郎・高橋甲四郎・宮嶋博史編集『朝鮮半島の農法と農民』未来社、一九九八年

〈文　献〉

高見成『鮮満拓殖株式会社・満鮮拓植株式会社五年史』満鮮拓植株式会社、一九四一年
高山昭夫『日本農業教育史』農山漁村文化協会、一九八一年
多木久米次郎伝記編纂会『多木久米次郎』多木久米次郎伝記編纂会、一九五八年
田家秀樹『小説吉田拓：いつも見ていた広島：ダウンタウンズ物語』小学館、二〇〇九年
田家秀樹『吉田拓郎：終わりなき日々』角川書店、二〇一〇年
立石昌広「中国国営農場研究」『長野県短期大学紀要』六二、二〇〇七年
田中隆一「未公開資料朝鮮総督府関係者録音記録(二)解説　朝鮮統治における「在満朝鮮人」問題」『東洋文化研究』三、二〇〇一年
玉利喜造「加納子爵の鹿児島県に於ける功績」『中央農事報』一五、一九〇一年六月
玉利喜造「加納子爵の鹿児島県に於ける功績」『中央農事報』一六、一九〇一年七月
力武昭「大口鉱山」『日本鉱業会誌』八三(九五六)、一九六七年
「朝鮮行政」編輯総局編纂『朝鮮統治秘話』帝国地方行政学会朝鮮本部、一九三七年
朝鮮総督府『朝鮮総督府官報』各号、朝鮮総督府、各年
朝鮮総督府編『写真帖：朝鮮』朝鮮総督府、一九二一年
朝鮮総督府編『朝鮮部落調査予察報告第一冊』朝鮮総督府、一九二三年
朝鮮総督府編纂『大正十二年四月一日現在朝鮮総督府及所属官署職員録』朝鮮総督府、一九二三年
朝鮮総督府編『朝鮮部落調査特別報告第一冊(民家)』朝鮮総督府、一九二四年
朝鮮総督府編『朝鮮部落調査報告第一冊(火田民来住支那人)』朝鮮総督府、一九二四年
朝鮮総督府内務局社会課編『朝鮮社会事業要覧』朝鮮総督府、一九二四年
朝鮮総督府編纂『大正十三年四月一日現在朝鮮総督府及所属官署職員録』朝鮮総督府、一九二四年
朝鮮総督府編纂『大正十四年四月一日現在朝鮮総督府及所属官署職員録』朝鮮総督府、一九二五年
朝鮮総督府編纂『大正十五年五月一日現在朝鮮総督府及所属官署職員録』朝鮮総督府、一九二六年
朝鮮総督府政務総監通牒「昭和三年七月　小作慣行

の改善に関する件」学習院大学東洋文化研究所友邦文庫B二八八、一九二八年
朝鮮総督府編『朝鮮の小作慣習』(調査資料第二六輯)朝鮮総督府、一九二九年
朝鮮総督府『小作立法及之ニ伴フ各種機関設置ノ理由』学習院大学東洋文化研究所友邦文庫B三〇一、一九三一年
朝鮮総督府殖産局『職員略歴』学習院大学東洋文化研究所友邦文庫M一-九四、一九三一年
朝鮮総督府殖産局農務課『朝鮮ニ於ケル小作ニ関スル法令』朝鮮総督府、一九三一年
朝鮮総督府水原高等農林学校『朝鮮総督府水原高等農林学校一覧』一九三一年
朝鮮総督府編纂『昭和五年朝鮮総督府統計年報』朝鮮総督府、一九三二年
朝鮮総督府殖産局『農林関係事務分担表』学習院大学東洋文化研究所友邦文庫M一-一〇二、一九三二年
朝鮮総督府殖産局『小作令制定関係書類』学習院大学東洋文化研究所友邦文庫B二八三、一九三二年
朝鮮総督府農林局『小作関係調書』学習院大学東洋文化研究所友邦文庫B二九九、一九三二年
朝鮮総督府編纂『朝鮮ノ小作慣行』上巻、朝鮮総督府、一九三二年
朝鮮総督府編纂『朝鮮ノ小作慣行』下巻、朝鮮総督府、一九三二年
朝鮮総督府農林局『朝鮮小作関係法規集』朝鮮総督府、一九三四年
朝鮮総督府『朝鮮農地令公布に就て』朝鮮総督府、一九三四年
朝鮮総督府編纂『昭和九年七月一日現在朝鮮総督府及所属官署職員録』朝鮮総督府、一九三四年
朝鮮総督府編纂『昭和十年七月一日現在朝鮮総督府及所属官署職員録』朝鮮総督府、一九三五年
朝鮮総督府編『施政二十五年史』朝鮮総督府、一九三五年
朝鮮総督府編『朝鮮の聚落　後篇』(調査資料第四一輯)朝鮮総督府、一九三五年
朝鮮総督府編纂『昭和十一年七月一日現在朝鮮総督府及所属官署職員録』朝鮮総督府、一九三六年
朝鮮総督府編纂『昭和十年朝鮮総督府統計年報』朝鮮総督府、一九三七年
朝鮮総督府学務局社会教育課『朝鮮社会教化要覧』朝鮮総督府、一九三八年
朝鮮総督府編纂『昭和十三年八月一日現在朝鮮総督

府及所属官署職員録』朝鮮総督府、一九三八年
朝鮮総督府農林局『朝鮮農地関係例規集』朝鮮総督府、一九三八年
朝鮮総督府中枢院『朝鮮旧慣制度調査事業概要』朝鮮総督府中枢院、一九三八年
朝鮮総督府編纂『昭和十四年七月一日現在朝鮮総督府及所属官署職員録』朝鮮総督府、一九三九年
朝鮮総督府編『施政三十年史』朝鮮総督府、一九四〇年
朝鮮総督府農林局『朝鮮農地年報(第一輯)』朝鮮総督府、一九四〇年
朝鮮総督府編纂『昭和十五年七月一日現在朝鮮総督府及所属官署職員録』朝鮮総督府、一九四〇年
朝鮮総督府編纂『昭和十六年七月一日現在朝鮮総督府及所属官署職員録』朝鮮総督府、一九四一年
朝鮮総督府司政局『昭和十六年十二月第七九回帝国議会説明資料』(『朝鮮総督府帝国議会説明資料』第三巻、不二出版、一九九四年所収)一九四一年
朝鮮総督府編纂『昭和十五年朝鮮総督府統計年報』朝鮮総督府、一九四二年
朝鮮総督府情報課『前進する朝鮮』朝鮮総督府、一九四二年
朝鮮総督府編纂『朝鮮総督府施政年報　昭和十五年版』朝鮮総督府、一九四二年
朝鮮総督府編纂『朝鮮総督府施政年報　昭和十六年版』朝鮮総督府、一九四三年
朝鮮総督府編纂『朝鮮事情　昭和十八年版』朝鮮総督府、一九四二年
朝鮮総督府編纂『昭和十七年七月一日現在朝鮮総督府及所属官署職員録』朝鮮総督府、一九四三年
朝鮮総督府編纂『朝鮮総督府及所属官署職員録』各年、朝鮮総督府
朝鮮農会「農界時事」a『朝鮮農会報』二(三)、一九二八年三月
朝鮮農会「農界時事」b『朝鮮農会報』二(九)、一九二八年九月
津川泉『JODK消えたコールサイン』白水社、一九九三年
辻弘範「未公開資料朝鮮総督府関係者録音記録(六)解説　朝鮮総督府時代の農政」『東洋文化研究』七、二〇〇五年
坪井幸生「農地調整法と朝鮮農地令(上)」『朝鮮行政』二(七)、一九三八年七月
坪井幸生『ある朝鮮総督府警察官僚の回想』草思社、

二〇〇四年
妻木忠太編『維新後大年表』有朋堂、一九一四年
鶴見俊輔編集『近代日本思想大系二四　柳宗悦集』筑摩書房、一九七五年
帝国秘密探偵社編『大衆人事録第十四版外地・満支・海外篇』帝国秘密探偵社、一九四三年
帝国法律研究会編『改正地方制度諸法規』帝国法律研究会、一九三〇年
逓信省通信局編『明治四十三年電気事業要覧』電気協会、一九一一年
土井浩嗣「併合前後期の朝鮮における勧農体制の移植過程：本田幸介ほか日本人農学者を中心に」『朝鮮学報』二二三、二〇一二年
統監府編『大日本帝国朝鮮写真帖：日韓併合紀念』小川一真出版部、一九一〇年
東京帝国大学編『東京帝国大学一覧』（各年）東京帝国大学
同盟通信社編纂『昭和十四年版時事年鑑』同盟通信社、一九三八年
東洋経済新報社編『昭和国勢総覧』下巻、東洋経済新報社、一九八〇年
東洋拓殖株式会社『蘆台模範農村建設事業概況』東洋拓殖株式会社、一九四二年
東洋拓殖調査課『東洋拓殖株式会社要覧　昭和十八年版』東洋拓殖株式会社、一九四三年
毒蝮三太夫「シリーズおふくろ：吉田朝子さん（よしだたくろうの母）」『週刊平凡』一四（三四）、一九七二年八月
冨井正憲「建築家たちの夢と挫折②［朝鮮半島］今和次郎　朝鮮半島の旅」『月刊しにか』一二（五）、二〇〇一年

な行

内閣印刷局『官報』各号、内閣印刷局、各年
内閣印刷局『昭和六年一月一日現在職員録』印刷局、一九三一年
内閣印刷局『職員録』印刷局、各年
内閣総理大臣他「朝鮮総督府官制」『官報』号外、一九一〇年九月三〇日
内閣総理大臣「朝鮮総督府地方官官制改正」『官報』二五五七、一九二一年二月一二日
内閣統計局『家計調査報告　自昭和十四年九月至昭和十五年八月』東京統計協会、一九四一年
中生勝美『近代日本の人類学史：帝国と植民地の記

憶』風響社、二〇一六年
仲摩照久編『日本地理風俗大系』一六、新光社、一九三〇年
仲摩照久編『日本地理風俗大系』一七、新光社、一九三〇年
並木真人「植民地期朝鮮政治・社会史研究に関する試論」『東京大学大学院人文社会系研究科・文学部朝鮮文化研究室紀要』六、一九九九年
西山武一「鹿児島農業の今昔」（産業経済資料第一号）鹿児島経済同友会、一九五九年九月
日外アソシエーツ株式会社編集『現代日本人名録上』日外アソシエーツ株式会社、一九八七年
日外アソシエーツ株式会社編集『二〇世紀日本人名事典　あ〜せ』日外アソシエーツ株式会社、二〇〇四年
日外アソシエーツ株式会社編集『二〇世紀日本人名事典　そ〜わ』日外アソシエーツ株式会社、二〇〇四年
日本官界情報社編『日本官界名鑑第五版』日本官界情報社、一九四二年
日本公務員制度史研究会編『官吏・公務員制度の変遷』第一法規出版、一九八九年
日本電信電話公社九州電気通信局編『鹿児島県五十音別電話帳』（昭和四六年四月三〇日現在）日本電信電話公社九州電気通信局、一九七一年
日本農業研究会編『日本農業年報』第五輯、一九三四年
日本農業研究所編著『石黒忠篤伝』岩波書店、一九六九年
任文桓『日本帝国と大韓民国に仕えた官僚の回想』ちくま文庫（原著は一九七五年刊行の『愛と民族』同成社）、二〇一五年
農林省統計情報部編『農業経済累計統計一』農林統計協会、一九七四年
農商務省農務局編『旧鹿児島藩の門割制度』帝国農会、一九二二年
農林省農務局『大正元年小作慣行調査』（農地制度資料集成編纂委員会『農地制度資料集成』一、御茶の水書房、一九七〇年に所収）一九二六年
農林省農務局『大正十年小作慣行調査』（農地制度資料集成編纂委員会『農地制度資料集成』一、御茶の水書房、一九七〇年に所収）一九二六年
農林省農務局「大正十三年六月調査　五十町歩以上ノ大地主」農業発達史調査会編『日本農業発達史』

七、中央公論社、一九五五年
野村兼太郎・黒正巌・藤本孝太郎・小田内通敏・佐藤弘『経済学全集第三十八巻　商業学下』改造社、一九三一年
野村兼太郎「小野武夫博士を憶ふ」『社会経済史学』一六(一)、一九五〇年

は行

萩原彦三「未公開資料朝鮮総督府関係者録音記録(三)　朝鮮総督府の法制について」『東洋文化研究』四(一九六二年一一月のテープ録音の復刻)、二〇〇二年
朴橿『阿片帝国日本と朝鮮人』岩波書店、二〇一八年
朴ソプ「植民地朝鮮における小作関係政策の展開…「朝鮮農地令」を中心として」『日本史研究』三五三、一九九二年
橋谷弘「一九三〇年代・一九四〇年代の朝鮮社会の性格をめぐって」『朝鮮史研究会論文集』二七、一九九〇年
橋谷弘「解説　『朝鮮行政』と総督府官僚」『朝鮮行政別巻　総目次・索引・解説』ゆまに書房、二〇〇四年
橋谷弘『帝国日本と植民地都市』吉川弘文館、二〇〇四年
旗田巍他「朝鮮研究の現状と課題」『東洋文化』三六、一九六四年
羽月小学校創立百周年記念事業実行委員会編『羽月小学校』創立一〇〇周年記念誌』羽月小学校創立百周年記念事業実行委員会、一九七六年
秦郁彦『官僚の研究』講談社、一九八三年
花田吉次編『創立第三十周年記念：農村振興号』鹿島県立鹿屋農学校、一九二六年
原口虎雄『鹿児島県の歴史』山川出版社、一九七三年
針持俊熊「本県産業組合及農業倉庫の現状並に改善振興すべき主要点」『鹿児島教育』一九三二年一〇月
針持健一郎『秋乙挽歌』私家版、一九九四年
針持健一郎『白き炎：歌集』私家版、二〇一三年
肥薩鉄道開通式協賛会編『鹿児島県案内』肥薩鉄道開通式協賛会、一九〇九年
久間健一「朝鮮小作令を繞る諸運動の展望」『農業経済研究』一〇(二)、一九三四年四月
久間健一『朝鮮農業の近代的様相』西ケ原刊行会、一九三五年

久間健一「朝鮮に於ける小作料減免制度の展開」『農業と経済』一九三九年一一月
久間健一『朝鮮農政の課題』成美堂書店、一九四三年
久間健一『朝鮮農業経営地帯の研究』農林省農業総合研究所、一九五〇年
菱刈町郷土誌編纂委員会編『菱刈町郷土誌改訂版』菱刈町、二〇〇七年
秀村選三『幕末期薩摩藩の農業と社会』創文社、二〇〇四年
平井健介「日本植民地の産業化と技術者：台湾糖業を事例に（一九〇〇-一九一〇年代）」『甲南経済学論集』五七（三・四）、二〇一七年
広岡喜勇「朝鮮地方待遇職員の本官化に就て」『朝鮮行政』二二（六）、一九四三年六月
広瀬貞三「未公開資料朝鮮総督府関係者録音記録（一一）解説　朝鮮の工業化：朝鮮総督府殖産局と朝鮮窒素肥料」『東洋文化研究』一二、二〇一〇年
広瀬玲子『帝国に生きた少女たち：京城第一公立高等女学校生の植民地経験』大月書店、二〇一九年
福井県知事官房『大正十五年九月一日現在福井県職員録』福井県、一九二六年
藤本修三・君島一郎「未公開資料朝鮮総督府関係者録音記録（三）　朴重陽」『東洋文化研究』四（一九六九年一二月のテープ録音の復刻）、二〇〇二年
藤森昭信「解説」今和次郎『日本の民家』岩波書店、一九八九年
古島敏雄「小野武夫博士の学的業績」『社会経済史学』一六（一）、一九五〇年
古庄逸夫「序」吉田正廣『朝鮮に於ける小作に関する基本法規の解説』朝鮮農政研究同志会、一九三四年
淵上福之助『朝鮮と三州人』鹿児島新聞京城支局、一九三三年
文定昌『朝鮮の市場』日本評論社、一九四一年
文定昌『朝鮮農村団体史』日本評論社、一九四二年
平凡社地方資料センター編『日本歴史地名大系四七鹿児島県の地名』平凡社、一九九八年
保高正記・村松祐之『群山開港史』保高正記、一九二五年
穂積真六郎『わが生涯を朝鮮に』財団法人友邦協会、一九七一年
堀和生「日本帝国主義の朝鮮における農業政策：一九二〇年代植民地地主制の形成」『日本史研究』

一七一、一九七六年
堀和生『朝鮮工業化の史的分析』有斐閣、一九九五年
堀真清編『宇垣一成とその時代：大正・昭和前期の軍部・政党・官僚』新評論、一九九九年
堀内孝「青森県農学校獣医学科の教科課程：明治期中等教育機関における獣医学教育」『文学研究論集』〈明治大学大学院〉五一、二〇一九年
本間千景「一九三〇年代慶尚北道における農村振興運動と農民教育：嶺南明徳会編『簡易農村教本』を中心に」原田敬一編『近代日本の政治と地域』吉川弘文館、二〇一九年
本間千景「農村振興運動と八尋生男の政策思想」松田利彦編『植民地帝国日本における知と権力』思文閣出版、二〇一九年

ま行

松崎正治「石工海老原源左衛門」『南九州郷土研究』一四、一九七一年
松下重資『新納忠元を中心とせる伊佐郡史』伊佐郡教育会、伊佐郡大口町教育会、一九一八年
松園俊太郎「未公開資料朝鮮総督府関係者録音記録(三) 歴代の朝鮮総督と政務総監：側近者の秘話第一講」『東洋文化研究』四(一九七〇年五月のテープ録音の復刻)、二〇〇二年
松田利彦「朝鮮総督府官僚守屋栄夫と「文化政治」：守屋日記を中心に」松田利彦・やまだあつし編『日本の朝鮮・台湾支配と植民地官僚』思文閣出版、二〇〇九年
松元十丸編著『写真集明治大正昭和鹿屋』(ふるさとの想い出、一一三)国書刊行会、一九八〇年
松本武祝『植民地権力と朝鮮農民』社会評論社、一九九八年
松本武祝『朝鮮農村の〈植民地近代〉経験』社会評論社、二〇〇五年
松本武祝「未公開資料朝鮮総督府関係者録音記録(九)解説　植民地朝鮮農村に生きた日本人」『東洋文化研究』一〇、二〇〇八年
松村松盛「朝鮮小作令問題をめぐりて」『東洋』一九三四年三月
水谷三公『シリーズ日本の近代　官僚の風貌』中央公論新社、二〇一三年
水野錬太郎「朝鮮の想ひ出」『東洋』一九三二年六月
水野錬太郎・赤池濃・丸山鶴吉・千葉了・守屋栄夫・白上佑吉・篠原英太郎・松村松盛・山上昶

「(座談会)朝鮮統治秘話」(一)『東洋』一九三三年二月
水野錬太郎・赤池濃・丸山鶴吉・千葉了・守屋栄夫・白上佑吉・篠原英太郎・松村松盛・山上昶「(座談会)朝鮮統治秘話」(二)『東洋』一九三三年三月
溝口敏行・梅村又次編『旧日本植民地経済統計』東洋経済新報社、一九八八年
南日本新聞百年志編集委員会編『南日本新聞百年志』南日本新聞社、一九八一年
宮崎県編『宮崎県史　通史編　近世下』宮崎県、二〇〇〇年
宮田節子「「朝鮮農地令」:その虚像と実像」『季刊現代史』五、一九七四年
宮田節子「未公開資料朝鮮総督府関係者録音記録(一)解説　穂積真六郎先生と「録音記録」」『東洋文化研究』二、二〇〇〇年
宮田節子「未公開資料朝鮮総督府関係者録音記録(一)　十五年戦争下の朝鮮統治」『東洋文化研究』二、二〇〇〇年
宮田節子監修「未公開資料朝鮮総督府関係者録音記録(六)　朝鮮総督府時代の農政」『東洋文化研究』七、二〇〇五年
村山智順『朝鮮の群衆』(調査資料第十六輯)朝鮮総督府官房文書課、一九二六年
百瀬孝『事典昭和戦前期の日本:制度と実態』吉川弘文館、一九九〇年
守屋孝彦『守屋栄夫日記』私家版、二〇〇五年
文部省教育調査部編『調査資料第六輯　実業教育関係法令の沿革』文部省教育調査部、一九四二年
文部省専門学務局『実業学校一覧』各年、文部省
文部省専門学務局『全国実業学校ニ関スル諸調査大正元年十月一日現在』文部省、一九一三年
文部省専門学務局『全国実業学校ニ関スル諸調査』各年、文部省
文部大臣官房『文部省年報』各年、文部省
文部省編『学制百二十年史』ぎょうせい、一九九二年

や行

安井誠一郎「序」吉田正廣『朝鮮に於ける小作に関する基本法規の解説』朝鮮農政研究同志会、一九三四年
安井誠一郎「私の履歴書」日本経済新聞社編『私の履歴書』五、日本経済新聞社、一九五八年

安田潔己「農業学校の発達に関する研究」『技術教育学研究』一、一九八二年
八尋生男「朝鮮における農村振興運動を語る」『朝鮮近代史料研究　友邦シリーズ第七巻農業』クレス出版、二〇〇一年
山口盛「宇垣総督の農村振興運動」『朝鮮近代史料研究　友邦シリーズ第七巻農業』クレス出版、二〇〇一年
山口宗之「海軍特務士官の思想・素描」『久留米工業大学研究報告』二〇、一九九六年
山﨑準二「小田内通敏の経歴と著作・関係文献目録」『静岡大学教育学部研究報告：人文・社会科学篇』三四、一九八四年
山崎丹照『外地統治機構の研究』高山書院、一九四三年
やまだあつし「ノンキャリア技術官僚と植民地台湾：測量技師・野呂寧を中心として」松田利彦・やまだあつし編『日本の朝鮮・台湾支配と植民地官僚』思文閣出版、二〇〇九年
やまだあつし「一九〇〇年代台湾農政への熊本農業学校の関与」『人間文化研究』〈名古屋市立大学〉一八、二〇一二年
やまだあつし「明治大正期における中等農業学校卒業者の台湾への就職：大分県農学校を中心にして」『人間文化研究』〈名古屋市立大学〉二八、二〇一七年
山田龍雄「全羅北道に於ける農業経営の諸相」『農業と経済』八（八）、一九四一年八月
山田龍雄『門割組織の崩壊過程』農林省農業総合研究所、一九五九年
山田龍雄『明治絶対主義の基礎過程：鹿児島藩の農業構造』御茶の水書房、一九六二年
山田龍雄『九州農業史研究』農山漁村文化協会、一九七七年
山田正浩「地理学研究を通じたアジア理解：韓国の場合（小田内通敏と「朝鮮」）」『名古屋地理』六、一九九三年
山本コウタロー『誰も知らなかったよしだ拓郎』八曜社、一九七五年
山本三生編集『日本地理大系』一二（朝鮮編）、改造社、一九三〇年
山本美穂子「台湾に渡った北大農学部卒業生たち」『北海道大学大学文書館年報』六、二〇一一年
吉田幸兵衛編『明治四十五年度鹿児島県宮崎県熊本

県各学校入学試験問題並ニ解答』吉田書房、一九一二年
吉田拓郎『気ままな絵日記』立風書房、一九七二年
吉田正廣「朝鮮の部落組織　上」『京城日報』一九二二年一二月二八日（神戸大学附属図書館デジタルアーカイブ新聞記事文庫・社会事情五-〇九三）
吉田正廣「朝鮮の部落組織　下」『京城日報』一九二二年一二月二九日（神戸大学附属図書館デジタルアーカイブ新聞記事文庫・社会事情五-〇九三）
吉田正廣「京畿道同族部落の概観」『朝鮮地方行政』二（六）、一九二三年六月
吉田正廣「内地人無産階級婦人と朝鮮婦人出産の社会的考察」『釜山』八、一九二七年二月
吉田正廣「編輯後記」『釜山』二（九）、一九二七年九月
吉田正廣「朝鮮の農村生活の研究」『朝鮮農会報』二（三）、一九二八年三月
吉田正廣「朝鮮に於ける小作農民の貧困に関する私考察」『朝鮮社会事業』六（九）、一九二八年九月
吉田正廣『朝鮮の小作慣行：時代と慣行』朝鮮農会、一九三〇年
吉田正廣『朝鮮に於ける小作に関する基本法規の解説』朝鮮農政研究同志會、一九三四年
吉田正廣『鹿児島県農民組織史』鹿児島県教員互助会印刷部、一九六〇年
吉田正廣『鹿児島明治百年史年表』鹿児島県教員互助会印刷部、一九六八年
吉田光男『東アジア近世近代史研究』放送大学教育振興会、二〇一七年

ら行

ラ・サール学園創立三十周年記念誌編集委員会『ラ・サール学園創立三十周年記念誌』ラ・サール学園、一九八〇年
李宇衍「未公開資料朝鮮総督府関係者録音記録（一〇）解説　朝鮮の山林政策」『東洋文化研究』一一、二〇〇九年
李海訓『中国東北における稲作農業の展開過程』御茶の水書房、二〇一五年
李炯植『朝鮮総督府官僚の統治構想』吉川弘文館、二〇一三年
李淳衡「植民地工業化論と宇垣一成総督の政策」堀真清『宇垣一成とその時代：大正・昭和前期の軍部・政党・官僚』新評社、一九九九年
陸軍大臣官房『大正五年陸軍省統計年報第二十八回』

陸軍省、一九一七年
陸軍大臣「陸軍管区表改定　明治四十年九月十七日」『官報』七二六八、一九〇七年九月一八日
陸軍大臣「歩兵隊兵員徴集区指定表　明治四十年九月十八日」『官報』七二六八、一九〇七年九月一八日
陸軍大臣「陸軍管区表改定　大正十四年四月六日」『官報』三七八五、一九二五年四月八日
林慶澤「植民地朝鮮における日本人の村落調査と村落社会」『韓国朝鮮の文化と社会』五、二〇〇六年

わ行

若槻泰雄『戦後引揚げの記録』時事通信社、一九九一年
我妻東策「農家小組合の概念とその発生期の形態（一）」『産業組合』三九〇、一九三八年四月
我妻東策「農家小組合の概念とその発生期の形態（完）」『産業組合』三九一、一九三八年五月
渡邊忍「朝鮮農地令の概要」『朝鮮総督府官報』二一七三、一九三四年四月一一日
渡邊忍「朝鮮農地令の概要」『自力更生彙報』八、一九三四年四月三〇日
渡邊忍「朝鮮農地令の概要」『朝鮮農会報』八（五）、一九三四年五月
渡邊忍「朝鮮農地令の概要」『朝鮮』二二八、一九三四年五月
渡邊忍「朝鮮農地令の概要」『朝鮮地方行政』一三（五）、一九三四年五月
渡邊忍「朝鮮農地令の概要」『帝国農会報』二四（九）、一九三四年九月
渡邊忍「序」吉田正廣『朝鮮に於ける小作に関する基本法規の解説』朝鮮農政研究同志会、一九三四年
渡辺利夫『アジア経済をどう捉えるか』日本放送出版協会、一九八九年
渡辺利夫『開発経済学』日本評論社、一九八六年
渡辺豊日子「未公開資料朝鮮総督府関係者録音記録（二）　満洲における朝鮮人問題」『東洋文化研究』三（一九六二年一〇月のテープ録音の復刻）、二〇〇一年
渡辺保男「日本の公務員制」辻清明編『行政学講座二　行政の歴史』東京大学出版会、一九七六年
和田善一「文官銓衡制度の変遷（Ⅰ）：明治維新から太政官時代まで」『試験研究』一一、一九五五年
和田善一「文官銓衡制度の変遷（Ⅱ）：文官試験試補及見習規則施行時代」『試験研究』一二、一九五五年

和田善一「文官銓衡制度の変遷（Ⅲ）：文官任用令施行時代上」『試験研究』一三、一九五五年
和田善一「文官銓衡制度の変遷（Ⅳ）：文官任用令施行時代中」『試験研究』一四、一九五五年
和田善一「文官銓衡制度の変遷（Ⅴ）：文官任用令施行時代下」『試験研究』一五、一九五六年
和田善一「文官銓衡制度の変遷（完）：官吏任用叙級令施行時代」『試験研究』一六、一九五六年
無署名「朝鮮の地方行政区画」『朝鮮』一〇一、一九二三年九月
無署名「（彙報）朝鮮農会令の発布に就て」『朝鮮』一三一、一九二六年四月
無署名「（彙報）総督府新庁舎落成式」『朝鮮』一三八、一九二六年一一月
無署名「（彙報）臨時小作調査委員会」『朝鮮』一五四、一九二八年三月
無署名「小作慣行改善懇談会速記録」『朝鮮農会報』二（一一）、一九二八年一一月
無署名「多木久米次郎翁」『実業の世界』二八（五）、一九三一年五月
無署名「（彙報）「朝鮮の小作慣行」刊行」『朝鮮』二一六、一九三三年五月
無署名「楽山水利と鳩山農場」『朝鮮』二二〇、一九三三年九月
無署名「（彙報）小作令制定打合会」『朝鮮』二二二、一九三三年一一月
無署名「朝鮮小作令の制定」『拓務評論』六（二）、一九三四年二月
無署名「農地令丸呑み」『朝鮮公論』二五（三）、一九三七年三月
無署名「蘆台の東拓経営模範農場の現況」『支研経済旬報』一〇七・一〇八、一九四〇年七月

＊「叙位裁可書」（国立公文書館）

＊新聞記事
「羽月村の祝捷会」『鹿児島新聞』一八九五年六月二日
「加納知事送別会」『鹿児島新聞』一九〇〇年九月二三日
「官人プロフィール（五七）朝鮮研究に没頭せる農務課の篤学者　独身生活を続けて」『朝鮮新聞』一九三〇年一〇月二四日
「ＪＯＤＫ」『朝鮮新聞』一九三一年二月二四日
「小作慣行の調査近く終わる」『朝鮮新聞』一九三一年

七月一七日
「待望の朝鮮小作令前途に幾多難関」『北鮮日報』一九三三年六月一四日
「小作令打合会」『釜山日報』一九三三年一〇月二六日
「朝農主催全鮮農業者大会」『京城日報』一九三三年一一月一〇日
「全鮮農業者大会　政務総監始め百余名列席」『京城日報』一九三三年一一月二一日
「安井岸両事務官今朝東京駅着」『毎日申報』一九三三年一二月一七日
「朝鮮小作令案　拓務と総督府意見一致」『朝日新聞』一九三三年一二月二四日
「朝鮮小作令制令案協議　拓務省、総督府側と協議」『読売新聞』一九三三年一二月二八日
「期間の一点を残し朝鮮小作令成る　総督府が要綱発表」『朝日新聞』一九三四年一月一九日
「朝鮮小作令大綱を発表　社会の批判を仰ぐ」『大阪毎日新聞』一九三四年一月一九日
「朝鮮小作令に農、文両相は反対　閣議で又一ト問題か」『読売新聞』一九三四年一月二〇日
「小作令制定反対　次第に緩和さる」『朝鮮民報』一九三四年一月二二日
「朝鮮の小作令期間　三年説に折合ふ　名称変更に決定す」『朝日新聞』一九三四年一月二五日
「昭和水利組合のみを問題とするは当らず　根本的米穀政策の確立が先決　今井田政務総監談」『朝日新聞』一九三四年一月二六日
「昭和水利組合は今更解消出来ぬ　今井田政務総監語る」『報知新聞』一九三四年一月二七日
「賃借権確立は地主階級へ痛手　朝鮮小作令の批判（上）」『大阪毎日新聞』一九三四年一月三〇日
「中間搾取階級「舎音」の悪弊矯正　朝鮮小作令の批判（中）」『大阪毎日新聞』一九三四年一月三一日
「地主と小作人対立激化の惧れ　朝鮮小作令の批判（下）」『大阪毎日新聞』一九三四年二月三日
「小作令修正実施　鹽田総督府林政課長帰任語る」『朝鮮新聞』一九三四年一月三一日
「朝鮮小作令　近く閣議決定」『東京朝日新聞』一九三四年二月六日
「農林博物館の寄付　多木氏延期を申出　農地令の制定に憤慨して　朝鮮総督府大狼狽」『朝日新聞』一九三四年三月一七日
「朝鮮農地令次回閣議で決定」『読売新聞』一九三四年三月三一日

「朝鮮農地令」『京城日報』一九三九年四月一五日
「土の恩人大陸に　農地令創案者である吉田正廣氏蘆臺で活躍を期待」（原文「흙의恩人大陸에農地令創案者인吉田正廣氏蘆臺에서活躍을期待」）『毎日新報』一九四一年四月一二日
「至誠奉公乗切れ時局」『毎日新報』一九四三年三月二日
「華北に建設される樂土　半島拓士を呼ぶ蘆台農村」（原文「華北에建設될樂土半島拓士부르는蘆台農村」）『毎日新報』一九四四年五月一一日
「誇る半島拓士　華北の理想郷『蘆台農村』」（原文「자랑할半島拓士들 華北의 理想郷『蘆台農村』」）『毎日新報』一九四四年五月一三日
「四十一年目標に刊行　県史第五巻編さん協が発足」『南日本新聞』一九六三年一一月二六日
「流行歌まで取り入れ　明治百年史年表を編集」『南日本新聞』一九六七年一一月一〇日
「特色ある鹿児島明治百年史　一老学究の手で近く出版」『鹿児島新報』一九六七年一二月二日
「新刊紹介　読んで楽しい年代　「鹿児島明治百年史年表」」『鹿児島新報』一九六八年三月一一日

＊官報
「文部省告示第五百九十四号」『官報』第四七二七号、一九四二年一〇月一〇日

＊インターネット閲覧
アジ歴グロッサリー「拓務課」https://www.jacar.go.jp/glossary/term2/0050-0020-0010-0010-0210-0040.html（二〇二〇年四月七日閲覧）
アジ歴グロッサリー「司政局」https://www.jacar.go.jp/glossary/term2/0050-0020-0020-0010-0010-0210.html（二〇二〇年四月七日閲覧）
アジ歴グロッサリー「外事部」https://www.jacar.go.jp/glossary/term2/0050-0020-0020-0010-0010-0190.html（二〇二〇年四月七日閲覧）
アジ歴グロッサリー「外務課」https://www.jacar.go.jp/glossary/term2/0050-0020-0020-0010-0010-0210-0030.html（二〇二〇年四月七日閲覧）
「蘆台模範農村事業月例報告ノ件」一九三八年一〇月一三日、アジア歴史資料センター Ref.B06050311300（本邦会社関係雑件／東洋拓殖株式会社／雑件公文書）（二〇二〇年六月二一日閲覧）

昭和15	1940	12	45	5級俸下賜
昭和16	1941	4	45	蘆台模範農村に赴任（蘆台模範農村協同組合長）
昭和16	1941	6	45	陸叙高等官5等
昭和16	1941	6	45	叙従6位
昭和16	1941	6	45	依願免本官
昭和16	1941	7	45	朝鮮総督府外事部拓務課嘱託　月手当260円　従6
昭和17	1942	7	46	朝鮮総督府司政局拓務課嘱託　月手当260円
昭和21	1946	1	50	朝鮮から引き揚げ
昭和21	1946	4	50	次男・拓郎出生
昭和25	1950		54	鹿児島県嘱託
昭和27	1952	7	56	農地部農地管理課嘱託
昭和29	1954	3	58	『鹿児島県農地改革史』刊行
昭和29	1954	6	58	農地部農地開拓課嘱託
昭和31	1956	7	60	農政部農務課嘱託
昭和32	1957	6	61	農政部農務課主事補
昭和33	1958	7	62	農政部農務課主事補
昭和34	1959	8	63	企画調査室主事補
昭和35	1960	7	64	『鹿児島県農民組織史』刊行
昭和35	1960	8	64	企画調査室主事補
昭和36	1961	8	65	企画調査室臨時事務補佐員
昭和37	1962	8	66	企画調査室臨時事務補佐員
昭和42	1967	3	71	『鹿児島県史』第5巻刊行
昭和43	1968	3	72	『鹿児島明治百年史年表』刊行
昭和46	1971	3	75	『鹿児島県議会史』第1巻、第2巻、別巻の刊行
昭和47	1972	1	76	逝去（1月10日）

出典：京畿道『京畿道報』。朝鮮総督府『朝鮮総督府官報』。朝鮮総督府編纂『朝鮮総督府及所属官署職員録』。内閣印刷局編『職員録』。朝鮮総督府『職員略歴』。『鹿児島県職員録』。羽月小学校創立百周年記念事業実行委員会編『[羽月小学校]創立一〇〇周年記念誌』。白石房吉編『大正九年十一月調査　[鹿屋農学校]会員名簿』。毒蝮三太夫「シリーズおふくろ　吉田朝子さん」。針持和郎氏・松尾宏子氏の教示。

〈吉田正廣年譜〉

昭和5	1930	7	34	朝鮮総督府殖産局農務課属5級俸
昭和5	1930	9	34	『朝鮮の小作慣行：時代と慣行』刊行
昭和6	1931		35	外越朝子（23歳）と結婚
昭和6	1931	7	35	朝鮮総督府殖産局農務課属5級俸
昭和7	1932		36	長女・恭子出生
昭和7	1932	3	36	「打租法及執租法ノ法律的性質ニ関スル調査」（鹽田正洪と共著）を殖産局長に提出
昭和7	1932	4	36	朝鮮総督府殖産局農務課属5級俸
昭和7	1932	12	36	『朝鮮ノ小作慣行』上巻・下巻の刊行
昭和8	1933	4	37	朝鮮総督府農林局農務課属4級俸、京畿道小作官補兼務
昭和8	1933	9	37	長男・哲郎出生
昭和8	1933	10	37	小作令制定打合会の開催
昭和9	1934	4	38	朝鮮農地令の公布（4月11日）
昭和9	1934	7	38	朝鮮総督府農林局農政課属4級俸、京畿道小作官補兼務
昭和9	1934	10	38	朝鮮農地令の施行（10月20日）
昭和9	1934	12	38	『朝鮮に於ける小作に関する基本法規の解説』刊行
昭和10	1935	7	39	朝鮮総督府農林局農政課属4級俸、京畿道小作官補兼務
昭和11	1936	7	40	朝鮮総督府農林局農政課属3級俸、京畿道小作官補兼務
昭和11	1936	12	41	任朝鮮総督府道小作官、敍高等官7等
昭和11	1936	12	41	7級俸下賜、黄海道在勤ヲ命ス
昭和11	1936	12	41	内務部農務課勤務ヲ命ス
昭和12	1937	1	41	敍従7位
昭和12	1937	8	41	黄海道小作官7等7級　従7
昭和13	1938	8	42	黄海道小作官7等7級　従7
昭和13	1938	9	42	産業部農村振興課勤務ヲ命ス
昭和13	1938	12	43	6級俸下賜
昭和14	1939	1	43	慶尙南道在勤ヲ命ス
昭和14	1939	1	43	産業部農村振興課勤務ヲ命ス
昭和14	1939	1	43	内務部社会課兼務ヲ命ス
昭和14	1939	3	43	産業部農村振興課長ヲ命ス
昭和14	1939	3	43	敍高等官6等
昭和14	1939	5	43	敍正7位
昭和14	1939	7	43	慶尚南道産業部農村振興課長6等6級　正7
昭和14	1939	11	43	次女・宏子出生
昭和15	1940	2	44	任朝鮮総督府理事官
昭和15	1940	2	44	農林局勤務ヲ命ス
昭和15	1940	7	44	朝鮮総督府農村振興課理事官6等6級　正7

〈吉田正廣年譜〉

年	西暦	月	年齢	事績
明治28	1895	12	0	堂前正助家三男として出生（12月8日）
明治34	1901	9	5	吉田戸七家へ養子
明治35	1902	4	6	羽月尋常高等小学校尋常科入学
明治39	1906	4	10	羽月尋常高等小学校高等科入学
明治43	1910	3	14	羽月尋常高等小学校高等科卒業
明治45	1912	4	16	鹿児島県立鹿屋農学校農科入学
大正4	1915	3	19	鹿児島県立鹿屋農学校農科卒業
大正6	1917	10	21	朝鮮総督府京畿道技手
大正8	1919	9	23	京畿道産業技手（安城）
大正9	1920	7	24	小田内通敏と朝鮮部落調査開始
大正10	1921	1	25	京畿道産業技手、第一部勧業課勤務、10級俸ヲ給ス
大正10	1921	2	25	農業技術員講習会修了
大正10	1921	6	25	任朝鮮総督府道技手、内務部農務課勤務ヲ命ス
大正10	1921	7	25	京畿道内務部農務課技手9級俸
大正11	1922	7	26	京畿道内務部農務課技手8級俸
大正11	1922	9	26	今和次郎の朝鮮民家調査に協力
大正11	1922	12	27	『京城日報』に「朝鮮の部落組織」上・下を掲載
大正12	1923	4	27	朝鮮総督府庶務部調査課属兼務（大正14年3月まで）
大正12	1923	6	27	京畿道産業技手（農務）、月俸60円ヲ給ス
大正12	1923	6	27	『朝鮮地方行政』2(6)に「京畿道同族部落の概観」を掲載
大正13	1924	4	28	京畿道内務部農務課技手（月60）
大正15	1926	5	30	釜山府書記、月70。釜山府広報誌『釜山』の編集
昭和2	1927	1	31	実父・堂前正助葬儀のため帰郷
昭和2	1927	2	31	『釜山』8に「内地人無産階級婦人と朝鮮婦人出産の社会的考察」を掲載
昭和2	1927	4	31	釜山府書記　月70
昭和2	1927	9	31	朝鮮総督府殖産局農務課属、月70
昭和3	1928	2	32	臨時小作調査委員会の設置
昭和3	1928	3	32	『朝鮮農会報』2(3)に「朝鮮の農村生活の研究」を掲載
昭和3	1928	4	32	朝鮮総督府殖産局農務課属　月70
昭和3	1928	9	32	『朝鮮社会事業』6(9)に「朝鮮に於ける小作農民の貧困に関する私考察」を掲載
昭和4	1929	4	33	朝鮮総督府殖産局農務課属6級俸
昭和4	1929	7	33	政務総監より地方長官宛「小作慣行ノ改善ニ関スル件通牒」
昭和5	1930	5	34	朝鮮小作慣行調査の開始（昭和6年6月まで）

あとがき

吉田正廣氏の足跡をたどるにあたり、その居所に土地勘があったのは幸いであった。

筆者は、昭和六二年（一九八七）一〇月から平成六年（一九九四）三月まで六年半の間、鹿児島大学法文学部に勤務していた。鹿児島に引っ越して最初の三か月間は鹿児島市鴨池二丁目の団地に、そのあと六年三か月間は鹿児島市谷山の鹿児島大学慈眼寺《じげんじ》宿舎に住んでいた。

吉田正廣家が住んでおられたのは鹿児島市立谷山小学校に隣接する地である。この界隈はこの地域の中心地で、江戸時代の谷山郷の役所（地頭仮屋）は、この谷山小学校の地にあった。谷山小学校と鹿児島南郵便局の間の道路は谷山町のメインストリートであり、筆者は通勤でこの道路を六年余り通っていた。針持和郎先生にご案内いただき平成二九年（二〇一七）一二月二三日に松尾宏子さんにインタビューをさせていただいたが、宏子さんの語られる谷山町についてのお話（谷山町立谷山中学校、小松原のラ・サール高校、慈眼寺公園など）はすべて具体的にイメージできた。かつて鹿児島大学時代の同僚であった鹿児島市出身の石塚孔信氏（鹿児島大学）から、プロミュージシャンの吉田拓郎・長渕剛両氏が「谷山出身」であると聞いてはいたが、谷山に住んだことがこのような形で役に立つとは思ってもみなかった。

その後、吉田正廣氏が単身で住まわれるようになったのが下荒田《しもあらた》である。下荒田は、筆者が短期間住んだ鴨池の北方に隣接する地であり、鹿児島大学（郡元《こおりもと》）の近くでもあり、このあたりにも土地勘があった。江戸時代の荒田村は鶴丸城下近在村の一つで、下荒田などこの地域一帯がその領域であった。下荒田は、明治の元勲・松方正義の出身地でもある。

広島市に引っ越しをされた吉田拓郎氏は、谷山小学校から広島市立皆実《みなみ》小学校に転校され、広島県立広島皆実高校を卒業された。筆者は広島市南区皆実町一丁目の広島大学皆実宿舎で暮らしたことがあり、皆実小学校や広島皆実高校、旧広島陸軍被服支廠倉庫、広島大学病院（旧広島陸軍兵器支廠）あたりはよく知っている。

以上、谷山、下荒田、皆実とすべて偶然ではあるが、何れも土地勘があり、今回の調査では大変に助かった。

吉田正廣氏の足跡をたどるのは、難しかった。吉田正廣氏の著作をみても、吉田正廣氏ご自身あるいはそれらに序文・推薦文などを寄せられた方々は、いずれも吉田正廣氏の属性（前歴、出身地など）については寡黙で、まったく手掛かりが得られなかった。朝鮮総督府官吏の「吉田正廣」と鹿児島県庁の「吉田正廣」とが同一人物であることが分かってからも、吉田正廣氏の人物像が描ける資料がなかなか得られなかった。このような状況を大きく変えていただいたのが、吉田正廣家の親戚にあたる針持和郎先生（広島修道大学）である。針持和郎先生には、まずもってお礼を申し上げねばならない。

また、松尾宏子さん（吉田正廣氏・次女）にはインタビューに応じていただき、様々な資料の提供をいただいた。ご親族の方でしか得られない資料・情報を提供していただき、ありがたかった。針持和郎先生を介して、堂前武門《たけと》氏（吉田正廣氏・甥）からも重要な資料の提供をいただいた。堂前家（吉田正廣氏の実家）には令和二年（二〇二〇）二月に訪問させていただき、堂前武門氏の奥様・堂前トヨ子さんからお話をうかがうことができた。堂前武門氏は訪問の直前にお亡くなりになり、この書籍をご覧いただくこともできなくなった。誠に残念で申し訳なく思っている。ご冥福をお祈りしたい。

資料収集には、多くの機関・方々にお世話になった。国文学研究資料館には守屋栄夫文書を、学習院大学東洋文化研究所には朝鮮総督府文書（渡邊忍文書）を、閲覧させていただいた。いずれも本書の基礎資料となった。坂本悠一氏には釜山府広報誌『釜山』における吉田正廣氏の論考を提供いただき、飯塚一幸氏（大阪大学）には吉田正廣氏の書簡の解読を助けていただいた。以上、記して、お礼を申し上げる次第である。ちなみに国文学研究資料館・守屋栄夫文書に吉田正廣氏の書簡類があるのを見つけていただいたのは、広島修道大学図書館レファレンス担当の有田真理子氏である。これは吉田正廣氏の京畿道技手時代を埋めることになる資料であり、大変に助かった。図書館長の立場からすると手前みそにはなるが、本学図書館のレファレンス能力の高さを示すものと考えている。

鹿児島県立図書館は吉田正廣氏のかつての職場である。鹿児島県立図書館長の原口泉先生（鹿児島大学名誉教授）には、鹿児島県立図書館に吉田正廣氏の関係文書類がないか調査をしていただいた。筆者が鹿児島大学から広島大学に配置換えになったのは二六年前である。かつて同じ職場であったとはいえ、二六年の時を超えて筆者の突然の依頼に応えていただいた。深く感謝している。

写真・図の掲載については、松尾宏子様、堂前武門様、堂前トヨ子様、中禮めぐみ様、針持和郎様並びに南日本新聞社、鹿児島県歴史・美術センター黎明館、学習院大学東洋文化研究所、誠文堂新光社、山川出版社、時事通信出版局、伊佐市立羽月小学校、古今書院、鹿児島県立鹿屋農業高等学校、改造図書出版販売株式会社に、写真提供や使用許諾をいただいた。記してお礼を申し上げる次第である。

本研究は、平成二九年度広島修道大学調査研究費並びにJSPS科研費JP17K03862による研究助成を受けている。

本書の出版については、清文堂出版にお世話になった。清文堂出版には、『軍港都市史研究』以来お世話になりっぱなしである。前田博雄社長、いつもながら的確な指示をいただいている松田良弘氏をはじめ清文堂出版の皆様に厚くお礼を申し上げる次第である。

坂根嘉弘

坂根《さかね》 嘉弘《よしひろ》

［略　歴］

1956年、京都府舞鶴市生まれ。

京都大学文学部卒業、京都大学大学院農学研究科博士課程修了。

鹿児島大学法文学部助教授、広島大学経済学部教授、広島大学大学院社会科学研究科教授を経て、現在、広島修道大学商学部教授。広島大学名誉教授。

農学博士(京都大学)。近代日本経済史。

［主要編著書］
『戦間期農地政策史研究』(九州大学出版会、1990年)
『分割相続と農村社会』(九州大学出版会、1996年)
『軍港都市史研究Ⅰ　舞鶴編』(清文堂出版、2010年。2018年に増補版刊行)
『日本伝統社会と経済発展：家と村』(農山漁村文化協会、2011年)
『日本戦時農地政策の研究』(清文堂出版、2012年)
『地域のなかの軍隊5　中国・四国』(吉川弘文館、2014年)
『軍港都市史研究Ⅵ　要港部編』(清文堂出版、2016年)
『日本の経済発展をどうとらえるか』(清文堂出版、2019年)
など

評伝　朝鮮総督府官吏・吉田正廣とその時代
2021年1月18日　第一刷発行

著　者　坂根嘉弘©
発行者　前田博雄
発行所　清文堂出版株式会社

〒542-0082　大阪市中央区島之内2-8-5
電話06-6211-6265　FAX06-6211-6492
振替00950-6-6238
http://www.seibundo-pb.co.jp
メール＝seibundo@triton.ocn.ne.jp
組版：六陽　印刷：亜細亜印刷　製本：渋谷文泉閣
ISBN978-4-7924-1487-0　C0021

日本の経済発展をどうとらえるか　坂根嘉弘・森　良次編　一六〇〇円
日本戦時農地政策の研究　坂根嘉弘著　七五〇〇円
軍港都市史研究Ⅰ　舞鶴編　増補版　坂根嘉弘編　八六〇〇円
軍港都市史研究Ⅵ　要港部編　坂根嘉弘編　七八〇〇円
帝国日本と地政学　第十七回人文地理学会学会賞（学術図書部門）受賞　柴田陽一著　九六〇〇円
同業者町の研究　第二十回人文地理学会学会賞（学術図書部門）奨励賞受賞　網島　聖著　五六〇〇円
近代日本の感染症対策と地域社会　竹原万雄著　八八〇〇円

価格税別

清　文　堂
URL=http://www.seibundo-pb.co.jp E-MAIL=seibundo@triton.ocn.ne.jp